初詣の社会史

鉄道が生んだ娯楽とナショナリズム

平山 昇

東京大学出版会

本書の刊行に当たっては，学術書刊行基金の助成を受けた.

A Social History of *Hatsumode* :
An Interaction between an Amusement invented by the Railways and Nationalism

Noboru HIRAYAMA

University of Tokyo Press, 2015
ISBN 978-4-13-026241-5

初詣の社会史／目次

凡例

一　史料引用に際しては、以下の通りとした。
・旧字体は、原則として新字体に改めた。
・適宜句読点や傍線を加えた。
・引用文中、引用者による注記は〔 〕内に記した。（ ）は原文通りである。
・日記史料の引用に際しては、参照に支障がないと判断したものについては巻・頁は省略して年月日のみを示した。

二　いくつかの頻出用語については、基本的に以下の基準で使い分けている。
・初詣には、史料上は「初詣《はつまうで》」「初詣《はつまう》で」「初詣《まゐ》り」「初参り」など様々な表記があるが、著者の説明用語はすべて「初《はつ》詣《もうで》」で統一している。したがって、たとえば説明文中で「初詣では」とある場合は、「初詣（はつもう）で／は」ではなく「初詣（はつもうで）／では」と読んでもらいたい。
・政府が経営していた鉄道の呼称については、鉄道作業局、帝国鉄道庁、鉄道院、鉄道省といった時期ごとの管轄官庁の名称をいちいち用いるのは煩雑になるため、原田勝正『鉄道と近代化』（吉川弘文館、一九九八年）一二九頁の指摘を参考に、明治三九（一九〇六）年の鉄道国有法施行以前は「官鉄」（官設鉄道の略称）、それ以降は「国鉄」（国有鉄道の略称）を用いる。
・「社寺」と「寺社」の使い分けについては序章を参照のこと。

三　本書で多用する新聞については以下のように略称する。
・『東京朝日新聞』＝『東朝』
・『東京日日新聞』＝『東日』
・『読売新聞』＝『読売』
・『大阪朝日新聞』＝『大朝』

序章　「国民的行事」はいかにして誕生し、持続しえたのか

本書は、明治期の都市化のなかで庶民の娯楽行事として生まれた初詣が、大正期以降知識人へと波及し、娯楽とナショナリズムが絡み合いながら、知識人から庶民まであらゆる「国民」を包摂した正月行事として定着していく過程を明らかにするものである。

一　課題の設定

初詣はいうまでもなく日本の代表的な正月行事であり、現在都市部の有名社寺では百万人単位の参拝客を集めるほどの賑わいを見せている。この一見するといかにも〝伝統〟の如く思われている行事が、実は近代以降の「創られた伝統」であるという説を初めて提示したのは、高木博志であった。高木は、初詣は「官が上から、宮中儀礼と連動させて、正月元日に特別の意味をもたせ」るべく創出したもので、その後庶民が娯楽としてとらえ返していったと説明している。(1) すなわち、初詣はナショナリズムの文脈で「上から」創出されたものであるという説である。この説に対して、二つの疑問が生じる。

まず第一に、「上から」の意図というものは、そのようにすんなりと一般社会に浸透しうるものなのだろうか。

たしかに、地方町村レベルでみれば、「氏神＝地域社会」という従来の近代天皇制あるいは国家神道をめぐる研究

が基本的前提としてきた「上から」の国民教化回路の一環として、高木説が妥当すると思われる事例もないわけではない。(2)だが、問題は都市部である。容易に想像できるように、移動の自由が保障されて各地から雑多な人々が流入して集住するようになった近現代の都市においては、「氏神＝地域社会」という枠組みでの統一的な儀礼の実現は容易ではない。(3)このような都市部において「上から」の強制や動員によらない自発的なプラクティスとして初詣が定着するに至った過程を明らかにする必要があろう。

本書第一部の内容を先取りしていえば、東京や大阪といった都市部の初詣は、明治期に鉄道の展開によって郊外行楽が活性化するなかで近世以来の正月参詣が再編されて成立したものである。したがって、もともとは庶民中心の娯楽という性格が強いものであり、ナショナリズムの文脈で「上から」広められたものではなかったのである。

しかしながら、だからといって高木説を否定して事足れりとするわけにもいかない。というのも、その後の歴史のなかで初詣がナショナリズムと深く関わるようになったのもたしかなのである。もともとナショナリズムとは別次元の庶民の娯楽として誕生したはずの初詣が、なぜ、いかにして、ナショナリズムと結びついていくことになったのか、ということについて考える必要がある。

第二に、「創られた伝統」は、いったん創られてしまえばそのまま自動的に存続していくものなのだろうか。たとえば、戦前日本においては、ナショナリズム高揚の節目ごとに建国神話や「忠君愛国」イデオロギーにちなんだ記念行事が数多く創出された。昭和九(一九三四)年には後醍醐天皇の建武中興から六百周年を記念する行事が東京をはじめとする全国各地で行われた。(4)その六年後の昭和一五(一九四〇)年が神武天皇即位から二六〇〇年にあたるとして橿原や宮崎をはじめとして全国で大々的に皇紀二六〇〇年が「奉祝」されたことは、研究者にはよく知られたことである。(5)しかしながら、前者はもちろん後者ですら、現在では一般に広く共有された「伝統」として存続しているとはいいがたい。昭和五九(一九八四)年に「建武中興六五〇年」にちなんで、あるいは平成二(一九九〇)年に「皇紀二六五〇年」にちなんで、全国各地で大々的に記念行事が行われるということはなかった。筆者が現在勤めている大学には九州各県から学生が集まっているが、宮崎出身の学生のなかで、昭和一五年に皇紀二六〇〇年の「奉祝」の盛り上がりで宮崎が全国的な脚光を浴びたということを知る者はほとんどいない。

研究者は往々にして戦前日本における天皇制イデオロギー色が濃厚な「祝祭」の盛り上がりを強調して叙述しがちであるが、たとえその瞬間にいくら国民の多くが盛り上がったとしても、その後（とくに敗戦後）雲散霧消してしまったのであれば、近代から現代にまで至る「日本（人）」という一体感の維持に対する持続的な影響力という点では、決して過大評価すべきではないだろう。

そうすると、「創られた伝統」について、「創られる」プロセスの解明ももちろん重要ではあるが、「なぜそれが持続しえたのか」という点についても検討する必要があるだろう。従来の「創られた伝統」をめぐる議論にはこの後者の視点が十分にいかされてこなかったと思われる。もっともこれは、「創られた伝統」モデルを提唱したE・ホブズボウムが「〔「創られた伝統」の〕存続の可能性よりは、むしろそうした伝統の発現や確立の方にわれわれの本来の関心がある」(6)と明瞭に示し、このスタンスがその後の日本近代史研究にも影響を与えてきたという要因が大きかったのであろう。

以上をふまえて、本書では、初詣をナショナリズムの文脈だけに閉じ込めずに、都市化の進展および娯楽とナショナリズムの絡み合いという点に注目しながら、成立期のみならず展開過程にまで視野を広げて、その歴史的過程を明らかにしていくことを課題として設定したい。全体としては、雑多な人々が集住する都市部において、娯楽とナショナリズムが絡み合いながら人々の「自発性」「欲求」が喚起されることによって、初詣が「上から」の強制や動員によらない自発的なプラクティスとして浸透していき、今日にまで至る強固な持続性をもつ「国民」的な正月行事として確立するに至ったという見通しをもっている。このような視角から検討することで、思想や言説のレベルに限定して議論されがちなナショナリズムを、近現代日本を生きた人々の生活と関わった領域からとらえなおすことができるのではないかと考えている。

二 基本視角

本書の基本視角について、関連する先行研究をふまえながら述べたい。

(1) 「鉄道+郊外」

本書では、成立以降一貫して初詣を強く規定したものとして、「鉄道+郊外」という近代都市を特徴づけるセットに注目する。

今日、各大都市圏で圧倒的な初詣客数を誇っているのは主として郊外の有名社寺である(7)。交通の発達によって人々が郊外の社寺にも足をのばすようになったこと自体は不思議ではないとしても、いったいなぜ郊外の社寺がかくも圧倒的な人気を誇るようになったのであろうか。ここで注意したいのは、今日初詣客で著しく賑わっている郊外社寺は例外なく鉄道の沿線にあるということである。すなわち、初詣の成立と展開の過程を明らかにするためには、「鉄道+郊外」というセットが果たした役割に注目する必要があるのではないか。

これまでの研究をふりかえってみれば、鉄道と社寺参詣の関係についてはたびたび言及されてきた。しかしながら、この問題を実証的に検討することは稀で、「鉄道によって近世以来の参詣がさらに盛んになった」「有名社寺への参詣のために敷設された鉄道は多い」といった程度の指摘にとどまる場合がほとんどであった。このような指摘からは、ただ単に鉄道によって参詣客が増えたといった量的な変化のイメージしか得られず(8)、鉄道の誕生と展開によって社寺参詣にどのような質的な変化がもたらされたのかという点については等閑に付されてしまう[9]。

一方、近代日本の都市文化形成において「鉄道＋郊外」が果たした役割については、小林一三率いる阪急を典型とする私鉄資本が、明治末期以降、郊外住宅地・遊園地・百貨店といったものを沿線に創出して、洋風を基調とした都市モダニズムを開花させたことに関心が集中してきた[10]。それゆえ、社寺参詣のような近世以来の流れをくむものが、「鉄道＋郊外」による都市文化形成とどのように関わったのかということについてはほとんど論じられることがなかったのである[11]。

本書では、近世以来の社寺参詣が「鉄道＋郊外」によって、ただ単に量的に変化したのではなく、近代都市と適合した形へと再編されていったこと、および、戦間期に「鉄道＋郊外」によって初詣が同時期の都市モダニズムと共通の基盤の上で拡大していき、現代の原型を確立させていくことを明らかにしていきたい。

(2)　「下→(プラクティス)→上→(言説)→下」の回路

第一部で明らかにするように、初詣は明治期の都市において庶民の娯楽的な参詣行事として形成されたものであり、もともとはナショナリズムと結びついていたわけではない。ところが、初詣はやがて知識人にも波及し、あらゆる国民層を取り込んだナショナリズムと結びついていたわけではない。

近代日本におけるナショナリズムの浸透過程については、あえて単純に図式化していえば、従来は「上→下」の回路が暗黙の前提となってきた。これに対して、民衆は単なる受動的な存在ではないとして、上からの施策を民衆が「とらえ返す」という側面に着目する視角が提起された[12]。しかし、これも「上」を発信者としてのみとらえている点では従来の議論と変わりはない。「下」の文化が「上」へ波及し、それを「上」が「とらえ返す」という逆の回路も考える必要があるのではないだろうか。

本書の内容を一部先取りしていえば、初詣の展開過程で興味深いのは、もともとはナショナリズムとは別の文脈で庶民の娯楽行事として生まれたプラクティスが、大正期以降に知識人へも波及し、彼らによってナショナリズムの文脈でとらえ返されるようになり、そこで生じた言説が社会全体へと還流して、娯楽とナショナリズムの二面性を内包した「国民」の行事になっていくという「下→(プラクティス)→上→(言説)→下」の回路が見出せるということである。初詣の成立と展開の過程を追うことでこのプロセスを浮かび上がらせることが、本書の重要な課題の一つである。

ところで、この回路の「上」に相当する層として、本書では主として知識人を想定している。もちろん、「知識人」の中身は超時代的に一定しているわけではなく、時期によって変化するものである。しかしながら、ここで確認しておきたいのは、そのような中身の時代的変遷にもかかわらず、近世から明治期に至るまで、日本の知識人は寺社参詣と距離を置くという点では基本的に一貫していたということである。

近世後期から明治前半の日本は儒学的教養が最も浸透した時期であった(13)。まず近世後期に、当時の知識人の主体であった儒者や武士のなかで思考の脱呪術化と非宗教化が進行し、彼らは宗教的なものを「愚民」向けのものであると見なした(14)。当然、彼らは寺社参詣とは疎遠であった。それゆえ、一八一〇年代に囚われて日本に滞在したゴローヴニンが「寺社なんかに一度も詣ったことはないといったり、宗教上の儀式を嘲笑したりして、それをいくらか自慢にしている」武士階級のことを書き留め、またあるいは、幕末に日本を訪れた英国人が箱館(現、函館)の寺院で「役人とか地位のある男性の姿はめったに見られ」ないことを観察したように、西洋から日本にやってきた人々が日本の知識人層の宗教に対する冷淡な態度について記した事例は枚挙にいとまがない(15)。

さらに維新後になると、旧物を否定する文明開化の風潮、あるいはビリーフを優位視するキリスト教的な「宗教」観にもとづく現世利益信仰批判があいまって(16)、この傾向はますます顕著となった。それゆえ、編集者も読者も知識人主体であった明治前期の新聞では、社寺参詣をする庶民たちがしばしば「旧弊連中」「御幣連」などと嘲笑の対象と

なった。(17)

明治の後半になると、近代的な教育制度のもとで高等教育レベルの学歴を獲得した知識人が徐々に活躍の領域を広げていき、(18)明治二〇年前後に生まれた人々が最終学歴を修了して社会で活躍するころまでには日本の知識人の主体は学歴エリートたちが占めるようになるが（本項末の［補足］を参照）、この人々もまた社寺参詣とは疎遠な人々であった。もちろん彼らが受けた西洋合理主義を基本とする近代高等教育が彼らの思想形成に与えた影響が大きかったためであろうが、(19)別の理由もある。彼らの多くは故郷を離れて東京をはじめとする主要都市に集まって高等教育を受け、しばしばそのままその都市の「山の手」に定着するというコースをたどった。都市の生活空間においていわば新参者であった彼らは、江戸の伝統を気取る「下町」の人々から「野暮」などと見なされたのに対抗して、洋風のライフスタイルや「教養」で身を固めたうえで、「下町」を「下卑ている」などと貶した。(20)それゆえ、彼ら「山の手」の知識人たちは、「下町」庶民主体の社寺参詣に積極的に参加しようとはしなかったのである。

このように、近世以来明治末期に至るまで、日本の知識人は時期によってその中身を変化させながらも、おおむね社寺参詣とは疎遠な存在であった。したがって、初詣があらゆる国民階層を取り込んだナショナルな行事へと変容する過程を理解するために、第二部・第三部では庶民の娯楽行事であった初詣がいかにして知識人へと波及していったのか（逆にいえば、知識人はどのような回路を経て初詣に参入することになったのか）という問題を検討していきたい。

［補足］　戦前日本の学歴階層のなかで抜群の威信を誇ったのが「旧制高校→帝国大学」のコースであったが、これはきわめて狭き門であり、これ以外にも様々な高等教育コースが存在した。本書でとりあげる経済学者の上田貞次郎は高等商業学校（のちの東京高等商業学校、東京商科大学。現、一橋大学）の出身であるが、高商はとくに実業界では帝国大学を除く諸学校のなかで最も高く評価されるようになった。(21)また、第五章で紹介する宇垣一成は陸軍士官学校出身のエリート軍人であるが、陸士・陸幼（陸軍幼年学校）という陸軍将校養成コースは、〝天皇の軍隊〟を率いるエリート軍人養成コースであるだけではな

く、個人の立身出世のためのルートでもあった。[22]それゆえ、和辻哲郎が「わたくしたち中学卒業生が志望校を選ぶとなると、やはり高等学校か、高商か、高工かであった」[23]と回想し、あるいは泉三郎が「陸士海兵商船高等学校等と無暗矢鱈に受験して見て〔中略〕合格でもしようものなら盲目的に学校に突入する」[24]と回想しているように、近代日本の高等教育は、その内部に様々な階層性をはらみつつも、社会全体のなかでみれば一定の共通基盤をもった学歴競争圏を成立させたといえる。

一般に「知識人」という言葉には、文化的あるいは社会的な発信者といった意味がこめられることが多いが、[25]本書ではこれを必須の要件とはせず、この学歴競争圏内で高等学歴を身につけ、そこから政治家、官僚、学者、ジャーナリスト、実業家、軍人といった様々なキャリアへと人材が輩出していったという意味で、高等教育出身者全般を知識人として扱うこととする。初詣の成立と展開というプラクティスのレベルを扱う本書においては、文化的・社会的な発信者であるか否かということよりも、高等教育レベルの学歴圏から輩出した人々がこのプラクティスにいかにして参入していったのかという点が、まずは重要な論点になるからである。したがって、たとえば高等教育修了後はもっぱら実務に専念して、社会に向けた言論の発信はとくに行わなかったという人物も、本書では知識人の一例と見なすことになる（もっとも、高等教育出身エリートが今日とは比べものにならないほど社会のなかで希少であった戦前においては、[26]たとえ平常は文化的発信を主として活動しておらずとも、雑誌による「名士」を対象にしたアンケートへの回答といった形で、社会に対して何らかの発信をしていた者がほとんどだったのではないだろうか）。

(3) 天皇に対する国民の「感情美」

明治期には庶民の社寺参詣と疎遠であった知識人たちが初詣に参入していくという変化を考えるにあたって、以下のような疑問点が生じる。

① 彼らは今日とは比べものにならないほど社会のなかで希少な存在で、その多くは庶民と隔絶した生活文化圏に生きていた。そのような彼らが大勢の群衆に混じって参拝するようになったのはなぜか。

② 寺院は別として、「国家の宗祀《そうし》」[27]とされていた神社での参拝については、天皇崇敬の浸透とともに知識人も参入

するようになったのではないか、という疑問が生じるかもしれない。だが、注意したいのは、明治期には「皇室＝神社」という結びつきが後の時代のように自明なものではなかったということである。詳しくは第二部で具体例をあげながら論じていくが、天皇は尊崇する一方で神社は重視しない（それどころかしばしば否定的に評価する）という立場は、明治期の知識人においては別段珍しいものではなかった。皇室と神社神道を一体視するのがごく当たり前になる昭和期以降のイメージ（これは基本的に今日まで続いているといえるだろう）を過去遡及的に明治期に投影してしまうのは適切ではない。[28]それでは、「皇室＝神社」という結びつきはどのようにして自明視されるようになっていったのだろうか。

この二つの問題を検討するにあたって、本書では、明治天皇重態時の平癒祈願の際、天皇を思う国民の「感情美」なるものが知識人によって〝発見〟され、この「感情美」がその後の明治神宮創建の可否をめぐる論争過程や明治神宮創建後の参拝空間において重要な意味をもつようになっていったことに注目する。「感情美」とは、明治四五（一九一二）年夏、明治天皇が危篤に陥った際、二重橋前で発生した平癒祈願の大群衆に衝撃を受けた知識人たちが、〝「形」は多種多様でありながらも天皇を慕う国民の「心」はひとつ〟であるとして「至誠／至情／熱情／熱誠／真心／赤心／赤誠」などと表現したものを、同じく史料用語でもある「感情美」という言葉で代表させたものである。[29]この「感情美」に注目するのは、右にあげた二つの疑問を考えるにあたって重要な手がかりを得ることができると考えるからである。以下、簡単に展望を述べておこう。

まず①であるが、「感情美」の発見とは、知識人たちにとって、自分たちと庶民とのあいだに、天皇に対して理屈ではとらえきれない共通する心情が通底していることの発見であった。つまり、他の国民各層とのヨコ並びのつながりを意識したうえでの天皇崇敬のあり方を知識人に知らしめることになるのである。そして、この「感情美」が単なる一過性のセンセイションとして終わることなく、明治神宮という恒久の施設と結びつくことによって、知識人が従来の隔たりを乗り越えて初詣という庶民のプラクティスに参入する回路が開かれることになる。

次に②であるが、二重橋前平癒祈願において見出された天皇に対する「感情美」は、最初から神社と独占的に結びついていたわけではなく、神社に限定されない多様な「形」（そのなかには「アーメン」の叫び声すら混じっていた）を前提として語られたものだった。ところが、それにもかかわらず、その後の明治神宮創建をめぐる論争のなかで、この「感情美」は神社と独占的に結びついたものへと変化していく。しかも、それは新聞の投書欄という〝民主的〟な言論空間において神宮創建推進派と反対派の意図せざる共同作業によってもたらされることになる。「皇室＝神社」の絶対化は、〝神社は宗教か否か〟という原理上の問題から自由になることができない政府や神道関係者たちの議論のなかからではなく、むしろ「上から」の動員をともなわない〝民主的〟な言論空間において、いちはやく明確に姿を現すことになるのである。

(4) 都市の娯楽とナショナリズム――鉄道の集客戦略への注目

前述したように、庶民の娯楽として成立した初詣は天皇の代替りを契機としてナショナリズムと接合していくが、注意したいのは、これによって初詣がもつ娯楽性が縮小に向かったわけではなく、むしろいっそう増幅していくという事実である。娯楽とナショナリズムの関係については、国民にとって前者が本音で後者が建前であったと強調する研究もあるが[30]、そもそも両者を二者択一の関係と考えなければならないという必然性はないだろう。どちらか片方のみを本質視するのではなく、相乗関係にあった可能性も検討する必要があるのではないか。

とくに、雑多な人々が多数集住する大都市においては、「氏神＝地域社会」単位での統一的儀礼の挙行は、総力戦体制下は別として平時は容易ではない。都市の人々が自発的に楽しみながら「国民」として統合されていく回路として、「氏神＝地域社会」とは別の回路を考える必要があるのではないか。

この点で示唆に富むのが、戦間期において都市モダニズムと適合した「新しいナショナリズム」が国家よりもむしろ資本によって娯楽性をともないながら社会に浸透していくという指摘である。[31]「新しいナショナリズム」というキーワードを前面に出しているわけではないが、同様の構図を雑誌『キング』の詳細な分析から描き出した研究もある。[32]国家による「上から」のナショナリズム注入という構図ではなく、資本という都市文化形成の推進主体によってナショナリズムが娯楽性を織り交ぜながら国民に浸透していくという見通しは、本書の検討内容とも親和性が高い。ただし、これらの議論では資本はほとんどもっぱらメディア資本に限定されており、[33]鉄道資本に強く規定されて展開した近代の社寺参詣を検討するための枠組みとしては十分ではない。

そこで本書では、鉄道の集客戦略によって、初詣が娯楽とナショナリズムを織り交ぜた形で活性化していったことに注目する。さらに、このような集客戦略によって実態としては初詣が娯楽色を強めていくにもかかわらず、それをナショナリズムの文脈で解釈する言説が生成していくことにも注目していきたい。

このような視角からの検討は、国家神道をめぐる研究にも新たな貢献をなしうるものであると考える。従来の国家神道研究は、制度・言説・思想に関心が集中しており、国民生活との関わりという点については、「氏神＝地域社会」を回路とした「上から」の教化という枠内におおむねとどまってきた。[34]そのため、都市部において、「氏神＝地域社会」とは別に、個人・家庭単位の娯楽を回路として人々が国家神道と関わったことについては検討されることがほとんどなかったのである。[35]本書は、これまでほとんど注目されてこなかった、大正期以降の都市部における娯楽と国家神道との関わりという問題領域を提示することにもなるだろう。

(5)「社寺」と「社」

国家神道をめぐる従来の研究は、検討対象を神社神道のみに限定することによって、近現代を通じてリアリティを維持し続けてきた「社寺」という枠組みについてはまったくといっていいほど看過してきた。神道史研究者が「社」に限定するのは無理もないとしても、日本史・宗教史の研究者までもがこの「社寺」という枠組みを除外してもっぱら「社」のみで論じてきたのは、問題があるといわざるをえないだろう。国家神道の批判的解明を自任する研究者ですら、この対象の限定を自明視することによって、実は図らずも国家神道の認識枠組みを補強してきたのではないだろうか。

このようななかで例外的に「社寺」という枠組みに言及したのが山口輝臣である。山口は、宗教政策と神社（＝非宗教）政策の誕生によって宗教と非宗教が裁断されていきながらも、同時に、「美術ノ倉庫タル古社寺」の保護という文脈で、「社寺」という宗教と非宗教に跨ってしまう枠組みが維持され続けることになったことを明らかにしたうえで、「宗教と非宗教とに裁断していく二〇世紀の諸政策のなかで、社寺というそれとは整合性を持たせ難い枠組が存続していったことの意味を追求していく方が、この後の時期を検討する上では有効であろう」[36]と指摘している。従来の国家神道研究が検討対象を「社」に限定することによって見落としてきた問題群の存在を示唆するきわめて重要な指摘であったと言えよう[37]。本書は神社・宗教行政を対象としたものではないため山口の提起に直接応えるものではないものの、従来の国家神道研究のように検討対象を最初から神社に限定するのではなく、「社」と「社寺」という枠組みがどのような関係にあったのかという点を視野に入れながら初詣の展開過程を検討していくことにしたい。

なお、「社寺」と「寺社」という用語の使い分けについてであるが、近世一般および明治神宮創建以前の東京のように、寺院の比重が大きい時期や地域に言及する場合には「寺社」と表記する。それ以外については「社寺」とする。ただし、どちらともとれる場合には、便宜的に「社寺」を用いることとする。

三 構成と史料

以上の問題意識と視角にもとづいて、本書では東京および関西を対象として、明治期から昭和戦前期までの時期における初詣の成立と展開の過程を検討していく。全体は三部に分けられる。

まず、第一部では、明治期の都市部における初詣の成立過程を明らかにする。

第一章では、鉄道の誕生によって、都市部の庶民が近世以来の寺社参詣の規範に縛られずに行楽を兼ねて郊外へ参詣に出向くようになり、これが「初詣」と称されて定着していく過程を明らかにする。第二章では、この初詣と近世以来の恵方詣との関係を検討し、近代都市が最終的に恵方詣を衰退させ、初詣を定着させることになった要因を明らかにする。

第二部では、明治から大正の天皇の代替りを契機としてそれまでほとんどもっぱら庶民ばかりであった初詣に新たに知識人が参入することによって、初詣がナショナリズムと接合し始めることを明らかにしていく。

まず第三章では、明治天皇危篤時の二重橋前における平癒祈願の光景に衝撃を受けた知識人が、そこに天皇を思う「感情美」を発見することを明らかにする。続いて明治天皇死去直後に新聞投書欄で起こった明治神宮創建をめぐる論争を検討することによって、「上から」の動員が介在しない〝民主的〟な言論空間において、逆説的に、天皇に対する「感情美」が神社を通したものへと限定されていくことを明らかにする。この第三章は初詣を直接の検討対象とはしていないが、この検討内容が第四章でとりあげる明治神宮の初詣を理解するための前提となる。第四章では、明治期に成立した初詣が庶民中心の娯楽で知識人には馴染みが薄い行事であったことを確認したうえで、明治から大正への天皇の代替りを契機として初詣が知識人へと波及していくという「下→上」の回路が開かれたことを示す。とくに東京については、第三章をふまえて、大正九（一九二〇）年に誕生した明治神宮が知識人の初詣への参入の重要な転換点になったことを明らかにしたい。

第三部では、大正期以降の初詣がナショナリズムと接合し始めたからといって娯楽性を縮小させたわけではなく、むしろ、娯楽とナショナリズムが絡み合っていくことによって、多くの人々が「上から」の動員なしに自発的に楽しみながら参加する「国民」の行事として今日にまで至る強固な持続性を有するようになることを明らかにする。

まず第五章では、伊勢神宮をはじめとする皇室ゆかりの「聖地」（天皇陵＋神社）への参拝が、国鉄・私鉄の競争／協同の相乗関係によって娯楽性をともないながら活発化していくことを明らかにする。第六章では、明治神宮と郊外の有名寺院（成田山・川崎大師）が都市化にともなう「脱都市」の気分を求める行楽の需要と合致して初詣で際立った人気を集めるようになり、現代の初詣の原型が確立する過程を検討する。第七章では、娯楽イベントとして活性化していくという初詣のプラクティスのレベルでの動向とは裏腹に、初詣をナショナリズムの文脈でとらえる言説が知識人によって編み出され、それがメディアを通じて社会に流通していくこと（「上→下」の回路）を論じる。

最後に終章では、本論で明らかにした近代日本の都市における初詣の成立と展開の過程をふまえて、序章で提示した基本視角を軸に考察を行いたい。

序章の最後にあたって、本書で使用する史料について述べておく。全章を通じて最もよく活用するのは新聞史料である。具体的には、主たる検討対象とする二つの都市（東京・大阪）で発行された新聞記事が主なものとなる。初詣のようないわゆる年中行事は、昔から変わらず続いている静態的なものとイメージされがちであるが、新聞を詳細に調査することによって、これを動態的に、各時期の動向をとらえながら把握することが可能となる。(38)

また、初詣という参詣行事の直接の当事者となるのは、鉄道、社寺、そして参詣客ということになるが、鉄道については、主として新聞史料と各鉄道の社史類や関係する雑誌記事（『旅』など）を使用する。とくに新聞に関しては、記事本文だけではなく広告についても鉄道の集客戦略を示す重要な史料と考えて活用する。一方、社寺については、新聞史料のほかに、公刊されている明治神宮の日誌および関西の神社（西宮神社・住吉大社）が所蔵する未公刊史料もあわせて使用する。また、『神社協会雑誌』を中心に神職団体の機関誌も使用したい。最後に、参詣客については、その中身が多種多様であるため網羅的な把握は困難であり、やはり多くは新聞史料に依拠せざるをえないが、知識人についてはいくつかの日記史料も使用する。もっとも、本書が対象とする時期である明治から昭和にかけて継続的に記され続け、しかも私生活の記述が豊富であるという日記は案外少ないのだが、例外的に明治の青年期から昭和の晩年まであまり途切れることなく記され続けた経済学者上田貞次郎の日記を各所で用いていく。[39] また、これもやはり主として知識人が書き記した史料ではあるが、大正期以降様々な雑誌や書籍で記されるようになる神社参拝体験を綴ったエッセイの類も補助的に用いることとしたい。

（1）高木博志「初詣の成立――国民国家形成と神道儀礼の創出」（西川長夫・松宮秀治編『幕末・明治期の国民国家形成と文化変容』新曜社、一九九五年。のちに高木『近代天皇制の文化史的研究』校倉書房、一九九七年に所収）。引用は四四七頁。

（2）たとえば次のような事例がある。「宮崎県児湯郡長小幡忠蔵氏は、平素敬神の道に厚く斯道の為め熱誠以て尽力せられ郡内神社の発展に意を注ぎ衆庶の渇望深き人なるが、本年一月二日には国幣小社都農神社に初参りとして郡書記及ひ雇員等数名を随へ参拝し〔中略〕尚将来も年々新年詣をなさんと申出ありと。実に敬神篤志のことと云ふべし」（「郡長の新年初詣」『神社協会雑誌』九―二、明治四三年、六四頁）。

（3）都市化にともなう住民の流動化によって「氏神＝地域社会」が不安定化にさらされ続けているという傾向は、程度の差はあれ、明治から現代に至るまで一貫している。第一章注(13)、第四章注(123)、第五章「おわりに」を参照。

（4）「来る三月十三日は建武中興の大業なつた建武元年を去ること六百年に当るので全国で建武中興六百年記念の盛大な催しが行はれる」（『東朝』昭和九年三月一三日「建武中興六百年記念　三月十三日　府市の催し」）。

（5）古川隆久『皇紀・万博・オリンピック』（中公新書、一九九八年）、ケネス・ルオフ（木村剛久訳）『紀元二千六百年』（朝日新聞出版、二〇一〇年）。

（6）E・ホブズボウム「序論　伝統は創り出される」（同およびT・レンジャー編（前川啓治・梶原景昭ほか訳）『創られた伝

統』紀伊國屋書店、一九九二年、原著一九八三年）一〇頁。ただし、同書には「創られた伝統」の「存続」について言及した個所もないわけではない（D・キャナダイン「儀礼のコンテクスト、パフォーマンス、そして意味」二三四―二三五頁、E・ホブズボウム「伝統の大量生産」四五六―四五九頁）。

（7）第一章「はじめに」参照。

（8）たとえば、次のような指摘が典型的である。「鉄道を先陣とする近代交通機関の出現により、旅＝参詣はさらに簡便となり、参詣量は逐次上昇しつつ、今日に至ったのである」（新城常三『新稿社寺参詣の社会経済史的研究』塙書房、一九八二年、一三八三頁）。

（9）宇田正および山本光正の研究は、社寺参詣と鉄道の関わりについて検討した先駆的なものである（宇田正「鉄道経営の成立・展開と「巡礼」文化」（山本弘文編『近代交通成立史の研究』法政大学出版局、一九九四年）、山本光正「旅から旅行へ――近世及び近現代の伊勢・西国巡りを中心に」（丸山雍成編『近世交通の史的研究』文献出版、一九九八年）、など）。ただし、これらの研究は、近世以来の「旅」「巡礼」をキーワードとして検討する傾向にあり、初詣のように近代都市の展開と結びついた社寺参詣の動向は検討されていない。

（10）南博編『大正文化』（勁草書房、一九六五年）、石川弘義編『娯楽の戦前史』（東書選書、一九八一年）、津金澤聰廣『宝塚戦略』（講談社現代新書、一九九一年）、竹村民郎『笑楽の系譜』（同文舘出版、一九九六年）、原武史『「民都」大阪対「帝都」東京』（講談社選書メチエ、一九九八年）など。

（11）鈴木勇一郎「近代大都市の郊外行楽地と私鉄――大阪住吉を中心に」（『交通史研究』六一、二〇〇六年）は私鉄による郊外行楽地開発を近世以来の花街との関連に注目して検討した貴重な研究である。ただし、鈴木の主たる関心は「郊外空間自体の変容」（七二頁）にあり、社寺参詣のような都市住民の生活文化の変容は検討対象としていない。

（12）大門正克『民衆の教育経験』（青木書店、二〇〇〇年）。

（13）渡辺浩『東アジアの王権と思想』（東京大学出版会、一九九七年）一九六頁。

（14）同「「教」と陰謀――「国体」の一起源」（渡辺浩・朴忠錫編『韓国・日本・「西洋」』慶應義塾大学出版会、二〇〇五年）三八九―三九〇頁。

（15）渡辺京二『逝きし世の面影』（平凡社ライブラリー、二〇〇五年）五二六―五二八頁。

（16）磯前順一「近代における「宗教」概念の形成過程」（『岩波講座　近代日本の文化史3　近代知の成立』岩波書店、

二〇〇二年）。同論文も指摘するように（一七四頁）、プロテスタント的な倫理的宗教観とも通じる近世以来の儒教的素養が当時の知識人層に存在していたことが、現世利益信仰批判の前提となった。

(17) たとえば以下のような記事を参照。「歳ハ新玉《あらたま》れども心ハ改まらぬ旧弊連中」（『読売』明治九年一月七日「説話《はなし》」）、「恵方参りの御幣連」（『東日』明治二〇年一月四日「新年の概況」）。

(18) まず明治二〇年代に帝国大学を頂点とする学歴ヒエラルキーにもとづいた立身出世コースが官界において確立する（天野郁夫『学歴の社会史』新潮選書、一九九二年、一一五―一二〇頁、二〇〇頁）。さらに、明治三〇年代後半以降になると実業界でも学歴重視の選抜が制度化されはじめる（同右、二六二頁、筒井清忠『日本型「教養」の運命』岩波現代文庫、二〇〇九年、第四章）。

(19) 近代日本の知識人のマジョリティが、漢学の素養を共有していた世代から、そのような素養の習得を経ずに近代教育制度のなかで西洋由来の学問文化を習得した学歴エリートの世代へと転換していくことについては、いわゆる「教養派」「大正教養主義」について論じた以下の各論考を参照。唐木順三「現代史への試み――型と個性と実存」（同『現代史への試み　喪失の時代』唐木順三ライブラリーⅠ、中央公論新社、二〇一三年。初出は一九四九年）、前掲筒井『日本型「教養」の運命』。

(20) 竹内洋『教養主義の没落』（中公新書、二〇〇三年）一八一―一八七頁。

(21) 山田浩之「高等商業学校におけるビジネスマン養成」（望田幸男・広田照幸編『実業世界の教育社会史』昭和堂、二〇〇四年）。

(22) 広田照幸『陸軍将校の教育社会史　立身出世と天皇制』（世織書房、一九九七年）。

(23) 和辻哲郎『自叙伝の試み』（中央公論社、一九六一年）三八九―三九〇頁。和辻は明治三九年第一高等学校入学、同四二年東京帝国大学入学。

(24) 『済々黌百年史』（同編集委員会、一九八二年）四三一頁。泉は大正八年熊本の済々黌を卒業して、「腕例《ママ》し」のつもりで受験して合格した陸士に入校した。

(25) たとえば長谷川如是閑を扱った古川江里子の研究では、知識人について「時代の大きな転換期、人々が政治、社会の混迷の中で見通しを失い、行く末に憂慮する状況下、新たな状況を踏まえそれに対応すべくあるいは打開すべく、政治、社会の青写真を描き、それを社会に提示しその実現を言説や行動により試みてきたのが、近代において登場してきた知識人たちである」（古川江里子『大衆社会化と知識人』芙蓉書房出版、二〇〇四年、五頁）と定義づけられている。

(26) 戦前の高等教育就学率は、明治期を通じて一・〇%以下、戦間期は高等教育の「大衆化」といわれることが多いが、それでも昭和一五年時点で三・七%で、六〇年安保学生運動のときでも一〇・二%であった。ところがその後高度成長期の爆発的な高等教育の「大衆化」を経て、昭和五〇年には三二・四%となる(前掲筒井『日本型「教養」の運命』一二六―一二七頁)。

(27) 厳密にいえば「国家の宗祀」の指す内容は、官国幣社を指す場合もあれば神社一般を指す場合もあるなど、時々により異なっていた(山口輝臣『明治国家と宗教』東京大学出版会、一九九九年、一四〇―一四一頁)。

(28) 磯前順一は国家神道の研究史を整理した論考のなかで、マルクス主義系の歴史学者が加藤玄智など戦前の神道学者と同様に「国家神道を天皇制イデオロギーと同一視する傾向」があるという問題点を指摘している(磯前順一『近代日本の宗教言説とその系譜』岩波書店、二〇〇三年、九八―九九頁)。

(29) 漢字二文字の言葉ばかりのなかでわざわざ三文字の「感情美」を選んだのは、平癒祈願直後に起こった明治神宮創建の可否をめぐる論争のなかで、この「感情美」とともに、これとよく似ているようで実はまったく対照的なニュアンスの「感情」という言葉が登場するからである。これについては第三章で明らかにしたい。

(30) 前掲古川『皇紀・万博・オリンピック』、右田裕規「日本近代の民衆経験に見る〈祝祭商品〉の同時代的意義の再考」(『社会経済史学』七九―一、二〇一三年)。

(31) 山野晴雄・成田龍一「民衆文化とナショナリズム」(歴史学研究会・日本史研究会編『講座日本歴史9 近代3』東京大学出版会、一九八五年)。

(32) 佐藤卓己『『キング』の時代 国民大衆雑誌の公共性』(岩波書店、二〇〇二年)。

(33) 実際に、前掲山野・成田「民衆文化とナショナリズム」は「資本――すなわちマス・メディア」(二七七頁)と明記している。

(34) 国家神道をめぐる先行研究については、齊藤智朗「解題Ⅱ 『国家神道とは何だったのか』と国家神道研究史」(葦津珍彦著・阪本是丸註『新版 国家神道とは何だったのか』神社新報社、二〇〇六年)、昆野伸幸「近代日本における祭と政――国民の主体化をめぐって」(『日本史研究』五七一、二〇一〇年)一一七―一一八頁などを参照。

(35) たとえば島薗進は、国家神道を制度・言説・思想のレベルに閉じこめずに一般国民との関わりも視野に入れて論じている。それ自体には筆者も大いに共感するが、その具体的な中身についてみると、山本信良・今野敏彦の古典的研究に依拠した学校教育における「上から」のイデオロギー注入、および最近の畔上直樹の研究(『「村の鎮守」と戦前日本』有志舎、二〇〇九年）に依拠した地域社会の神職層による「下から」の国家神道の活性化という範囲にとどまっており、「氏神＝地域社会」の枠を出ていない（島薗進『国家神道と日本人』岩波新書、二〇一〇年）。

(36)　前掲山口『明治国家と宗教』三四五頁。

(37)　最近になって、山口を含めて、近代における皇室と仏教の関わりについて検討した研究が相次いで出ており、今後、近代における「社寺」という枠組みについて考えるための有用な足がかりとなっていくことが期待される（石川泰志『近代皇室と仏教』原書房、二〇〇八年、高木博志「皇室の神仏分離・再考」明治維新史学会編『明治維新史研究の今を問う――新たな歴史像を求めて』有志舎、二〇一一年、山口「天皇家の宗教を考える――明治・大正・昭和」『史淵』一四九、二〇一二年）。

(38)　この手法自体は前掲高木「初詣の成立」が先駆的に用いたものだったが、同論文で使用された新聞史料は複数の地域の断片的なものにとどまり、初詣の成立過程について正確に実証するには至らなかった。本書は、東京と大阪という二大都市を対象としてより精緻にこの手法を実践することによって、初詣の成立と展開の過程を明らかにしていく。

(39)　上田貞次郎は明治一二（一八七九）年、旧和歌山藩士上田章の次男として東京麻布で出生。同三五（一九〇二）年高等商業学校専攻部を卒業後、母校の講師となり、同三八（一九〇五）年教授に昇進。大正九（一九二〇）年同校の東京商科大学への昇格後も引き続き教授として在職し、昭和一一（一九三六）年末から没年（昭和一五（一九四〇）年）まで学長の任にあった（『日本近現代人名辞典』吉川弘文館、二〇〇一年、一三四頁）。明治二五（一八九二）年から晩年まで長期にわたって記された日記が刊行されている（『上田貞次郎日記』全三巻、上田貞次郎日記刊行会、一九六三―一九六五年）。

第一部　初詣の成立

第一章　明治期東京における初詣の形成過程
――鉄道と郊外が生み出した参詣行事

はじめに

本章では、明治期に都市部において初詣という正月参詣の新しい形が形成されていった過程について、「鉄道＋郊外」という要因に着目して論じる。

初詣は、現在とくに大都市周辺で盛んに行われている正月参詣行事であるが、その成立過程については、近世後期あるいは明治期に、日本のナショナリズムのなかで正月元日を重視する思考が社会に浸透することによって正月の様々な参詣行事が元日中心の初詣に再編されていったと指摘されるにとどまっている。(1)

しかし、今日の大都市の初詣にはこのような説明だけでは理解できない重要な特徴がある。それは郊外の有名社寺への初詣客の著しい集中である。これまで初詣について説明がなされる場合、きまって「現在では有名社寺に参詣する人が多い」と述べられてきた。(2)だが、いかなる経緯によってそうなったのかという点について具体的に検討されることは皆無であった。そもそも、近世都市の正月参詣は主として市街地（あるいは市街地から徒歩で参詣できる範囲）にある諸寺社に徒歩で参詣するものであったから、これがただ単に元日中心に再編されただけであれば、現代の初詣は主に都市中心部の有名社寺が賑わうという形になったはずである。ところが実際は、各大都市圏で圧倒的な初詣客数を誇っているのはほとんど例外なく郊外の有名社寺なのである。たとえば首都圏では、大正期に創建された明治神宮を別とすれば、都心から離れた川崎大師と成田山が毎年三〇〇万人前後の初詣客を集めている。それに対して、湯島天神・神田明神・日枝神社といった都心の社寺の三が日初詣客数はせいぜい数十万人台であり、浅草寺でさえ二〇〇万人を超えてはいるものの川崎大師と成田山には及ばない。(3)大阪では住吉大社、京都では伏見稲荷、名古屋では熱田神宮が例年最も多くの初詣客を集めているが、やはりいずれの神社も旧来の市街地ではなく郊外（あるいは戦前は郊外だった地域）にある。交通の発達によって人々が郊外の社寺にも足をのばすようになったこと自体は不思議ではないとしても、いったいなぜ郊外の社寺がかくも圧倒的な人気を誇るようになったのであろうか。

ここで注意したいのは、今日初詣客で著しく賑わっているのは、より正確に言えば鉄道の沿線にある郊外の社寺であるということである。すなわち、初詣の成立過程を明らかにするためには、鉄道と郊外という二つの要素に注目する必要があるのではなかろうか。そこで本章では、明治期の東京を対象として、(4)この二つの要素に注目しつつ初詣の形成過程を検討していきたい。

一　明治期の東京市街地における正月参詣

まず予備的な作業として、近世後期の江戸および明治期の東京における正月参詣について概観しておきたい。

天保九（一八三八）年の斎藤月岑『東都歳事記』をみると、近世後期の江戸の正月は元日から月末まで初卯、初不動といった初縁日にもとづく参詣が目白押しであったことがわかる。また、元日には氏神（産土神）への参詣や恵方詣(5)も行われていた。江戸の正月参詣は初縁日・氏神・恵方といった「いつ」「どこに」に関わる縁起にもとづいて行うからこそ攘災招福が叶うという感覚であり、今日の初詣のように〝正月に適当にどこかの寺社へ参詣する〟といった感覚ではなかった。また、言うまでもなく交通手段は基本的に徒歩であったから、市街地から徒歩で行ける範囲内にある寺社が参詣対象であった[6]。

明治に入ってからはどうであったか。明治五年末（明治六年初め）に改暦が実施されたが、それから間もない時期の新聞をみると初卯や初水天宮などといった初縁日参詣が新暦の日取りで賑わうようになっており[7]、東京の寺社参詣は比較的スムーズに新暦に移行したことがわかる。明治に入ってからの変化としては、元日であれば初縁日に当たっていなくても参詣するという形が一部でみられるようになったことがある。たとえば、水天宮は五日が初縁日であるが[8]、明治二〇年代になると元日の賑わいが新聞で報じられるようになった[9]。この変化の背景には、先行研究も指摘する元日の重要性の上昇という要因もたしかにあったであろう[10]。しかし、それだけではなく、日曜週休制と年頭三が日休業の慣習（＝一月四日の仕事始の慣習）が近代セクターを中心に社会に広がっていくことによって、三が日が多くの人々にとって最も参詣しやすい日になっていったという単純な事情もあったと考えられる[11]。

しかし、この変化がただちに初詣を定着させたわけではないということに注意したい。右の変化は初縁日にあてはまらない参詣が一部にみられるようになったというだけであり、初縁日参詣は明治期を通じて依然として盛んに市内各寺社で続けられた。しかも、元日の重要性が上昇したことによって盛んになったのは初詣よりもむしろ恵方詣だった。東京市内の諸寺社における恵方詣の賑わいは明治期を通じて毎年報じられており、明治三〇年代以降になると恵方詣について案内するガイド記事もしばしば見られるようになる[12]。先に触れた水天宮の元日の賑わいを報じる記事も、そのほとんどが恵方詣で賑わったという内容である。要するに、明治期を通じて東京の市街地の寺社では、正月の参詣といえば初縁日参詣と元日の恵方詣（とくに後者）が中心だった[13]。元日に初縁日や恵方にこだわることなく参詣する形は東京市内の寺社では明治期を通じて広く定着するには至らず、それどころか「柳橋辺の唄ひ女等ハ何ゆゑにや恵方にかゝはらず亀井戸の天神に参詣し〔以下略〕[14]」という新聞記事からもわかるように、不自然な行為と見なされる場合さえあった。

ところが、郊外に位置する川崎大師平間寺ではいちはやく明治二〇年代に縁日や恵方にこだわらずに元日に参詣する形態が定着し、やがてこの新しい慣習が「初詣」と呼ばれるようになる。

二　初詣のはじまり

(1)　川崎大師における初詣の定着

『東都歳事記』には大師の初縁日〔初大師〕である正月二一日に江戸から川崎大師へ参詣に赴く人々がいたことが記されているが、(15)気軽に徒歩で移動できる距離ではないからその数は限られたものであったと思われる。しかし明治五〔一八七二〕年六月、前月に仮開業した我が国最初の鉄道路線〔品川―横浜間〕の途中に川崎停車場が設けられて東京から川崎大師への参詣は格段に便利となり、(16)毎年一月二一日の初大師は新橋から汽車を利用して参詣をする人々で賑わうようになった。(17)もっとも、これは鉄道によって従来の参詣がいっそう盛んになったというだけであり、別段何の不思議もない。注目すべきは元日の川崎大師参詣の定着である。前述の通り、元日の参詣といえば東京市内では恵方詣が明治期を通じて盛んであり、鉄道開通後は川崎大師もその対象となった。(18)鉄道によって恵方詣の広域化がもたらされたのである。ただし、川崎大師が東京市内の諸寺社と異なっていたのは、恵方に当たっている年もそうでない年も〔要するに毎年〕元日に大勢の参詣客で賑わうようになったという点である。

そのことが明確に確認できるのは明治二〇年前後である。諸新聞を調べると、明治二一〔一八八八〕年の年末に、川崎大師参詣客のための元日の臨時汽車運行について記した記事が初出する。

〔官鉄は〕来年一月一日ハ毎年の通り〔川崎大師の〕参詣人多く従ッて雑踏を極むるならんと察し、爾来一月一日

　に八臨時汽車を発せんと目下協議中の由。[19]

「毎年の通り」とあるように、遅くともこのころまでに元日の川崎大師参詣が目立つようになっていたことがわかる。このとき協議された臨時列車は翌月迎えた明治二二（一八八九）年の元日に実際に運行され、「生憎曇天風寒く、為めに人出も悪」かったとはいえ、合計一五六四人の乗客を運んだ。[20]

この元日の川崎大師参詣客向けの臨時列車は、その後毎年の恒例となった。一例として、明治二六（一八九三）年の様子をみてみたい。

　元旦の川崎大師詣ハ毎年相変らずの雑沓にて、当日新橋より特に四回の臨時急行列車を発し参詣者に便利を与へたり。〔中略〕参詣人ハ川崎停車場に溢れて混雑云ん方なく、殊に午後五時四十五分川崎発新橋着の列車ハ一時に込合ひ、客車に乗り込む時の如きハ先を争ひ押合ひ揉み合ひ戸口も毀るゝ許りにて、駅夫を始め停車場員総掛りの注意にて幸に怪我もなかりしが、後にて乗込しものハ悉く客車中にて立往生なりし。〔中略〕此日ハ風もなくいと麗らかに大師河原の長堤景色最も好く三四月の頃郊外漫歩の心地しけり。[21]

大勢の参詣客で臨時列車が相当な混雑を見せるようになっていることがわかる。この元日の臨時汽車の乗客数は、明治二九（一八九六）年には四一〇五人、五年後の同三四（一九〇一）年には九三二六人と年々右肩上がりで増加していった。[22]

右に引用した二つの新聞記事には、元日の川崎大師が「毎年の通り」「毎年相変らず」参詣客で賑わっているという記述がみられるが、前述の通りもともと大師の縁日は二一日であり元日ではなかった。実際、『東都歳事記』にも元日の川崎大師参詣についての記述はみられない。また、「毎年相変らず」ということは、恵方に関わりなく、ということになる。つまり、明治二〇年前後から、縁日にも恵方にもこだわらない「元旦の川崎大師詣」が新たに定着し始めたと考えられるのである。

このことは新聞だけでなく歳時記類でも確認できる。たとえば明治二二（一八八九）年の『風俗画報』創刊号におさめられた「東京歳事記」は、『東都歳事記』と同様に、二一日の川崎大師参詣については記しているが元日の川崎大師参詣の記述はない。[23] すでに元日の川崎大師参詣がある程度目立つようになっていた時期ではあるが、歳時記にとりあげられるほどの確固たる慣習とまではまだ認識されていなかったようである。ところが、明治三〇年代以降になると、いずれの歳時記類も必ず元日の川崎大師参詣を記すようになる。[24] つまり、実態レベルでの変化に多少遅れて、〝元日の川崎大師の参詣は毎年恒例の年中行事である〟と明確に認識されるようになったのである。[25]

このような変化のなかで、川崎大師におけるこの新しい参詣慣習を指すために用いられるようになった言葉が「初詣」であった。筆者は戦前の『東朝』『東日』『読売』『万朝報』の年末年始の記事を総覧してみたが、その範囲内での「初詣」の初出は、明治一八（一八八五）年の次の記事である。

新橋横浜間の汽車ハ急行列車の分ハ平生ハ川崎駅へ停車せざれど、昨日より三ヶ日ハ川崎大師へ初詣の人も多かるべきなれば、夫等の便利のために特に停車せらるゝこととなりしとぞ。[26]

実は、これ以降明治三〇年代までの東京の新聞各紙では、「初詣」はほとんどすべてが川崎大師との関連で用いられている。[27] しかも、参詣そのものの賑わいだけではなく、参詣客を運ぶ鉄道について記す場合が多く、川崎大師における初詣の定着に鉄道が深く関わったことを端的に示している。一例をあげておこう。

一昨日〔明治二九年の元日〕は川崎大師へ例の初詣でに出掛しもの多く、同所は朝来雑踏を極め、鉄道局にてハ都合八回の臨時汽車を発したるが〔以下略〕[28]

(2) 初詣が定着した要因

ここで、川崎大師でいちはやく初詣が定着した要因について検討したい。

なぜ二一日の縁日ではなく元日なのか、という点については、すでに述べた元日の重要性の上昇という要因があったのはたしかであろう。しかし、それだけであれば東京市内の諸寺社と同じ条件であるから、元日は主に恵方詣で賑わうにとどまったはずである。川崎大師と東京市内の諸寺社にはどのような違いがあったのであろうか。

ここで重要な前提となるのは、明治の中ごろから縁起を重視して参詣する「信心参り」が漸減し、行楽を主目的としてそのついでに参詣を行う者が増えていったという変化である。たとえば明治二〇(一八八七)年の初大師(一月二一日)の模様を伝える新聞記事は、生憎の雨で人出が少なかったと記したうえで次のように続けている。

夫と云ふも近来は何神仏を問はず真の信心参り草鞋掛尻端折鎗が降ても往かねばならずと出懸る者が追々と減じ、天気が能くば運動か保養がてらブラブラ出掛て序に利益も呉れるなら授かつて来やうと云ふ風の者が多いからなりと云ふ。(29)

このように近世以来の寺社参詣の慣習にとらわれずに行楽本位で参詣する人々が増加していくなかで、彼らを惹きつける独特な魅力をもつようになったのが、ほかでもない川崎大師だった。次に引用するのは明治二四(一八九一)年の元日の参詣景況を報じた記事である。

元朝の屠蘇機嫌に恵方まゐりの勢ひを示し今年中の福運吉兆を祈りたる神社ハ、芝の愛宕、神明、日比谷の稲荷、日枝神社、日比谷太神宮、虎の門琴平神社、神田明神、水天宮、湯島天神等にて、いづれも処々の見当方角に拠り参詣に出掛けたるも少なからず。又東京全市よりの方角にハ川崎大師がちよツと汽車にも乗れぶらぶら歩きも出来のんき気にして至極妙なりと参詣に出向きたるも多くありしが〔以下略〕(30)

つまり、川崎大師にあって東京市街地の諸寺社になかったものとは、汽車に乗れて手軽に郊外散策を楽しめるという行楽的な魅力であった。

明治二〇年代の東京では鉄道による通勤・通学はまだ広く定着してはおらず、多くの人々にとって、汽車は特定のハレの日にだけ利用する乗り物であり(31)、「ちよツと汽車にも乗れ」ること自体が少なからぬ魅力をもっていた。

また、単なる「ぶらぶら歩き」であれば市街地でも可能であったが、前掲史料（注21）の「大師河原の長堤景色最も好く三四月の頃郊外漫歩の心地しけり」という記述からもわかるように、川崎大師参詣にともなう「ぶらぶら歩き」は市街地のそれとは趣を異にする「郊外漫歩」であった。郊外散策を兼ねた寺社参詣はすでに近世後期から江戸の人々を惹きつけるようになっていたが(32)、実際に郊外の寺社に出掛けるとなると移動は徒歩によらざるをえないため少なからぬ時間と労力がかかり、なかなか簡単に行えるものではなかった(33)。また、幕末以降いったん減少した東京の人口は明治中期から増加傾向に転じて地方からの移住者が増えていくが(34)、彼らもまた市街地の喧噪から離れた郊外での行楽を求めるようになる(35)。このようななか、鉄道のアクセスを有する川崎大師は、往復に余計な時間をかけることなく手軽に「脱都市」の気分を満喫できる稀有の場所であり、新旧の東京在住者たちの需要によく応えるものであったといえよう。詳論する余裕はないが、鉄道馬車が明治一五（一八八二）年の新橋―日本橋間の開業以来路線網を広げていくことで新橋停車場と東京市内各所の連絡が便利になったことも汽車による川崎大師参詣を間接的に促進したと思われる(36)。

さらに、前述したように、明治二〇年代には元日の川崎大師参詣のための臨時汽車が毎年運行されるようになるとともに、川崎大師平間寺が川崎駅から同寺に至る新道を開通させ、桜の木を植えて風情を添えるなどの工夫をこらして郊外散策の環境整備に努めるようになった(37)。つまり、明治二〇年代はハレの乗り物である汽車に乗って「脱都市」気分の行楽が楽しめるという川崎大師の魅力がよりいっそう充実した時期だったのである。さらに、明治三二（一八九九）年には関東最初の電気鉄道である大師電鉄が開業して官鉄川崎停車場近くの六郷橋と川崎大師を結ぶようになり、「大師電気鉄道は物珍らしさに乗客非常に多く(38)」という新聞記事からもわかるように、電車の登場はさらに多くの遊覧客を川崎大師に誘い出すことになった。

以上を小括すれば次のようになろう。川崎大師はいちはやく鉄道によるアクセスを得たことによって、汽車に乗って手軽に郊外散策ができるという東京市内の諸寺社にはない魅力をもつ仏閣となった。そして、とくに明治二〇年前後から、縁起よりも行楽を重視する参詣客が増えるなかで、この「脱都市」の行楽的魅力に惹かれて川崎大師に参詣する者が増え、初縁日や恵方にこだわらずに元日に川崎大師に参詣する初詣が定着したのである。

三　鉄道会社の集客戦略

前節で述べた内容からわかるように、明治二〇年代の川崎大師における初詣の定着は、郊外の名刹に鉄道が通じた結果として生じたものであった。この段階では鉄道（官鉄）が積極的な参詣客誘致を図るといった動きはとくになかったと言ってよい。しかし、明治三〇年代になると、東京市街地から郊外に延びる路線を有する鉄道会社が沿線の寺社への参詣客誘致を積極的に行うようになり、郊外寺社に比重がかかった形での初詣の定着を決定的なものにしていく。

(1)「何事も競争の世の中なり」――鉄道の競争による参詣客の増加

明治三〇年代になると郊外へ延びる鉄道網の発達により川崎大師のみならず堀の内祖師（堀之内妙法寺）・西新井大師・成田山新勝寺（それぞれ甲武鉄道・東武鉄道・成田鉄道の沿線）といった寺社にも毎年元日に大勢の人々が参詣に訪れるようになった（図1-1）。

郊外に踏出したる処にてハ、川崎大師西新井大師の両所ハ臨時汽車の運転ありて参詣人殊に群集をなし、堀の内及び新井薬師の辺も恵方に当りし為め甲武鉄道の臨時汽車にて押出したるものも多かりしが、羽田の穴守稲荷も川崎〔大師〕よりの帰途に立寄りしものも多かりし。(39)

注意すべきは、その後これらの郊外寺社が等しく正月参詣の賑わいを増していったわけではないということである。今日圧倒的な数の初詣客を集めているのは前述の通り川崎大師と成田山新勝寺である。同じ郊外鉄道沿線の寺社であ

図 1-1　東京の主要郊外寺社と鉄道路線（明治 39 年）
出所）拙著『鉄道が変えた社寺参詣』交通新聞社新書，2012 年，28 頁．

りながら、この両寺院と他の郊外寺社とのあいだにはどのような違いがあるのだろうか。

端的にいえばそれは、両寺院には複数の鉄道路線がアクセスして激しい乗客誘致競争が起こり参詣客が大幅に増加したという経緯があるのに対して、他の寺院はそうではないという違いである。

成田山についてみると、明治三〇年代に成田鉄道と総武鉄道のあいだに競争が生じたことがあったが[40]、むしろ参詣客増加の最大の契機となったのは大正末期から昭和初期にかけて勃発した京成電鉄と国鉄の熾烈な乗客誘致競争であった（第六章参照）。本章が対象とする明治期に鉄道の競争によって大きな影響を受けたのは川崎大師である。

東京から川崎への鉄道は明治五年以来長らく官鉄のみであった。元日の臨時汽車についてみると、明治二二（一八八九）年には八往復に達したものの、これ以後この本数を超えることはなく、明治三五（一九〇二）年にはそれより少ない七往復、三八（一九〇五）年には五往復になった[41]。また、新聞をみるかぎり、元日あるいは三が日の割引もとくに行われなかったようである。総じて、官鉄がことさら積極的に参詣客を誘致することはなかった。

ところが、京浜電鉄[42]の登場によって状況が大きく変わることになる。明治三七（一九〇四）年、京浜電鉄は品川―川崎―川崎大師の路線を全通させる。折しも日露戦争のための通行税の課税に伴って官鉄は運賃を値上げしたが[43]、京浜電鉄はこれと反対に運賃の値下げを断行して翌三八年の正月を迎えた[44]。「従前に比して二割近くの低減なれば従て大師穴守参詣者及び近郊遊覧者を誘発し、結局会社の利益を増加するに至るべし[45]」という京浜電鉄の目論見は、実際かなりの成功をおさめた。

〔元日の〕初大師は京浜電鉄の値下げが一原因となり参詣人の出たことは実に非常にて、穴守と大師を懸持にして巡回券で押出したるもありて、昨日同会社へ其乗客数を問合したるに、午後二時過ぎに至るも取調べが附かずとの事なりき。〔中略〕一方にハ新橋川崎間に〔官鉄の〕臨時列車の運転ありて、此乗客ハ電車にハ比すべくもあらねど、可なりの客数ハありたりとの事なり[46]。

京浜電鉄の運賃値下げが多くの参詣客を誘い出し、官鉄も相応に繁昌したことがわかる。

同年一二月に京浜電鉄が川崎―神奈川間を開通させると、官鉄はにわかに京浜電鉄への対抗姿勢を強める。まず同月二七日には新たに「最急行列車」を新設し、従来五五分から六〇分を要していた新橋―横浜間は一気に二七分に短縮された[47]。当然、官鉄は川崎大師参詣客の奪還も目指すこととなり、翌三九（一九〇六）年元日には新橋―川崎間の往復乗車賃を一気に五割引にするという大胆な反撃にでた[48]。まさに「之も京浜電車といふ競争者が出来たれバの事、何事も競争の世の中なり[49]」というわけである。はたしてその結果は次の如くであった。

京浜電気の全通に一層の便利と参詣者は勇み立ち、午前四時半頃より本年の恵方と初日の出とを兼ね川崎さして赴きたるもの例年より遥に多く、同電気鉄道が午前四時発車といふ掲示も其頃には品川の停車場に人の山を築き電車は不足にて一時大騒ぎなりしも〔以下略〕[50]

表 1-1　三が日の初詣の人出
（全国上位 10 位，2009 年，警察庁まとめ）

順位	神社仏閣名（都道府県）	人出（万人）
1	明治神宮（東京）	319
2	★成田山新勝寺（千葉）	298
3	★川崎大師（神奈川）	296
4	★伏見稲荷大社（京都）	277
5	★鶴岡八幡宮（神奈川）	251
6	浅草寺（東京）	239
7	★住吉大社（大阪）	235
〃	★熱田神宮（愛知）	235
9	大宮氷川神社（埼玉）	205
10	★太宰府天満宮（福岡）	204

出所）『読売』2009 年 1 月 9 日夕刊「初詣で 9939 万人　明治神宮トップ」.
注）★は「複数の郊外鉄道路線がアクセスしている社寺」を示す.

一方の官鉄はといえば、京浜電鉄には及ばないもののこちらも「汽車も一杯」というなかなかの繁昌ぶりであった(51)。いうまでもなく、全体として川崎大師参詣客は大幅に増加したことになる。その後も京浜電鉄と官鉄はしばしば乗客を奪い合うためのサービス競争を繰り返し、結果として元日の川崎大師参詣をますます盛んにしていった。収益増加を至上命題とする私鉄とは立場が異なるはずの官鉄（国鉄）が、自路線と並行する私鉄路線が開業して従来の乗客を奪われる危機に直面すると、対抗心をむきだしにして乗客争奪（奪還）に躍起になるというパターンは、戦前期を通じて決して珍しいものではない。

このように郊外に延びる複数の鉄道間の競争によってその沿線にある郊外社寺の参詣客が大幅に増加するというパターンはこの後各都市で繰り返されることになる。今日の初詣の人出ランキングを見てみると（表1-1）(52)、上位十位に名を連ねる社寺のうち複数の郊外鉄道路線がアクセスする社寺が七つにものぼるというのは、偶然ではないのである。

(2) 郊外行楽としての参詣

明治の終わり頃になると、京浜電鉄以外にも正月の寺社参詣を宣伝する鉄道が多くなってくる。その際、各鉄道会社は郊外行楽としての魅力を強調することによって参詣客誘致を図った。先駆者たる京浜電鉄の場合、とくに目立つのは川崎大師とその近くの穴守稲荷をセットにした回遊ルートの創出である(53)。川崎大師と穴守稲荷に直接アクセスしていることはこの電鉄の強みであり、官鉄に対抗するためにも両者をセットにした回遊を売り込むことが重要となった。京浜電鉄は正月参詣の際にもこの回遊を呼び物として乗客増加を図り、新聞広告でのPR、回遊割引券の発売など、あの手この手で集客を図った。これによって川崎大師への正月参詣は郊外行楽としての性格をいっそう強めながら賑わいを増していく。

元旦初大師として京浜電車によりて川崎へ詣でたるもの多く、序に穴守稲荷へ廻りしもの尠からず。電車会社にては此日絵葉書に初詣記念スタンプを押捺したるを切符に代用せしめ、以て参詣人の一興に供へたり。(54)

このようにして、毎年元日には「川崎大師にお詣りする人で停留場〔京浜電車の八ツ山停車場〕は黒山だ。そして何れも川崎と穴守の廻遊券を買つて居る」(55)という光景が恒例となった。既述の通りもともと初詣は郊外行楽の性格をもって生まれた参詣であったが、その性格は明治末期以降鉄道会社の集客戦略によって意図的に強められていったのである。このような貪欲なまでの鉄道会社の参詣客誘致は、やがて恵方詣と初詣の関係さえも変えていくことになるのであるが、これについては次章で述べることとしたい。

おわりに

以上、明治期の東京における初詣の形成過程をみてきた。比喩的にいえば、初詣は生まれも育ちも郊外であった。そして、その生誕と成長の両方において重要な役割を果たしたのが鉄道であった。

まず、初詣は明治二〇年代の川崎大師において定着した。ここで我々が確認したのは、鉄道と郊外という二つの要素が結びつくことによって、近世以来の参詣規範が弛緩し、細かい縁起にこだわらない新しい行楽的参詣が生まれるという過程であった。ここで、この明治二〇年前後という時期について考えてみると、ちょうどこの時期は東京という都市が大きく変質していく重要な転換期であった。すなわち、小木新造が明快に論じたように、幕末以降人口が激減した東京に明治一〇年代半ばから再び人口が集中し始め、それまでの町内完結社会としての下町が自壊して東京の住民意識が明確に変質していくのが明治二〇年代という時期であった[56]。東京に流入しながらも旧来型の都市内地縁共同体に縛られない人々が増えていくなかで、都会の喧騒から逃れて郊外に行楽を求めるついでに現世利益祈願をも兼ねる初詣という新しいスタイルが台頭したと考えられる。

そして、明治三〇年代になると郊外に延びる諸鉄道が沿線の寺社への参詣客を増加させ、初詣の郊外行楽としての性格を強めていく。この傾向は、複数の鉄道間の競争が絡んだ場合はとくに顕著であった。このように、鉄道と郊外という二つの要素によって、縁日や恵方に頓着せずに毎年郊外の寺社に行楽本位の参詣客が群集するという初詣の姿が形づくられていった。なお、筆者は大阪における初詣の成立過程についても調査したが、多少の違いはあるものの基本的に東京と同様の過程であったことを確認している[57]。

以上のような初詣の成立と展開の過程を知れば、冒頭の問いは実に陳腐なものとなろう。なぜ初詣客が郊外の有名社寺に集中しているのかといえば、初詣は鉄道が通じた郊外の社寺で生まれ、その後も鉄道会社の後押しによってやはり郊外の社寺を中心に拡大してきたからなのである[58]。そして、鉄道と郊外といえば近代日本の都市を特徴づける重要な要素である。一見するといかにも古めかしく見える初詣であるが、実は、近代都市の形成とともに生まれ育った参詣行事だったのである。

（1）　岩本通弥「都市生活と民俗」（福田アジオ・赤田光男編『講座日本の民俗学3　社会の民俗』雄山閣、一九九七年）、高木博志「初詣の成立」（同『近代天皇制の文化史的研究』校倉書房、一九九七年）。日本のナショナリズムにおける元日重視思考の浸透については、明治二四（一八九一）年に定められた「小学校祝日大祭日儀式規程」のもとで唱歌「一月一日」が国民のあいだに広く定着していったことについて検討した渡辺裕『歌う国民』（中公新書、二〇一〇年）一一六―一二三頁も参考になる。なお、初詣については宗教社会学の石井研士による研究もあるが、戦後を対象としており、初詣の形成過程についての検討はなされていない（石井研士『戦後の社会変動と神社神道』大明堂、一九九八年）。

（2）たとえば福田アジオ他編『日本民俗大辞典』下（吉川弘文館、二〇〇〇年）三七六頁。

（3）前掲石井『戦後の社会変動と神社神道』一三八頁、一六四―一六六頁、および本章表1-1を参照。

（4）初詣の形成過程は東京と大阪で基本的に共通しているため、本章では東京を対象として検討する。大阪については本章注(57)を参照。

（5）恵方詣とは居住地から見てその年の恵方（歳徳神がいるとされる方角）に当たる寺社に参詣するものである。詳細は第二章を参照。

（6）以上、斎藤月岑『東都歳事記1』（平凡社、一九七〇年）一一―一四八頁。

（7）『東日』明治八年一月七日「雑報」（初卯についての記事）、同明治八年一月一〇日「雑報」（初水天宮についての記事）など。

（8）前掲『東都歳事記1』五七頁。

（9）『東朝』明治二二年一月三日「新年の景況」など。

（10）前掲岩本「都市生活と民俗」は近世後期に江戸庶民のあいだで元日を重視する思考が形成されたことを指摘し、前掲高木「初詣の成立」は明治二〇年代以降官公庁への新年拝賀と学校教育の新年節などを媒介として元日の重要性が社会に浸透していったとしている。

（11）明治二〇年代になると、〝日曜にあたったので人出が多かった〟などと縁日の景況を報じる新聞記事がしばしば見られるようになることから、仕事などの都合で日曜でなければ参詣ができないという人が増えていったと推察される。このような人々にとって、正月三が日は毎年曜日に関係なく休日であるため参詣をしやすい日であったと考えられる。

（12）『東日』明治三一年一月一日「遊覧案内」など。

（13）ちなみに明治期に正月の氏神参詣が盛んになったという形跡はみられない。これはおそらく、地方から東京に移住してきた新住民が居住地の氏神に親しまない（あるいは親しめない）傾向があったためと思われる。たとえば幸田露伴は明治三二（一八九九）年に著した『一国の首都』のなかで「東京に入りたる地方人の一群は、今日に於ても、猶自己中心に過ぐるの傾きを有せざる歟、凡てに冷淡なる傾きを有せざる歟、所謂町内の交際をも蔑視する傾き無き歟、産土神の祭典にも同情せざるが如き傾き無き歟」（幸田露伴『一国の首都』岩波文庫、一九九三年、二〇六頁）と記している。

(14)『東朝』明治二五年一月三日「恵方まゐり」。
(15) 前掲『東都歳事記1』一二五頁。
(16) 川崎停車場開業時の品川から川崎までの所要時間は一七―一八分、新橋―横浜間本開業時の新橋から川崎までの所要時間は二六―二七分であった（鉄道史録会編『史料鉄道時刻表』大正出版、一九八一年、一二三頁、一二五頁）。
(17)『東日』明治一九年一月二三日「大師詣」など。
(18)『東日』明治二三年一月三日「恵方と初午」など。
(19)『読売』明治二一年一二月二三日「川崎の大師」。
(20)『読売』明治二三年一月三日「臨時汽車の乗客及び揚り高」。
(21)『読売』明治二六年一月三日「川崎大師の景況」。
(22) 乗客数はいずれも新橋から川崎へのもの。以下を参照。『東朝』明治二九年一月三日「初大師と臨時汽車」、同明治三四年一月三日「大師詣」。
(23)『風俗画報』一、明治二二年二月、六―八頁。
(24) 以下を参照。平出鏗二郎『東京風俗志』（八坂書房、一九九一年。原著、明治三四年）一〇九―一一〇頁、若月紫蘭『東京年中行事1』（平凡社、一九六八年。原著、明治四四年）二七頁。
(25) 初詣に限らず、年中行事の成り立ちや変容の過程については、これまで歳時記の類に依拠して説明されることが多かった。しかし、ここでみたように、実際の慣習の成り立ちとそれが毎年恒例の年中行事として認識されて歳時記類に明記されるようになるまでのあいだには一定のタイムラグが生じる傾向があるということに注意する必要がある。第七章の内容を先取りして言えば、大正九(一九二〇)年に明治神宮が創建された後、皇室と初詣を結びつける認識が生じるまでのあいだに、やはり数年間のタイムラグが生じている。
(26)『東日』明治一八年一月二日「鉄道」。
(27) とくに明治三九(一九〇六)年（元日基準）まではほぼ例外なくすべて川崎大師関連の用例である。以下の諸記事を参照。『東朝』明治二九年一月三日「初大師と臨時汽車」、『万朝報』明治三〇年一月三日「一昨日の川崎大師」、『東朝』明治三五年一月三日「市中の賑はひ」、同明治三六年一月二日「新春の賑はひ」、『万朝報』明治三八年一二月三〇日「大師の初詣と鉄道割引」。このうち『東朝』「市中の賑はひ」は「深川不動、川崎大師其他の初詣で」と川崎大師以外も含めて「初詣で」を用いているが、他の記事はすべて川崎大師のみとの関連で「初詣」を使用している。
(28) 前注の「初大師と臨時汽車」。
(29)『東日』明治二〇年一月二二日「大師の初詣」。なお、この記事のタイトルが一月二一日の大師参詣のことを「初詣」と表記し、前注の「初大師と臨時汽車」が元日のそれを「初大師」と表記しているという用語の混乱については、本章の補論を参照のこと。
(30)『東朝』明治二四年一月三日「恵方まゐり」。
(31) 鈴木淳『新技術の社会誌』(中央公論新社、一九九九年) 一七三頁。
(32) 鈴木章生「名所記にみる江戸周辺寺社への関心と参詣」(地方史研究協議会編『都市周辺の地方史』雄山閣、一九九〇年)。
(33) 前掲鈴木「名所記にみる江戸周辺寺社への関心と参詣」は化政期(一九世紀前半)に『遊歴雑記』を著した津田大浄の池上本門寺への参詣を紹介しているが(一一九—一二四頁)、それによれば早朝の出発から夕暮れの帰宅までのうちほとんどの時間は小石川の自宅と池上本門寺の往復に費やされ、目的地である池上本門寺に滞在できたのはわずかに一時間余りであったという。
(34) 鈴木勇一郎『近代日本の大都市形成』(岩田書院、二〇〇四年) 一三四頁。
(35) 山本光正「観光地としての東京」(『国立歴史民俗博物館研究報告』一〇三、二〇〇三年) 一二二頁。
(36) 生方敏郎が次のように回想しているように、鉄道馬車もまた新しいハレの乗り物として当時の人々には人気であった。「私は鉄道馬車に乗るのが楽しみの一ツだった。それは私ばかりでなく若い学生の多くがそうであったろう」(生方敏郎『明治大正見聞史』中公文庫、二〇〇五年、一〇七頁。原著、大正一五年)。
(37) 鈴木勇一郎「郊外行楽地の盛衰」(奥須磨子・羽田博昭編『都市と娯楽』日本経済評論社、二〇〇四年) 二二六—二二七頁。
(38)『東日』明治三二年一月二二日「初大師の景況」。
(39)『万朝報』明治三三年一月二日「元旦の景況」。
(40) 鉄道生「総武と成田の不円滑に就て」(『鉄道時報』明治三五年五月一七日)、白土貞夫「新勝寺参詣客輸送をめぐる成田・総武両鉄道の抗争」(『成田市史研究』五、一九七八年)。
(41)『東日』明治二一年一二月二六日「一月一日の臨時汽車」、『万朝報』明治三四年一二月二六日「川崎大師の元日と臨時汽車」、『万朝報』明治三七年一二月三〇日「官鉄臨時列車と京浜電鉄の乗車賃低減」。

(42) 京浜電鉄の前身は前述の大師電鉄である。大師電鉄は開業から間もない明治三二（一八九九）年四月に社名を京浜電鉄に変更し、京浜間の連絡を目指すこととなった。

(43) 『万朝報』明治三七年一二月三〇日「足にかゝる税」。

(44) 『東日』明治三七年一二月三〇日「京浜電鉄の乗車賃低減」。

(45) 同右。

(46) 『万朝報』明治三八年一月三日「新年の神と仏」。

(47) 『万朝報』明治三八年一二月二八日「最急行車の運転開始」。

(48) 『読売』明治三八年一二月三一日に掲載された官鉄（鉄道作業局）の広告。

(49) 『万朝報』明治三八年一二月三〇日「大師の初詣と鉄道割引」。

(50) 『東朝』明治三九年一月三日「元旦雑況」。

(51) 『万朝報』明治三九年一月二日「戦勝国の元旦」、『東日』明治三九年一月三日「元旦の新橋駅」。

(52) 平成二一（二〇〇九）年までは警察庁が全国の初詣の人出をまとめて発表していたが、「主催者によって算出方法が異なり、正確性に疑義があるため」、翌年以降は発表が行われなくなった（『読売』二〇一一年一月四日「気になる！　三が日の人出　知りたいけど…」）。

(53) 明治期の穴守稲荷の動向については前掲鈴木「郊外行楽地の盛衰」を参照。

(54) 『東朝』明治四〇年一月三日「初大師」。

(55) 『東日』大正二年一月二日「恵方詣で」。

(56) 小木新造『東京時代』（NHKブックス、一九八〇年）終章。

(57) 大阪において初詣が定着する先駆けとなったのは、南郊の住吉神社（現、住吉大社）であった。近世以来の正月の住吉神社への参詣は、その年の最初の卯の日に参詣する初卯詣が主流だったが、明治一八（一八八五）年、関西で初めての私鉄である阪堺鉄道（南海電鉄の前身）が難波—大和川間に開業し、沿線の住吉神社へ初卯にこだわらずに年頭に参詣する形がにわかに目立ち始め、近世には見られなかったこの形が「初詣」と呼ばれるようになった。明治後期の『大朝』を見るかぎり「初詣」という呼称が主として住吉神社との関連で用いられているという点もあわせて考えると、寺院か神社かという違いを除けば、東京と大阪の初詣の成立過程はきわめて類似したものであったと言える（拙稿「近代大阪における新年参詣の変容」東京大学大学院総合文化研究科地域文化研究専攻二〇〇二年度修士論文、未公刊）。

（58）本章では鉄道（官鉄＋私鉄）が参詣客増加を推進した主体であるという論調で叙述している。しかしながら、ここには成田山や川崎大師といった寺院側がいかなる主体性をもってこの状況に関わったのかという点がきちんと論じられていないという問題点が残されている。とりわけ成田山新勝寺については、幸運にも東京と横浜という重要都市を結ぶ官鉄路線の開業の恩恵にあずかることができた川崎大師とは異なり、参詣客が利用できる鉄道路線の敷設にこの寺院の関係者や信者たちが計画段階から主体的に関わったことが明らかになっている（白土貞夫「成田鉄道の建設とその背景」『成田市史研究』二、一九七三年、矢嶋毅之「成田鉄道と成田山信仰」『史学研究集録』〔國學院大學大学院史学専攻大学院会〕二〇、一九九五年）。同寺は近世から江戸をターゲットとして積極的な宣伝活動を展開してきた経験があったから（原淳一郎「成田山新勝寺の経営と宣伝活動」、同『近世寺社参詣の研究』思文閣出版、二〇〇七年）、近代以降の鉄道による参詣客誘致にもこの寺院の思惑が深く関わったとしても不思議はない。詳細は今後の検討課題とせざるをえないが、ここではさしあたり関連する先行研究として、参詣アクセス鉄道（山中霊場にアクセスする鋼索鉄道〔ケイブルカー〕も含む）の開業をめぐる動向について社寺所蔵史料を用いて検討した次の二つの論考をあげておく。拙稿「明治・大正期の西宮神社十日戎」（『国立歴史民俗博物館研究報告』一五五、二〇一〇年）、卯田卓矢「比叡山への鋼索鉄道建設における延暦寺の動向」（『交通史研究』八四、二〇一四年）。

第一章補論　「初詣」の用法について

「初詣」という用語は、誕生当初から今日と同じ語義で統一的に用いられていたわけではない。大正の中ごろまでは、大別して三つの用法で用いられていた（東京と大阪でほぼ共通している）。従来にはなかった新しい習俗が定着していく過渡期ともいえるこの時期の「初詣」の用法は、子細にみればなかなか厄介なのであるが、以下で整理を試みたい（図1補-1をあわせて参照されたい）。

①「正月に、恵方や初縁日に当たっていない社寺に参詣すること」を表す用法。本章の内容から明らかなように、郊外の社寺に鉄道がアクセスすることによって近世以来の伝統型にあてはまらない正月参詣が誕生したために、いわばこの新しい〝隙間〟を埋めるべく、まずは補集合的な用法で「初詣」が使われるようになったと考えられる。筆者が調査した範囲で「初詣」が初出する新聞記事もこの用法にあてはまっているが[1]、より明瞭に示している例として、次の用例（明治末期の正月参詣ガイドの新聞記事）を引用しておく。

恵方は巳午の間、川崎大師、羽田稲荷を始めとして其見当を目がけ、七福神詣では三ヶ日かけて賑ふべし。初詣としては尚山王、明神、八幡、其他川崎、亀戸、柳島（妙見）、遠くは成田等に詣づるなり[2]。

②「一年で最初に恵方や初縁日にもとづいて社寺に参詣すること」を総称する用法。用語自体は新しいが、内容としては近世以来の伝統的な各種参詣を総称するものである。「初詣」はもともと①の用例で使用され始めたのだが、

人々のあいだで明確な定義を共有したうえで用いられ始めたわけではなかったため、なんとなく旧来型の正月参詣の総称としても用いられるようになったと考えられる。次の用例をみてみよう。

神社仏閣にも、一年最初の賽日〔＝初縁日〕には、初詣と称えて、殊に信徒の参拝夥しく、何れも群集を極む。〔中略〕五日の蠣殻町の水天宮、八日の茅場町の薬師、十日の虎ノ門の琴平神社、十七日の浅草観世音、二十一日の川崎の弘法大師など最も賑合う。(3)

右は明治三四（一九〇一）年に刊行された平出鏗二郎『東京風俗志』のなかの一節であるが、ここでは「初詣」という呼称のもとに、元日ではなく二一日に行われる川崎大師への旧来型の初縁日参詣が言及されている。そうすると、この時期すでに定着していた元日の川崎大師参詣はどのように呼ぶことになるのだろうか。実は、同書は別の頁で元日の川崎大師参詣についても言及しているのだが、そこには「一日には川崎平間寺の弘法大師、堀の内妙法寺の祖師など、参拝の客夥し(4)」と書いているのみで、これといった呼称は用いられていない。つまり、この②の用例で「初詣」を用いると、①の「初詣」の領域はなんとなく名称なしで済まさざるをえなくなってしまうわけである（そういう意味で図1補-1では「??」と示している）。

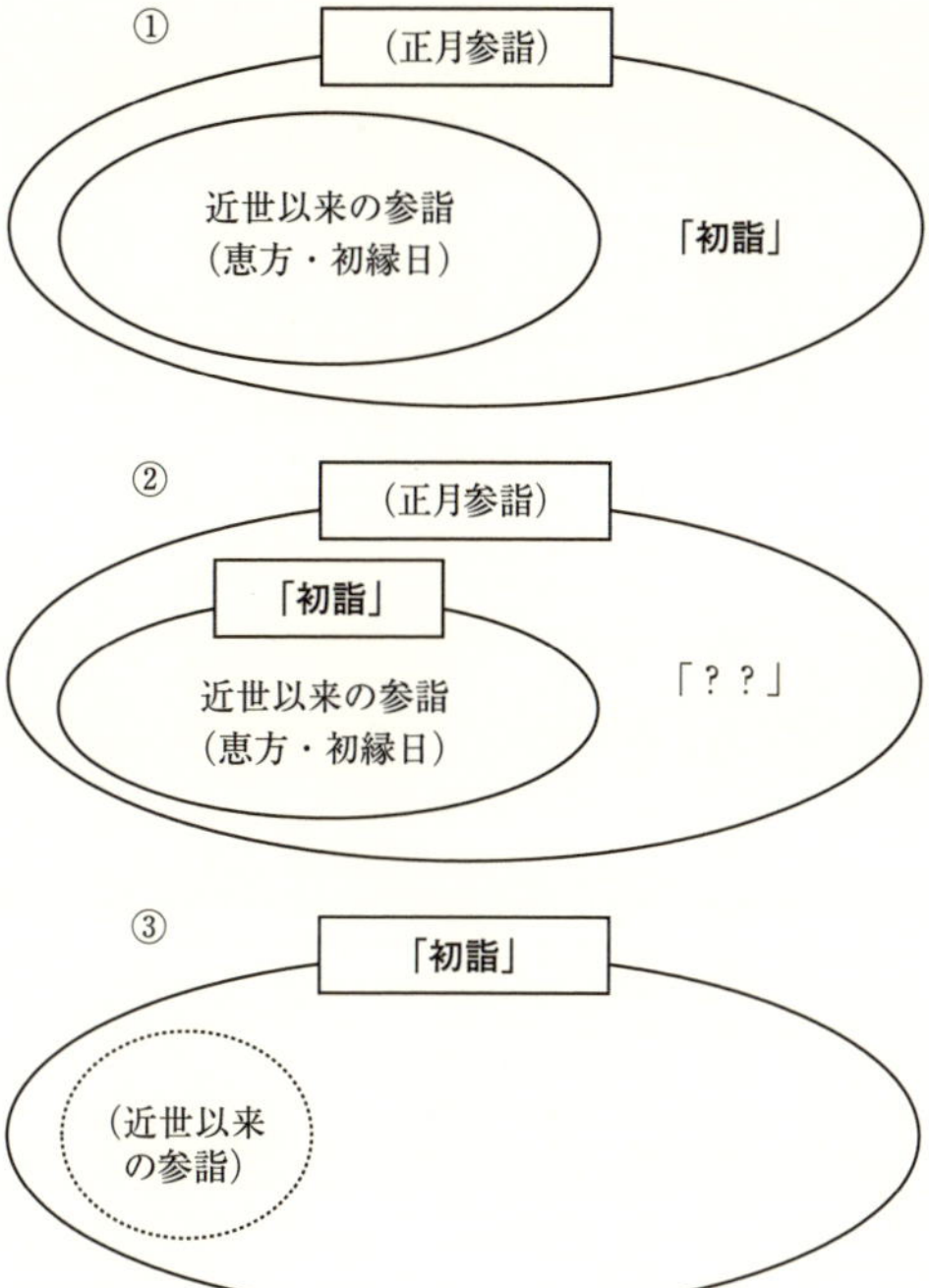

図1補-1　「初詣」の用法分類（大正中期ごろまで）

③　ただ単に「正月にどこかの社寺に参詣すること」を表す場合。恵方や初縁日を意識したうえであくまでも残余の領域を補集合的に指す①の用法とは異なって、対象社寺が恵方や初縁日に当たっているにもかかわらず（あるいはそのようなことを最初から度外視して）「初詣」と称する用法である。次の用例を参照。

初日の出より恵方詣りの賑ひは、暁かけて到る所の御社に拍手の音絶えず、神田明神、深川八幡、佃弁天等の境内清らかに賽者の影を玉垣の下に集めて〔中略〕尚また一昨、昨両日〔元日と二日〕は川崎大師の初詣で相変らず雑沓したり。(5)

川崎大師は東京から巳午の方角に当たるとされていたが、この年の恵方が巳午であったにもかかわらず、この史料ではそのことには言及せずに（あるいは最初から気にとめることもなく）別だてで「初詣」として言及している。

以上、大正中期ごろまでの「初詣」の用法を整理してみたが、もちろん当時の人々が厳密にこの分類にしたがって使用したわけでもなく、なかには同一の史料のなかで①—③の用法（むしろ感覚と言うべきか）が混在している場合すらある。(6)この分類はあくまでも便宜的なものにすぎないことをことわっておきたい。

さて、以上三つの用法のうち、②は単語自体は新しくとも、実質的な内容は近世以来の旧来型の正月参詣である。本章で論じた明治中期以降の新しい形に対応しているのは①と③であり、とくに③が今日我々が親しんでいる「初詣」の用法に最も近いと言える。(7)そこで、①③の用例がどのような寺社とともに用いられたのかを知るべく、東京の三紙（『東朝』『東日』『読売』）の大正九（一九二〇）年まで（明治神宮創建以前）の年末年始の記事から採取できた用例を分析してみると、表1補-1のようになった。一見してわかるように、上位二つは郊外鉄道路線の沿線にある川崎大師と成田山であり、とりわけ川崎大師の③の用例数の多さが際立っている。このデータからも、川崎大師が東京における初詣の定着過程において先駆的な役割を果たしたことがうかがえよう。

以上、大正中期までの「初詣」という言葉のなかに混在した多様な用法について述べてきたが、ここではさらに加えて、川崎大師および住吉神社への元日参詣が定着した当初、これを指す用語として「初詣」以外の呼称が混在していたことについて補足しておきたい。

まず大阪の住吉神社についてであるが、第一章注(57)で述べたように、川崎大師と同様にこの神社でも明治二〇年前後から恵方や初縁日に関係なく元日に参詣する形が定着していく。『大朝』をみるかぎりでは、「住吉初詣」[8]という用例も見られるものの、当初それよりも多く用いられたのが「年詣」[9]という呼称である。しかし、この呼称は明治三〇年ごろから急に姿を消してしまい[10]、「初詣」に収斂していった。

これ以上にややこしいのが川崎大師の「初大師」という用語である。これはもともと近世以来の大師の初縁日参詣(一月二一日)を指す用語であり、明治一〇年代までの新聞ではもっぱらこの用法で使用されていた。しかし、明治二〇年代になると、第一章第二節(1)で引用した新聞記事の見出し(第一章注(28)参照)が示すように、二一日ではなく元日の川崎大師参詣を「初大師」と称する用例が出現する。おそらくは、元日に川崎大師に参詣する慣習が盛んになるにつれて、〝二番手〟にまわった二一日の参詣に「初」という言葉を冠することに違和感が生じ、より早いほうの元日の大師参詣を「初大師」と称したいという感覚が生じたと思われる。ところが、厄介なことに、ただちにこの語法に統一されたわけでもなく、旧来通り二一日の初縁日参詣を「初大師」とする用例もその後根強く混在し続けるのである[11]。新しい慣習の登場によって旧来の年中行事の呼称がしばらくのあいだ迷走し続けた様子がうかがえる。

以上、「初詣」および関連する用語について補足をしてみた。本書では、恵方にも初縁日にもこだわらない「初詣」(①③)という参詣のあり方が近代になって新しく誕生したことに力点を置いて説明している。しかし、当然のこと

表1補-1 寺社別にみた「初詣」(①③)の用例数

寺社名	①	③	合計
川崎大師	2	11	13
成田山	2	3	5
西新井大師	0	2	2
亀戸天神	2	0	2
柳島妙見	2	0	2
湯島天神	0	1	1
深川八幡	1	0	1
日枝神社	1	0	1
神田明神	1	0	1

出所) 大正9(1920)年1月までの『東朝』『東日』『読売』の年末年始の記事をもとに作成.

ながら、新しいとは言いながらも社寺に参詣する行為自体は旧来ととくに変わるところはなく、この習俗がまったくの無からではなく近世以来の伝統とも密接に関わりながら生まれたことは間違いない。

だからこそ、外来のクリスマスなどとは異なって、この新しい習俗の呼称はしばらくのあいだ多様性をはらみ、「初大師」のような既存の呼称の用法をも揺さぶることになったのである。右にみた用語の混乱は、「初詣」が近世と近代の連続と断絶が重なり合う領域で誕生したがゆえに生じたものであると言えよう。

(1) 第一章第二節で引用した川崎大師の新聞記事(『東日』明治一八年一月二日「鉄道」)を参照。この年の恵方は申酉で、東京から巳午の方角に当たるとされた川崎大師は恵方から外れていた。
(2) 『東朝』明治四四年一月一日「新曙光　松の内行事」。括弧は原文通り。
(3) 前掲平出『東京風俗志』一一六頁。
(4) 同右、一〇九―一一〇頁。
(5) 『東朝』明治三六年一月三日「新春の賑はひ」。
(6) たとえば、①で引用した史料(注2)は、「恵方(詣)」「七福神詣で」という旧来型参詣と、これにあてはまらない「初詣」という項目立てをしていることからみれば、①の感覚で「初詣」を用いていると言える。ところが、この史料では川崎大師が「恵方」と「初詣」の二か所で言及されており、後者の川崎大師については③の感覚で「初詣」を用いていたと言えなくもない。これにかぎらず、とくに①と③については判断に迷う史料もままみられる。ただし、鉄道会社の広告にかぎってみれば、①から③へと移行していく変化が明瞭に確認できる(第二章、第六章)。
(7) 「初詣」の用法の多様性がやがて③へと収斂していくことについては、恵方と関連して第二章で、さらに明治神宮と関連して第六章で論じる。
(8) 『大朝』明治二二年一月三日「新年の景況」。
(9) 「初詣」と同様に、「年詣で」「年まうで」「年詣り」「年参り」「年まゐり」などのヴァリエイションがある。
(10) 筆者が確認した範囲で最後の用例は『大朝』明治三二年一月五日「三箇日」のなかの「住吉の年参り」というくだりである。

（11）　大正以降になると、元日の川崎大師参詣を指す言葉としては「初詣」が主流となり、「初大師」と称することは稀になっていく。ただし、昭和になっても皆無というわけでもない（たとえば、『東朝』昭和三年一月三日「初大師の惨事」）。

第二章　恵方詣と初詣——東京と大阪

はじめに

第一章で述べたように、江戸時代の正月参詣は「いつ」「どこに」に関わる縁起にのっとって神社仏閣にお参りにいくのが一般的であった。なかでも盛んに行われたのが恵方詣である。

ここで恵方詣の仕組みについて確認しておきたい。恵方とは歳徳神がいるとされる方角のことで、その年の十干（①甲、②乙、③丙、④丁、⑤戊、⑥己、⑦庚、⑧辛、⑨壬、⑩癸）にもとづき、次に示すように十二支と対応した方角があてられる（図2-1も参照）。

①甲・⑥己の年→寅卯のあいだ
②乙・⑦庚の年→申酉のあいだ
③丙・⑧辛の年→巳午のあいだ
④丁・⑨壬の年→亥子のあいだ
⑤戊・⑩癸の年→巳午のあいだ

十干は文字通り一〇個あるのだが、対応する恵方は①—⑤と⑥—⑩で同じ周期となっているので、一〇年周期では

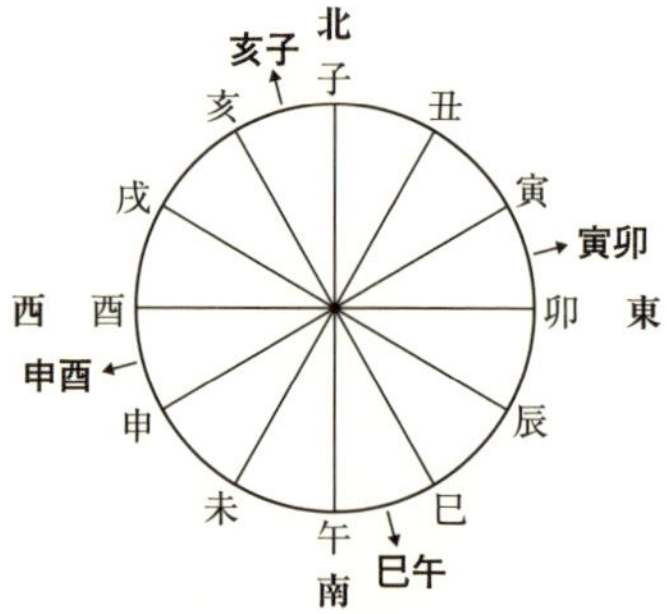

図 2-1　十二支と恵方

なく五年周期となる。[1] 恵方詣を行う人々は、その年の恵方に当たる神社仏閣に参詣することによって歳徳神の御利益が授けられることを祈ったのである。

さて、前章で初詣の成立過程をみたが、初詣が成立したからといって従来の正月参詣がただちに衰滅したわけではなく、しばらくのあいだは近世以来の初縁日参詣や恵方詣も併存し続けた。もっとも、初縁日参詣については、おそらくは近代セクターの拡大とともに平日にわざわざ仕事を休んでまで神社仏閣に出かける人々が漸減していったためか、全体としては徐々に目立たなくなっていく。したがって、日取りに関して言えば、毎年曜日に関係なく誰でも休みとなる元日（あるいは三が日）に正月参詣が集中していったことはとくに不思議ではない。それでは、恵方詣についてはどうであろうか。

結論を先取りして言えば、恵方詣は都市化によってただちに衰退したわけではなく、あるいは単にそのまま生き残ったわけでもなかった。初詣と同様に鉄道の発達に呼応しながらいったんは隆盛に向かっていくものの、最終的には衰微していくことになる。初詣と恵方詣の違いは何だったのだろうか。近代都市は、なぜ初詣を定着させ、恵方詣を最終的に衰微させたのだろうか。以下、東京と大阪を比較しながら検討していきたい。

一　都市化による恵方の変質――「都市―郊外」

(1) 東京――元日の恵方詣

東京（江戸）の正月元日の恵方詣はすでに近世から行われており、明治になってもこの慣習は続いた。ただし、参詣者が各々の居住地を基準として恵方を参照し、主に市内（あるいは徒歩で行ける範囲の近郊）の寺社に参詣するという形が基本であった。しかし、鉄道の開業後はその沿線にある郊外の川崎大師も東京の人々の恵方詣の対象となる。(2)ただし、川崎大師への参詣は市内の寺社で行われる恵方詣とは区別された。というのも、川崎大師の参入に対応して、従来には見られなかった新しい恵方のとらえ方が登場したからである。第一章でも引用した次の新聞記事をあらためて見てみたい。

> 元朝の屠蘇機嫌に恵方まゐりの勢ひを示し今年中の福運吉兆を祈りたる神社ハ、芝の愛宕、神明、日比谷の稲荷、日枝神社、日比谷太神宮、虎の門琴平神社、神田明神、水天宮、湯島天神等にて、いづれも(ア)処々の見当方角に抛り参詣に出掛けたるも少なからず。又(イ)東京全市よりの方角にハ川崎大師がちよツと汽車にも乗れぶらぶら歩きも出来のん気にして至極妙なりと参詣に出向きたるも多くありしが〔以下略〕(3)

傍線部(ア)は各参詣者の居住地を基準として市内の諸寺社に恵方をあてはめるという従来通りの感覚であるが、(4)傍線部(イ)は「東京全市」からみた恵方という新しいとらえ方である。そして、その新しい用法の恵方詣の対象となっているのが郊外の川崎大師である。つまり、鉄道を利用して郊外の名刹に参詣するというそれまでなかった形での恵方詣が登場したことによって、恵方は「都市―郊外」という地理感覚に対応した用法でも用いられるようになったのである。

(2) 大阪――節分の恵方詣

東京と異なり大阪では年頭の恵方詣はあまり行われていなかったようであるが、(5)節分の恵方詣は盛んであった。ただし、明治前期まではやはり徒歩で参詣できる市街地の神社が主な参詣対象であった。(6)しかし、明治二〇年前後から鉄道の開通・延伸が相継いで鉄道網が拡大すると(7)（図2-2）、東京と同様に「大阪全市」からみた恵方という「都市―郊外」の枠組みに対応した新しい用法が見られるようになる。

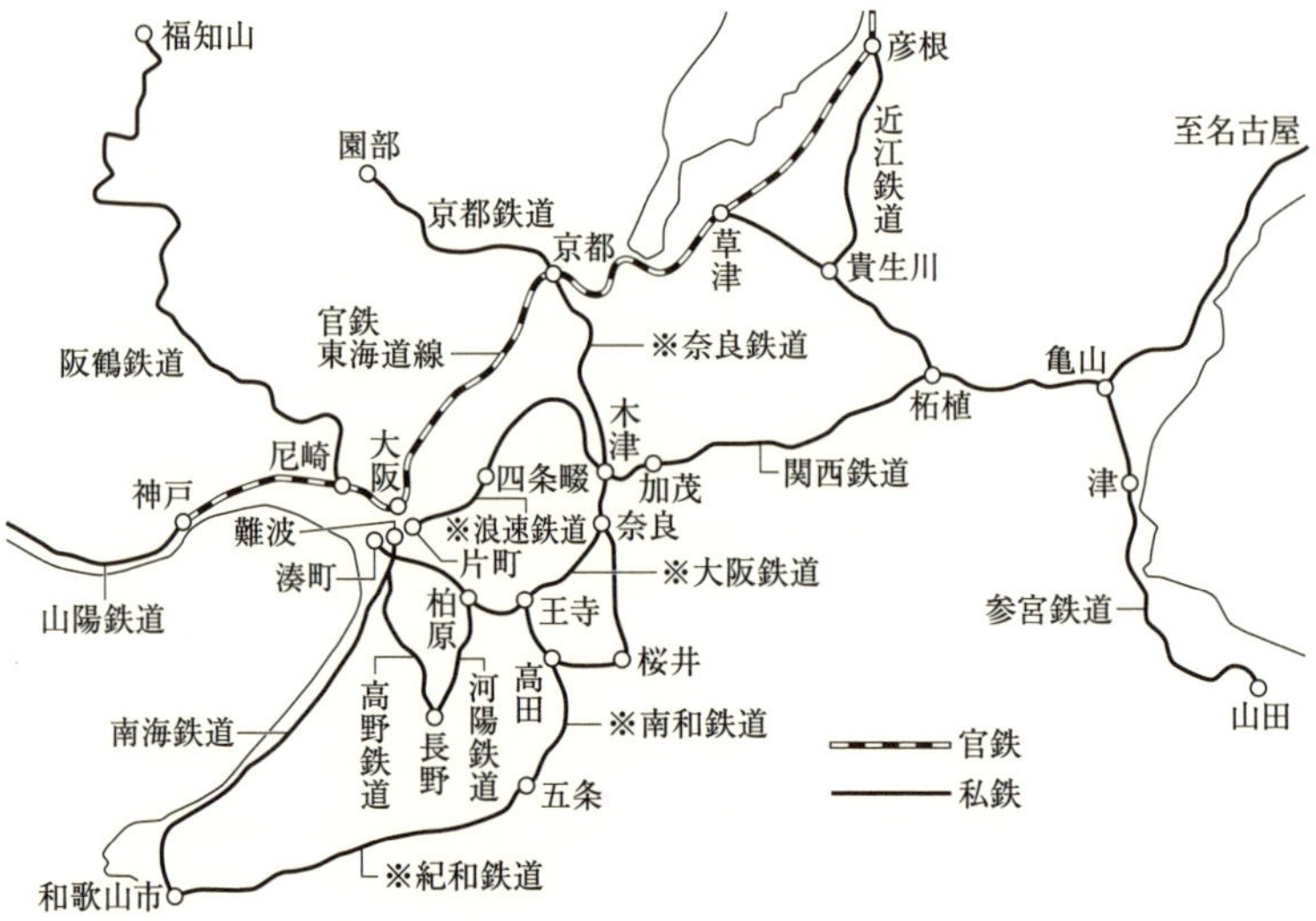

図 2-2　関西主要鉄道路線図（明治 39 年）
出所）　前掲拙著『鉄道が変えた社寺参詣』75 頁.
注）　※は旧社名．明治 39 年の時点では合併でいずれも関西鉄道の路線となっている．

恵方は寅卯の間をあきの方とす。東よりはづかに北にふれたるなり。大阪全体より指す時は四條畷神社、大和の春日神社にして〔中略〕其他土地々々によりて指す方の神社は参詣の老若定めて群衆することならんか。[8]

以上みたように、東京は元日の恵方詣、大阪は節分の恵方詣という違いはあったものの、郊外へ延びる鉄道が誕生した結果として恵方詣の範囲が郊外の社寺へと拡大され、恵方を「都市―郊外」という感覚でとらえる新しい用法が現れたという点では、両都市は共通していた。恵方は、近代都市の形成とともにただちに衰退したわけでも、あるいは単にそのまま生き残ったわけでもなく、近代都市に合致する内容に変化し始めたのである。

二　鉄道会社による恵方の活用

前節で述べた変化は、郊外の社寺にアクセスする鉄道が開通した結果として生じたものだった。しかし、やがて郊外各方面へ延びる鉄道網が発達していくなかで、恵方は鉄道会社、とくに明治末期以降に簇生する電鉄会社によって積極的に活用されるようになる。そしてこれにより、恵方は「都市―郊外」へと重点を移していくことになる。

(1) 東　京

前章でもふれたが、明治三〇年代になると、鉄道網の拡大によって川崎大師のみならず堀の内祖師（堀之内妙法寺）、西新井大師、成田山新勝寺（それぞれ、甲武鉄道、東武鉄道、成田鉄道の沿線）といった郊外の仏閣にも鉄道が通じるようになり（第一章図1-1）、東京の恵方詣の範囲はさらに拡大していく。そのようななかで、各鉄道会社は少しでも多くの参詣客を誘引すべく腐心するようになる。(9) とくに明治末期以降になると、各鉄道会社は東京からの参詣客を増やすべく、自社路線沿線が東京から恵方に当たっている年には「東京（から）の恵方」をうたい文句にして盛んに参詣客の誘引を行うようになった。なかでも顕著だったのが川崎大師を沿線に有する京浜電鉄で、「商売には抜目のない京浜電車」は停留場に「東京の恵方川崎大師、羽田稲荷と大きな広告」を出すなど積極的に宣伝を行い、「途中〳〵の停留場には黒山の如く客待居れど、電車は一人をさへ収容する能はず」という混雑を生じるほどであった。(10)

このように明治末期以降に鉄道会社が参詣客の呼び込みを活性化させたことにより、郊外寺社への恵方詣は賑わいを増していき、市内寺社の恵方詣と肩を並べるようになる。実際、大正前期には「郊外」と「市内」という言葉で区分をして恵方詣を報じる記事がしばしば見られる。

恵方詣では巳午の間なればとて、郊外では穴守の稲荷、川崎大師、市内では麴町方面よりは芝の愛宕さん、虎の門の金毘羅さま、京橋方面よりは築地の浪除《なみよけ》稲荷、日本橋以北神田方面よりは水天宮、深川八幡も参詣人未明より群れて賑ひ〔以下略〕(11)

大正の中ごろ以降になると都市化の進行とともに郊外への参詣の比重はさらに増していき、それと反比例するかのように、各々の居住地を基準として恵方に当たる市内の寺社へ参詣するという旧来型の恵方詣の姿は目立たなくなっていく。とくに関東大震災後は、旧来型の恵方詣が報じられることはなくなり、恵方詣といえば川崎大師や成田山といった郊外寺院の凄まじいばかりの賑わいが報じられるのがごく当たり前となった。

子歳の恵方に当るとかで成田の不動様の今年の賑ひは近年のレコード破り。この為め成田駅我孫子駅など三ヶ日とも戦場の有様。〔中略〕上野運輸事務所管轄の乗客は元旦合計十二万二千四百九十九名で、昨年より五万人多く収入も三万円以上増し〔て〕ゐる。市内には適当な遊び場所も少いのでどん〳〵近郊地方へ流れ出て行くさま手にとるやうだ。(12)

関東大震災の翌年で「市内には適当な遊び場所も少い」という事情もあいまって、多くの人々が正月の行楽を求めて郊外へ繰り出し、成田山の恵方詣が繁昌したことがわかる。

このように、鉄道による誘引や都市住民の郊外行楽に対する需要といった要因によって、東京における恵方詣は大正期（とくに関東大震災後）に「都市—郊外」型へと重点がシフトしていった。

(2) 大　阪

大阪でも、都市住民の郊外行楽への欲求が高まるなかで鉄道各社が盛んな参詣客誘引を繰り広げることによって、節分の恵方詣の比重が郊外の社寺にシフトしていったという点では、東京の元日恵方詣の場合と同様であった。ただし、大阪については、新聞史料以外に神社側の反応がわかる史料があるのでこれをみてみたい。

その神社とは、大阪近郊に位置し、えびす神の総本社として知られる西宮神社である。えびす信仰はもともと漁業との関わりで生まれ、その後商人や農民にも浸透していったとされており、(13) 近世の西宮神社は、丹波・丹後・但馬・

播磨・淡路といった農漁村地帯の人々や大阪・兵庫の商人が参詣していた[14]。しかし、明治三八(一九〇五)年に阪神電車が開業して大阪からの参詣客誘致を行うようになると、にわかに大阪からの参詣客が増加するようになる。とくに、明治四〇(一九〇七)年の節分に際して、阪神電車は西宮神社が大阪から恵方に当たるとして宣伝を行い、参詣客が大幅に増加するという結果をもたらした。西宮神社の『社務日誌』は次のように記す。

本日節分ニ付且大阪ヨリ恵方ニ当ルヨシニテ電車ヨリ広告シタリ。故ニ早朝ヨリ大阪人ノ参詣夥シ。非常ノ賑ナリ。〔中略〕明年ハ恵方ナラズトモ電車ヨリ節分ノ広告ヲナサシムル方法ヲ考フベシ[15]。

日誌をみると西宮神社はこれ以前にも節分の際には相応の賑わいをみせていたことがわかるが、大阪からの恵方詣で賑わったといった記述は皆無である。すなわち、右の史料からは、阪神電車の宣伝によって大阪の節分恵方詣の範囲が近郊の西宮神社にまで及ぶようになったことがわかるのである。しかも、興味深いことには、神社関係者もこれによる参詣客増加に気をよくしたようで、恵方に当たらない年にも阪神電車に参詣客を引っ張ってきてもらいたいとさえ考えている。つまり、鉄道会社の誘引によって郊外への恵方詣が促進されるとともに、受け手となる神社側もこれを活かして都市部からの参詣客の増加を目指すようになったのである。史料上の制約によって実証できるまでには至っていないが、おそらく東京でも同様の傾向があったのではないかと推測される。

さらに大阪の場合で興味深いのは、従来は節分参詣で使用されていた恵方が、鉄道会社によって年頭の参詣にも拡大適用されるようになったということである。

繰り返しになるが、もともと大阪では元日の恵方詣という慣習はあまりみられなかった。ところが、明治二六(一八九三)年末、大阪鉄道は初めて年頭の参詣広告に「恵方」の文句を使用し、二年後の二八(一八九五)年末には阪堺鉄道もこれに続いた。いずれも「大和奈良春日神社ハ恰大阪ヨリ恵方ニ当リ祭典アリ」「来年大阪よりの恵方は住吉神社及吾彦観音」という「都市―郊外」の用法であったことは言うまでもない[16]。もっとも、この時点では「恵方」

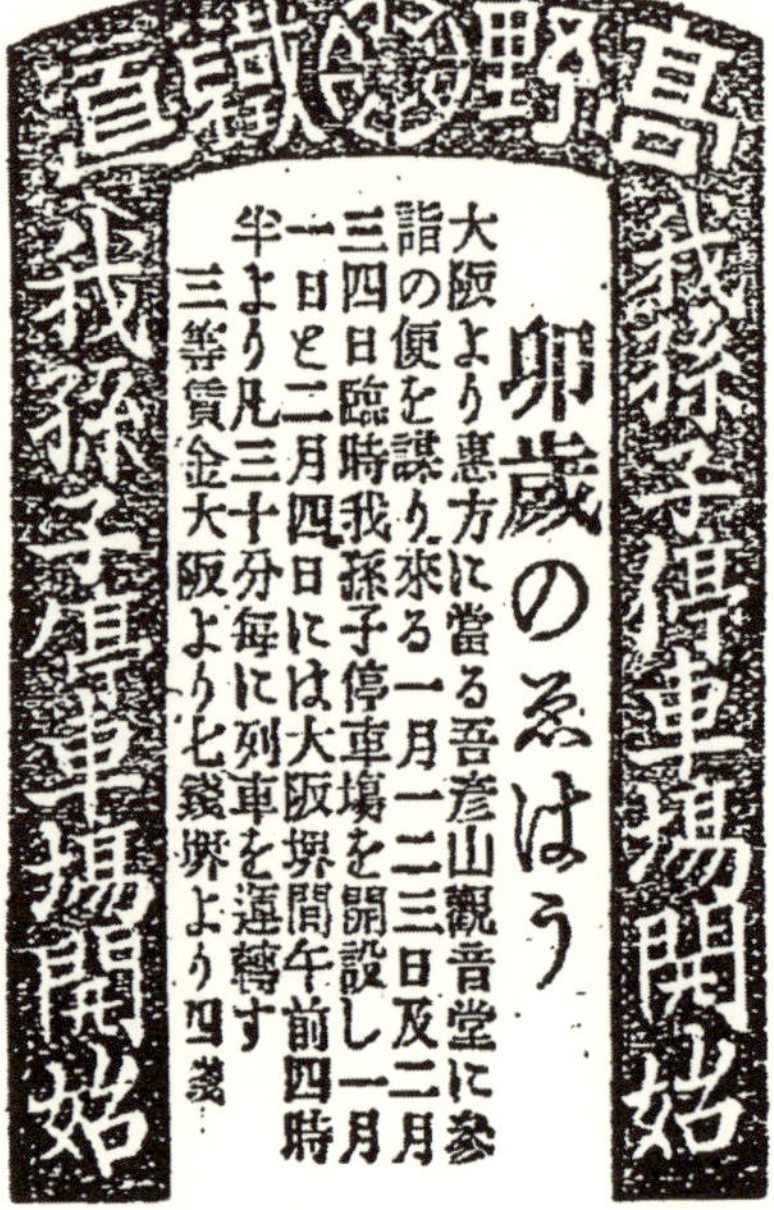

図 2-3　高野鉄道の恵方詣広告
出所）『大朝』明治 35 年 12 月 30 日.

は広告文のなかに埋もれて目立ってはいなかったのだが、明治三五（一九〇二）年末になると高野鉄道が初めて「卯歳のゑはう」という言葉を目立たせた広告を出し、三が日に吾彦山観音堂参詣のための臨時停車場開設と臨時列車運転を行うことを宣伝した（図2-3）。

その後まもなくしてこの宣伝手法は関西の鉄道会社全般に広まり、明治四〇（一九〇七）年ごろからは、どの鉄道会社も自社沿線の社寺が大阪からの恵方に当たっている年には必ず「大阪より恵方」のように明記したうえで正月の参詣客の呼び込みを行うようになった。このような恵方の拡大適用は、鉄道網が拡大するにしたがって鉄道会社同士で参詣客の奪い合いが激しくなり、少しでも参詣客の呼び込みを有利にするためになされたものと考えられる(17)。

鉄道によって恵方が元日の参詣に新たに持ち込まれたという変化は、西宮神社の日誌からも確認することができる。明治四〇年の元日にあたって、阪神電車は「恵方まいり　西宮恵比寿神社、官幣大社廣田神社、野田の恵比寿社は大阪より恵方に当ります」と宣伝したのだが(18)、このときの神社の日誌には次のように記されている。

本日ハ例年ヨリ参者多シ。好天気ト大阪ヨリ恵方ニ当リ電鉄ヨリ広告セシ影響ナラン(19)。

これ以前の日誌の元日の項に恵方詣で賑わったという記述は見られない。つまり、鉄道会社の宣伝によって西宮神社にも大阪からの元日の恵方詣が波及したわけである。

このように、大阪では鉄道会社の主導によって郊外への節分恵方詣が促進され、さらには、正月の参詣にも恵方詣が持ち込まれ、やはり郊外にウエイトを置きつつ定着していくことになった。すなわち、いずれの恵方詣も「都市―郊外」型の性格を強めていくのである。

大正末期以降になると各鉄道会社による参詣客誘致はいよいよ大々的なものとなってくる。このことは大正一四(一九二五)年の正月の西宮神社の様子からよくうかがえる。

本年ハ大阪ヨリ恵方ニ当レルヲ以テ、阪神電車ハ旧臘末数萬枚ノポスター並ニ宣伝ビラヲ市中ニ撒布シ大ニ広告ニ努メ、且又戎停車場ニ設備ヲ加ヘテ宣伝ヲ図リシタメ、手段成功シ未明ヨリ大阪方面ノ賽客陸続トシテ来参シ、実ニ元朝ノ参詣数トシテハ未曾有ノ現象ヲ呈セリ(20)。
本日モ非常ナル雑沓ヲ見タリ。全ク電車宣伝ノ為ナルベシ(21)。

神社関係者も驚嘆するほど、阪神電車の宣伝の効果は絶大であった。そして、その宣伝効果によって大阪からの参詣客が増加していくなかで、次第に西宮神社は都市郊外の神社としての性格を強めていくことになる。

三　恵方の重要性の低下

一見逆説的にみえることであるが、右のような鉄道会社による大々的な恵方の活用は、最終的には恵方の重要性を低下させていくことになった。

(1) 東　京

恵方はことあるごとに鉄道会社によって活用されるようになったとはいえ、鉄道会社にとって必ずしも常に都合のよいものではなかった。というのも、本章冒頭で説明したように恵方は五年周期で毎年変わるため、鉄道会社が恵方を広告文句として使用できるのはせいぜい五年に一―二回となる。しかし、鉄道会社は恵方に当たっていない年だからといっておとなしく黙っているわけにはいかない。そこで鉄道会社が重宝するようになったのが「初詣」という宣伝文句であった。先駆けとなったのは成田鉄道と京浜電鉄である。

具体的にみると、成田鉄道は明治四三(一九一〇)年の正月にあたって初めて「成田山　初詣」の広告を新聞に掲載し、[22]以降大正七(一九一八)年まで毎年欠かさず正月の成田山参詣の広告を出した。[23]一方、京浜電鉄も明治四五(一九一二)年から毎年正月の川崎大師参詣の広告を新聞に出すようになった。[24]

両社の広告をみてみると、面白いことに気づく。すなわち、成田山・川崎大師が東京からの恵方に当たっている年には広告文句を「東京より恵方　成田山」のようにし、それ以外の年は「初詣　川崎大師」などとしているのである。つまり、〝恵方に当たっている年は恵方詣として参詣してもらいたいが、恵方に当たっていない年も初詣として参詣してもらいたい〟というわけである。鉄道会社にとって「初詣」は、恵方や縁日に当たっていなくても沿線の寺社への参詣をもっともらしく呼びかけることができるという実に便利な言葉だったのである。前章でみたように、もともと「初詣」は近世以来の名称にあてはまらない参詣を指すために使われ始めたいわば〝隙間用語〟であり、新聞でも大正前期までは毎年必ず使用されるほどではなかった。[25]つまり、鉄道会社は他に先駆けて「初詣」の利用価値を見出し、意図的に常用するようになったのである。

さらに大正に入ると、「初詣」は恵方に当たっていない年だけでなく、恵方に当たっている年にも「初詣　東京より恵方」という形で鉄道会社の広告に使用されるようになる。具体的にみると、大正三(一九一四)年の正月を控えて前年末に新聞に掲載された成田鉄道の広告文句は「初詣　東京より恵方」となっており、初めて恵方に当たった年に「初詣」を使用したものだった。[26]

やや時期がくだるが、同様の変化は京浜電鉄の広告でも生じた。表2-1は京浜電鉄が新聞に掲載した正月参詣の広告の数を、広告文句のタイプごとに分類して集計したものである。これを見てわかるように、当初は、川崎大師が東京からの恵方に当たっている年にはA、そうでない年にはCと明瞭に使い分けていた。ところが、大正一〇(一九二一)年以降になるとこのような使い分けは崩れ、恵方に当たっている年でも初詣を併記するBの用法が多くなった(あわせて図2-4も参照)。

かくして、恵方はついに初詣の付加価値へと転落させられてしまった[27]。もともと初詣は恵方が相対化されるなかで生まれた参詣だったが、明治末期以降になると、参詣客の誘致に熱心な鉄道会社が「初詣」という言葉を活用するこ

表2-1　京浜電鉄の正月参詣広告の掲載数（明治45年—昭和16年）

年	A	B	C	D
明治45(1912)			2	
大正2(1913)	2			
3(1914)			1	
4(1915)			2	
5(1916)	1			
6(1917)			2	
7(1918)	3			
8(1919)			3	
9(1920)				
10(1921)		1		
11(1922)			1	
12(1923)		1		
13(1924)			2	
14(1925)	1			
15(1926)		6		2
昭和2(1927)				
3(1928)		5	1	
4(1929)			2	
5(1930)		1		
6(1931)	5			
7(1932)			4	
8(1933)		5		
9(1934)			5	
10(1935)		8		
11(1936)		9		
12(1937)			12	
13(1938)		10		
14(1939)			9	
15(1940)			8	
16(1941)	1	7	1	

出所）　年末年始の『東朝』『東日』『読売』.

注1）　年は元日基準.

注2）　広告で使用した用語によって次のように分類している.
A：「恵方（詣）」　B：「初詣」と「恵方（詣）」
C：「初詣」　D：「恵方（詣）」「初詣」以外の行事名または行事名なし

注3）　網掛け部分はその年の恵方が巳午であったことを示す（川崎大師は東京から巳午の方角に当たるとされていた）.

注4）　大正14（1925）年のA欄，昭和5（1930）年と昭和10（1935）年のB欄に該当広告があるが，これらの年の恵方は申酉であり，川崎大師が東京から申酉の方角（図2-1参照）に当たっているというのは明らかに無理がある．おそらくは，恵方の付加価値への転落（本文参照）にともなって京浜電鉄が恵方の使用基準を緩和したものと思われる.

図 2-4　京浜電鉄の恵方詣・初詣の広告

出所）右から『東日』明治 45 年 1 月 1 日，同大正元年 12 月 31 日，同大正 14 年 12 月 31 日．

注）当初は，川崎大師が東京からの恵方（巳午）に当たっていない年には「初詣」（右），当たっている年には「恵方詣」（中）と使い分けていたが，やがて恵方に当たっている年も「東京より恵方　初詣」（左）のように記すことが多くなる．

とによって、恵方はさらに影響力を低下させていくことになったのである。なお、この傾向は大正九（一九二〇）年一一月に明治神宮が誕生することによって決定的となる（第六章）。表2-1でみた大正一〇年以降の変化も、おそらくは明治神宮創建が影響したのではないかと思われる。

(2)　大　阪

鉄道会社が恵方に当たっていない年の正月参詣の名目として「初詣」を活用するようになり、その結果恵方が初詣の付加価値として扱われるようになったこと自体は、大阪も東京とまったく同様であった(28)。ただし、大阪において東京よりも顕著にみられたのが、恵方の乱用である。関西圏は郊外鉄道網が東京よりも早く発達したため、恵方をめぐる競争が東京よりも激しかった。そのため、競争のなかで盛んに恵方を利用するあまり、かえって恵方の価値を低下させていくことになったのである。

まずは京阪電車の例をみてみたい。明治四三（一九一〇）年四月に大阪天満橋―京都五条間を開業させた京阪電車は、沿線の男山八幡宮（石清水八幡宮）の厄神祭に際して、京都または大阪からの恵方に当たっている年には必ずといっていいほど新聞に恵方をうたった広告を掲載した。ところが、大正四（一九一五）年の広告文句は次のようなものであった。

恵方以上神威偉大ナル男山八幡宮厄除大祭[29]

一年前には恵方に当たっていると宣伝しておきながら[30]、翌年には〝恵方などたいしたことはない〟とでも言わんばかりのちゃっかりとした広告を出すのである。

路線が近接する鉄道会社同士の恵方の奪い合いもしばしば生じた。

南海線高野線は我孫子、住吉さては三百年来絶えていた行事を復興した住吉の浄土寺など、大軌線では生駒の聖天さんを書き込んで福は内の恵方はこ〔ち〕らもと互に広告で喧嘩をした〔以下略〕[31]

次の新聞記事は、大阪ではなく京都のものであるが、関西の鉄道会社同士による恵方の奪い合いによって恵方の重要性が低下していく様子をよく物語っている。

京阪電車の広告では八幡が恵方とあるし、京電の広告では稲荷が恵方とある。大分に方角が違ふが、どちらでもエイ方に参詣したら御利益があるに相違あるまい。〔中略〕信心の御方は京阪にも乗られませう、京電にも乗られませう。八幡《やわた》の八幡《はちまん》、伏見の稲荷、イヤどこでも差支ない。御賽銭の多い方に福のさづかるのは勿論なり。地獄の沙汰でさへ金ですもの[32]。

読者の興味を惹きつけるために多少の誇張はされているのであろうが、このような感覚が当時の人々の間に広まりつつあったのはたしかであろう。

さらに大正一〇（一九二二）年ごろになると、「真恵方」「正恵方」なる造語が鉄道会社の広告に登場する[33]。おそらく〝他の鉄道会社も恵方と言っていますが、当社沿線こそ本当の恵方ですよ〟と売り込むためであろう。だが、この「真恵方」「正恵方」でさえもたちまち乱用されるようになり、恵方から少しずれているにもかかわらず使用されることが珍しくなくなった。昭和に入ると、もはや恵方の乱用のオンパレードの様相を呈する。「南海線は総て吉方[34]」というおそろしくいい加減な広告文句も、この時期になると格別珍しいものではない。

ありていに言えば、鉄道会社にとっては、参詣客を呼び込むために使える名目であれば何でもよかった。鉄道各社のサービス競争が過熱するなかで、各社は他社に負けじと多種多様な付加価値をつけて参詣の宣伝をするようになり、恵方は次第にそのなかに埋没していくことになる。多少時期がくだるが、次の新聞記事はそのことをよく示している。

新春初詣での客を目ざして汽車も電車も乗客争奪をはじめた。〔中略〕各郊外電車は例によつて恵方や遊覧をかゝげて思ひ〳〵の大宣伝だが、京阪電車は「年頭サービス」の名目で京阪、新京阪の両線で割引巡拝券を出し、嵐山、京都、稲荷〔伏見稲荷〕、桃山、八幡〔石清水八幡宮〕を巡つて一円五十銭〔中略〕嵐山の料亭と提携して大阪から電車賃付嵐山宴遊券の発売も旧い戦術だがねらひどころだ。阪急電車は、例によつて沿線七福神詣でに力こぶをいれ参詣者に開運お守をロハで授け抽選で純金、純銀のお守を添へ、同時に抽選券絵葉書付の箕面、宝塚回遊券を売出し大割引する。電車と神様が握手して抽選でお守りを振出すなどこれは新戦術らしい。阪神電車は大晦日夜の時間を延長、廣田神社と福の神の西宮えびすを宣伝。〔中略〕阪和電車は全通〔後〕はじめての新年で、変つた趣向はないが南海と恵方を奪ひ合つてあびこ観音、もず八幡、大鳥神社、日前國懸神社など鉢合せをさしてゐる。(35)

「恵方や遊覧をかゝげて」という言葉も示すように、この時期になるともはや恵方は「割引巡拝券」「宴遊券」「開運お守」といった種々のおまけと同列で、単なるオプション程度のものとして扱われるようになる。いったんは鉄道会社によって正月や節分の参詣の名目として大いに活用された恵方であったが、五年周期で毎年変わるものであるがゆえに、鉄道会社の参詣客誘致はおとなしく恵方の枠内にとどまることはできず、集客競争の過熱のなかで恵方は埋没していったのである。(36)

このような集客競争によって初詣が戦前における明確なピークを迎えるのが大正末期である。表2-2は『大朝』

表 2-2　関西の鉄道による正月参詣の広告

	官鉄（国鉄）	阪堺（南海）	高野	阪神	京阪（京阪神）	箕面有馬（阪急）	大軌（関西急行）	大鉄（Ⅱ）	関西	大鉄（Ⅰ）
明治 27		☆	—	—	—	—	—	—		△
28			—	—	—	—	—	—	☆	☆
29		△	—	—	—	—	—	—		
30		☆	—	—	—	—	—	—	☆	☆
31			—	—	—	—	—	—		☆
32			—	—	—	—	—	—	☆	☆
33			—	—	—	—	—	—	☆	☆
34		☆	☆	—	—	—	—	—	☆	—
35		☆	☆	—	—	—	—	—	☆	—
36		△	△	—	—	—	—	—	☆	—
37		☆	☆	—	—	—	—	—	☆	—
38		☆		—	—	—	—	—	☆	—
39		☆	△		—	—	—	—	△	—
40		△	☆	△	—	—	—	—	☆	—
41	△	▲	△	●	—	—	—	—	—	—
42		●	☆		—	—	—	—	—	—
43	☆	●	△		—	—	—	—	—	—
44	△	△	△				—	—	—	—
45	☆	●			☆	△	—	—	—	—
大正 2	☆	△			☆		—	—	—	—
3		●			△	△	—	—	—	—
4						●	—	—	—	—
5	☆	△					—	—	—	—
6	☆		●				☆	—	—	—
7	☆	△	△					—	—	—
8	☆	●	☆	☆			△	—	—	—
9			☆	△			☆		—	—
10	☆	▲	△	●			☆		—	—
11	☆	●	●	☆		△	☆		—	—
12		▲	—	●	☆	●	●		—	—
13			—	●			△		—	—
14		☆	—	☆			☆		—	—
15		△	—	●	●	●	▲	△	—	—
昭和 2			—			▲	●		—	—
3		▲	—	●	●	●	●	△	—	—
4		▲	—	▲	▲	●	▲	●	—	—
5		▲	—	▲	●	●	●	●	—	—
6		▲	—	●	●	●	▲	△	—	—
7		●	—	▲	●	▲	●	●	—	—
8		△	—	●	●	●	●	▲	—	—
9		●	—	▲	▲	●	●	●	—	—
10		●	—	▲	●	▲	▲	●	—	—
11		▲	—	●	●	●	●	▲	—	—
12		●	—	▲	●	▲	●	●	—	—
13		▲	—	●	●	●	▲	▲	—	—
14		●	—	●	▲	●	▲	●	—	—
15		●	—	▲	●	▲	●	●	—	—
16		●	—	●	●	●	●	▲	—	—
17		☆	—		☆	☆	☆	●	—	—
18		☆	—	☆	●	☆	☆	☆	—	—
19		☆	—		☆	—	☆	—	—	—

出所）『大朝』各年の年末年始掲載の広告（年は元日基準）.
注 1）広告で使用した用語によって次のように表示している（A—D は表 2-1 と対応させている）.
△（A）:「恵方（詣）」　▲（B）:「初詣」と「恵方（詣）」　●（C）:「初詣」
☆（D）:「恵方（詣）」「初詣」以外の行事名または行事名なし　「—」: 開業前または他社へ合併後
注 2）大鉄（Ⅰ）は明治 22 年開業の大阪鉄道，大鉄（Ⅱ）は大正 8 年に河南鉄道が改称した大阪鉄道を指す.

を対象として関西各鉄道による正月参詣広告を調べた結果であるが、この表をみると、大正末期以降に各鉄道会社が毎年欠かさず「初詣」を宣伝するようになること、(37) さらには、恵方に当たっている年でも「恵方」のみで宣伝すること（「△」印）は稀になり、ほとんど必ず「初詣」に「恵方」が併記されるという形（「▲」印）になることがわかる。

鉄道会社の集客の積極化による戦前の初詣のピークの到来は、神社史料でも確認できる。第二節で、大正一四（一九二五）年の元日に阪神電車の宣伝によって西宮神社に大阪からの恵方詣客が大勢詰めかけたことにふれたが、阪神電車はその翌年以降も恵方に関係なく初詣を大々的に宣伝し、「〔早朝〕四時半ヨリ賽者殺到ス。〔中略〕昨年ノ如キ特例（恵方詣）ニ非ズト雖参者相応多シ」(38) という賑わいとなった。興味深いことに、『社務日誌』をみると、この年の元日条には「相当疲労ス」と神社職員の疲労を述べる記録が初めて記され、これ以後昭和四（一九二九）年まで毎年連続して元日に同様の感想が記入されている。昭和三（一九二八）年には「社員極度ニ疲労ス。何トカ良法ナキモノカ」とかなり切実な様子である。(39)

このような状況に対して、神社側も何も対策をとらなかったわけではない。次に引用するのは昭和二（一九二七）年の年末、つまり、右の切実な疲労の言葉が記された正月の直前の記録である。

> 阪神電車ハ初詣ノ各駅広告ヲ二三日前ヨリ掲出、各新聞ニモ広告シ今朝ノ各新聞ニ別ニポスターヲ挿入セリ。毎年予メ注意ノコト。三十一日ハ夜ニ入リ停留所前ニ数十本ノ紋章入提灯ヲ立テ大ニ景気ヲ添ヘタリ。本年ハ概シテ着手晩《おそ》カリシモ、年末ニ迫ルニ従ヒ宣伝ヲ強メタルノ傾向ナリ。(40)

神社側が阪神電車の初詣宣伝の動向を注意深く確認して対策をとろうとしていたことがわかる。しかし、このように「予メ注意」したにもかかわらず、初詣客の激増は神社側の予想をはるかに上回るペースで進行したために、この一年後（昭和四年）の正月もやはり神社関係者たちは激務による疲労を日誌に書きつけたのだった。

この神社の最重要行事である十日戎（一月一〇日）についても電鉄側だけではなく神社側も集客に積極的であった

が、[41]初詣については神社側が活性化を目指した形跡は皆無である。つまり、少なくとも西宮神社の初詣については、電鉄会社の一方的な集客によって短期間のうちに定着した参詣イベントであったということができよう。

大正末期から昭和戦前期は鉄道やマスメディアといった資本の主導によって都市モダニズムが戦間期における爛熟期を迎えた時期であるが、[42]正月参詣における恵方詣の埋没と初詣への人気集中もこのような流れと軌を一にしたものだったのである。

おわりに

鉄道網の発達は、地理感覚と行動様式の変容をもたらす。東京の元日恵方詣、大阪の節分恵方詣ともに、従来は市街地の社寺が中心であったが、鉄道網の発達によって郊外の社寺をも対象とするようになり、ここに「都市―郊外」という地理感覚と行動様式に照応した恵方の用法が登場した。

しかも、鉄道会社はこの新しい用法の恵方を積極的に活用して、盛んに自社路線沿線への参詣客誘致を図り、恵方詣の比重を郊外へとシフトさせていった。大阪では、鉄道会社によって従来恵方とは関係のなかった行事に恵方が拡大適用されるという変化もみられた。鉄道はただ単に既存の社寺参詣を量的に拡大しただけではなく、社寺参詣の基準そのものをも変化させていったのである。

さらに、恵方は五年周期で毎年変わるものであるがゆえに、鉄道会社の毎年の参詣客誘致が恵方の枠内にとどまることはできず、「初詣」の活用や恵方の乱用によって、結局恵方の価値は低下していくことになる。明治期以降の恵方の歴史は、活用されすぎたがゆえに結局は価値を落としていくという、一見すると逆説的にみえる過程であった。

一方、毎年異なる方角に限定される恵方とは異なり、初詣は〝正月にどこかにお参りする〟という以外にはとくに中身がない曖昧な言葉であり、その曖昧さゆえに鉄道会社の集客で重宝されるようになった。「ことばに意味が乏しいことは、人がそれを使わない理由になるよりも、ある場合にはかえって、使う理由になる」(43)。そして、この中身の曖昧さは、戦間期の都市部において「上から」の強制力を伴わずに「社会のあらゆる階級が同列になつて同じことをする」行事が成立するための重要な前提にもなっていく（第六章第一節）。

（1）この五年周期のあいだに巳午だけは二度巡ってくる。実は、川崎大師／住吉神社は東京／大阪から巳午の方角に当たるとされており、初詣が先駆的に定着したこの寺院／神社は、恵方詣において他の方角の社寺より有利な位置を占めていたといえる。なお、川崎大師については、新宿あたりを起点とすればたしかに巳午の方角といえるが、明治期東京の市街地（たとえば日本橋や銀座）からみるとだいたい南南西の方角に当たり、正確には巳午の方角とはいいがたい。しかしながら、戦前を通じて〝川崎大師は東京からみて巳午に当たる〟ということに対してとくに疑義が挟まれることはなかったようである。本書でも、当時の人々の感覚にしたがって議論をすすめていくこととしたい。

（2）第一章第一節参照。

（3）『東朝』明治二四年一月三日「恵方まゐり」。

（4）この傍線部ではやや曖昧な表現になっているが、より明瞭に言えば「各自居住の地を起点としての方角」（『東日』明治四二年一二月二六日「明年の恵方と初卯」）ということになる。

（5）天保八（一八三七）年から明治二〇（一八八七）年までの大阪における出来事を書き留めた『近来年代記』（筆者不詳）をみると、この時期の正月の参詣行事といえば初卯の住吉参り、十日戎（一〇日）、初天神（二五日）、節分が主なものであり、元日の恵方詣は記されていない（『近来年代記』上・下、大阪市史料調査会、一九八〇年）。また、新聞記事をみても、東京とは対照的に、明治四〇（一九〇七）年までは大阪の正月の社寺参詣を報じる記事のなかで恵方が言及されることはほとんどない（『大朝』では明治一九年一月三日「新年の御祝儀」と同二九年一月三日「市中元日の景況」の二つのみである）。

（6）「本日は年越にて〔中略〕府下の各神社へ恵方参りに出掛る人々は境内に雑沓し〔以下略〕」（『大朝』明治一三年二月三日）。

（7）明治一八（一八八五）年に開業した阪堺鉄道（難波―大和川）、同二二（一八八九）年に開業した大阪鉄道（湊町―柏原）など。

（8）『大朝』明治三二年二月二日。

（9）明治三一（一八九八）年の年末に、日本鉄道は「恵方　柴又帝釈天　数回臨時列車出発　日本鉄道株式会社」という新聞広告を出した（『東朝』明治三一年一二月二九日、『読売』同一二月三〇日）。これは管見のかぎり東京の鉄道会社による最初の恵方詣の広告である。

（10）『東朝』明治四四年一月二日「恵方詣」。

（11）『読売』大正七年一月二日「恵方詣でと本年の流行」。

（12）『読売』大正一三年一月四日「子年一白の恵方　成田の不動様は　近年レコード破りの賑ひ　鉄道も三万円儲ける」。この大正一三（一九二四）年の干支は甲子だったので恵方は寅卯（ほぼ東北東）であり、たしかに成田山は東京からの恵方に当たっていた（ちなみにこの年に建設されたのが甲子園球場である）。ただ、この新聞記事には「子歳の恵方」と書いており、本章冒頭で説明したように恵方は十二支ではなく十干にもとづくものなのでこれは不正確なのだが、このようないいかげんな表現は当時でも決して珍しいわけではない。すでに明治期にも「卯歳のゑはう」といった表現が見られる（後掲図2-3参照）。

（13）北見俊夫「恵比寿信仰の研究成果と課題」（同編『恵比寿信仰』雄山閣出版、一九九一年）二九〇頁。

（14）魚澄惣五郎編『西宮市史』第二巻（西宮市役所、一九六〇年）八六一頁。

（15）『社務日誌』（西宮神社所蔵）明治四〇年二月四日条。

（16）『大朝』明治二六年一二月二六日、同明治二八年一二月二七日。

（17）詳細は割愛するが、初天神や十日戎にも鉄道会社によって恵方が新たに持ち込まれたことが『大朝』から確認できる。

（18）『大朝』明治四〇年一月一日。

（19）前掲『社務日誌』明治四〇年一月一日条。

（20）同右、大正一四年一月一日条。

（21）同右、同一月二日条。

（22）『東朝』明治四二年一二月三〇日。

（23）成田鉄道は大正九（一九二〇）年九月に国有化された。なお、東京の鉄道が新年参詣を促す広告を新聞に掲載したのは『東朝』『東日』『読売』『万朝報』をみるかぎりでは日本鉄道が最初であるが（注(9)の広告）、「初詣」という用語を新聞広告で用いたのは官鉄が最初である（『東朝』明治四〇年一二月三一日）。ただし、これは一回きりで終わった。したがって、東京で継続的に「初詣」を使用して正月参詣の宣伝をするようになったのは成田鉄道が最初ということになる。

(24)　表2-1が示すように、例外的に大正九（一九二〇）年と昭和二（一九二七）年のみ新聞広告を出していない。後者については大正天皇死去後の「諒闇」中のためである（このときは他の鉄道会社も軒並み広告を自粛している）。前者については理由不明である。

(25)　「初詣」がほぼ毎年新聞記事で使用されるようになるのは明治神宮創建後の大正一〇（一九二一）年の正月からである（第六章第一節）。

(26)　『東朝』大正二年一二月二八日。

(27)　以上の変化を第一章補論（図1補-1）に即してみれば、鉄道会社はまず①（恵方に当たっていない年のみに「初詣」を使用）の用法で「初詣」を宣伝に利用し始め、やがて③（恵方に関係なくほぼ毎年「初詣」を使用）へシフトしたということになる。他の諸史料と異なり、鉄道会社の広告ではこの①→③という変化が明瞭に看取できるわけである。

(28)　というより、大阪の鉄道会社による「初詣」の広告は成田鉄道よりも二年早く始まっている（『大朝』明治四〇年一二月二六日、同明治四一年一月一日。前者は南海電車、後者は阪神電車の広告）。今のところ確証はないが、成田鉄道による「初詣」の使用は大阪に倣った可能性もある。東京と大阪は地理的に離れた距離にあるものの、明治中期以降になると鉄道や新聞によって人や情報の相互移動が従来よりも格段に容易となったため、時として一方が他方の年中行事の流儀を模倣することも見られるようになったからである。たとえば次の大阪の事例を参照。「泉州大鳥神社は〔中略〕一日より三日間東京の酉の市に習ひ福を祝ふ熊手を売り、尚ほ同社よりは特別の御守を授くる由」（『大阪毎日新聞』明治四一年一二月二四日、大谷渡編『大阪の神社関係記事　明治三九―四一年――『大阪朝日新聞』『大阪毎日新聞』』関西大学なにわ・大阪文化遺産学研究センター、二〇〇九年、二一〇頁）。

(29)　『大朝』大正四年一月一日。

(30)　「恵方　一月十五日より十九日まで　やはた男山八幡宮　厄除大祭」（『大朝』大正三年一月一二日）。

(31)　『大朝』大正七年二月三日夕刊「雨の節分」。

(32)　『京都日出新聞』大正五年一月一日「恵方詣」。この史料の存在は高木博志『近代天皇制の文化史的研究』（校倉書房、一九九七年）二五〇頁に教えられた。

(33) たとえば、大正一〇年の節分にあたって新聞に掲載された南海電車の広告は「三日の節分（大阪より真恵方）住吉神社とあびこ観音」（傍点は原史料通り）となっている（『大朝』大正一〇年二月二日夕刊）。

(34)『大朝』昭和四年一二月二五日。

(35)『大朝』昭和五年一二月二二日「奇策乱れ飛ぶ　省線と郊外電鉄　新春のお客争奪　神様や料亭と手を握つて　思ひ〳〵の宣伝ぶり」。

(36) なお、東京・大阪ともに、最終的に恵方詣がほぼ消滅するのは戦時期（日中戦争開始後）である。恵方詣に限らず、この時期には住吉神社の初卯詣など近世以来の様々な正月参詣が衰微し、それと反比例して「初詣」が隆盛をきわめていく。

(37) 昭和二(一九二七)年は大正天皇死去後の「諒闇」のため複数の鉄道会社が広告を自粛したと思われる。

(38) 前掲『社務日誌』大正一五年一月一日条。

(39) 以上、前掲『社務日誌』大正一五年から昭和四年の各元日条。昭和二年一月三日条には「以後毎年三ヶ日ノ職員弁当代トシテ金拾円ヲ支給スルコトニ決ス」と記されている。初詣客の急増による神社職員の激務に対する慰労措置と思われる。

(40) 同右、昭和二年一二月三〇日条。三〇日条に三一日に関する記述があるのは、後日まとめて記入したためと思われる。

(41) 拙稿「明治・大正期の西宮神社十日戎」（『国立歴史民俗博物館研究報告』一五五、二〇一〇年）。

(42) 南博編『大正文化』（勁草書房、一九六五年）、石川弘義編『娯楽の戦前史』（東書選書、一九八一年）、津金澤聰廣『宝塚戦略』（講談社現代新書、一九九一年）、竹村民郎『笑楽の系譜』（同文舘出版、一九九六年）。

(43) 柳父章『翻訳語成立事情』（岩波新書、一九八二年）二一二頁。

第二部　初詣とナショナリズムの接合

第三章　二重橋前平癒祈願と明治神宮創建論争
――天皇に対する「感情美」の変質

はじめに

本章では、明治四五（一九一二）年の夏に明治天皇が重態に陥った際に東京において行われた平癒祈願と、その直後に生じた明治神宮創建をめぐる論争について検討する。

本書が初詣の歴史を論じるものであるにもかかわらず、本章には初詣がほとんど登場しない。それにもかかわらずなぜ本章の検討が必要なのかといえば、もともとは求心力を有する国家的神社が不在であった帝都東京に明治神宮という「国民」のための神社が「出現」し(1)、従来は庶民の社寺参詣と疎遠であった知識人がこの神社で群衆のなかに混じって初詣をするようになるという変化を理解するにあたって、本章で論じる天皇に対する国民の「感情美」の変質が重要な前提になると考えるからである。これについては次章で明らかにしたい。

さて、大正九（一九二〇）年に誕生した明治神宮については、その創建に至るまでの経緯について、あるパターン化された語り方が当時から今日に至るまで繰り返されてきた。たとえば、この神社の創建に深く関わった阪谷芳郎が鎮座十周年となる昭和五（一九三〇）年にラジオで語った談話は次のような内容となっている。曰く、明治天皇の重態が公表されると「二重橋前ノ広場ニハ炎天モ厭ハズ」平癒祈願を行う人々が大勢集まった。このような「天皇ノ御仁徳ヲ御慕ヒ申上奉ル自然的国民熱情ノ発露ハ古今嘗テ見聞セザル所デアリマシテ、其ノ熱情ガ　天皇ノ崩御ト聞クヤ切メテ御遺骸ヲ此ノ地ニテ永久ニ守護シ奉ラントノ極度ノ熱情トナツタノデアリマス」。しかしながら、陵墓は京都に内定していたので、せめて「何カ御陵墓ニ代ルベキ最モ近キ方法」を、ということで「種々相談ノ上、神宮ヲ東京市ニ造営シ奉ラントノ議ニ一決シ」た、と。(2) つまり、明治神宮創建のルーツを二重橋前で行われた平癒祈願の際に発露した国民の「感情美」と結びつける語り方である。ここで「感情美」と記したのは、平癒祈願から明治神宮創建に至るまでの様々な史料のなかで、天皇を慕う国民の気持ちとして「熱情／至情／至誠／熱誠／真心／赤心／赤誠」など異口同音の表現がなされたものを、同じく史料用語であり使用頻度も高い「感情美」という言葉で代表させたものである。

しかし、後述するように、一連の過程をあらためて検討してみると、右の語り方から抜け落ちたものがあることがわかる。実は、二重橋前広場は天皇重態発表後ただちに東京における平癒祈願の一大中心地となったわけではなく、新聞では当初キリスト教も含めて神・仏・基の平癒祈願がまんべんなく報じられた。また、様々な新聞や個人の日記等で異口同音に語られたのは、祈願する形は人によって異なるが、天皇を思う「感情美」では皆同じ、つまり「形は様々／心は一つ」ということに対する感激であった。この時点では、明治天皇はクリスチャンをも含めた〝みんなの天皇〟だったのである。

したがって、平癒祈願の光景から見出された天皇に対する「感情美」とは、神社と独占的に結びつくことが最初から自明であったわけではない。実際、明治天皇を追悼・記念することにはほとんど全国民的とも言うべき合意があったものの、それを神社という形にすることについては一部で反対の声があがった。「皇室＝神社」という結びつきは、後の時代ほどは自明ではなかったのである。それでは、明治神宮創建に反対する人々はいかなる主張を展開し、推進派はそれにどのように反応したのだろうか。そして、平癒祈願の際に「形」の多様性を前提として語られたはずの

「感情美」は、どのようにして神社という一つの「形」に収斂する自明性の語りのなかへとおさまっていったのだろうか。

実のところ、実勢レベルで言えば神宮推進派が圧倒的な多数派であった。天皇が死去すると短期間のうちに明治神宮創建を求める熱狂的な世論が形成され、わずかながら新聞に掲載された反対論に対しては激越な罵言が浴びせられた。阪谷をはじめとする東京の官界・実業界の重鎮たちは反対論にはとくにとらわれることもなく、精力的に明治神宮創建を目指して活動し始めた。つまり、推進派と反対派のあいだで議論が起こったのではなく、前者が後者を無視あるいは罵倒するというのが全体的状況であった。

このような動向だけをみれば、少数の〝理性的〟な人々が、ナショナリズムあるいは国家神道を熱烈に支持する多数派を前に服従を余儀なくされたようにみえるかもしれない。それでは、反対派が屈服したのは、ただ単に推進派よりも社会的勢力が劣っていただけだからなのだろうか。もっと言えば、反対派は、もし圧迫を受けることなく推進派と対等に議論できる場がありさえすれば、推進派を説得することができたのであろうか。

実は、右のような状況のなかで例外的に、推進派と反対派のあいだで議論が行われた言論の場があった。『東朝』に設けられた臨時投書欄「思ひつぎ〳〵」である。ここでは編集者杉村楚人冠によって新聞社にも少数意見者にも圧迫が加えられないような仕掛けがなされたために、短期間ながら推進派と反対派のあいだで他の新聞に類をみない活発な議論が繰り広げられた。

この「思ひつぎ〳〵」欄の投書については、明治神宮創建の過程を論じた山口輝臣が部分的にとりあげているが[3]、本欄に掲載された反対論の一部を抽出して、これが推進派の「論理」の前に通用しなかったと推定的に論じるにとどまり、ここで行われた議論の過程についてはこれを捨象して論じている。それでは、この欄で実際に行われた議論とはどのようなものであったのだろうか。

この投書欄に関して興味深いのは、国民が敬慕してやまない「先帝」(明治天皇)の追悼・記念の方法をめぐって全国から様々な人々が投書してきたことによって、知識人主体の既存の言論空間とはおよそ異なる様相を呈したということである。そこではあからさまに「知性」を敵視するような意見さえ飛び出した。しかも、ここでの議論は「神社＝宗教」か「神社＝国家の宗祀＝非宗教」かといった従来政府や神道・宗教関係者のあいだで繰り返されていた議論とはまったく異なる対立軸で展開していき、推進派からは〝神社が宗教であってもかまわない〟という発言さえ飛び出してくるのである。

本章では、まず前半で明治天皇重態時の平癒祈願報道を『東朝』を中心に検証して、二重橋前広場が突出したシンボルとなっていくとともに、知識人たちがそこに出現した予想外の祈願者たちの姿に衝撃をうけ、そこに理屈では説明できない「感情美」を見出すことを明らかにする。そのうえで、後半では、同紙の「思ひつぎ〳〵」欄における明治神宮創建の可否をめぐる論争を検討する。この投書欄において神宮創建推進派の結集軸として「感情美」が浮上し、しかも推進派と反対派の意図せざる共同作業によってこの「感情美」の中身が変質していくことを明らかにしたい。また、反対派の投書のなかには推進派でさえも容易に否定しえない主張がいくつも現れていたにもかかわらず、反対派が議論のなかでそれを活かせずに終わった要因をも検討したい。

なお、本章で引用する新聞記事はとくに断りがない限りはすべて明治四五＝大正元(一九一二)年のものである。また、『東朝』の記事は日付・見出しのみ示す。

一　二重橋前平癒祈願──「感情美」の発見

(1)　平癒祈願のはじまり──神・仏・基の平癒祈願

明治四五（一九一二）年七月二〇日午前一〇時半、宮内省は天皇の病状が深刻であることを発表し、午後二時の『官報』号外でその詳細を公表した(4)。この一報が伝わるや全国各地で平癒祈願が開始され、とくに神社がその中心となった(5)。ところが東京では、神社ではなく二重橋前の広場が一大中心地として浮上し、そこで身分・身なりや宗教・民俗が異なる様々な人々が一つの群衆になって祈願するという未曾有の光景が現出するに至る。ただし、それは重態発表後ただちに起こったわけではなく、まったくといっていいほど予期されなかった出来事であった。以下、その経過について『東朝』を主な史料として詳細にみていこう(6)。

宮内省発表翌日の紙面をみると、発表当日のうちに早くも増上寺・琴平神社・護国寺が平癒祈願を行ったことが報じられている。増上寺は午後三時から、後二者は午後四時からというきわめて迅速な対応であった(7)。これを先駆けとして、市内の様々な寺院や神社で熱心な平癒祈願が行われるようになり、新聞各紙はその模様を詳細に報道し始めた。

見逃してはならないのは、この段階ではとくに神社に偏ることなく神・仏・基がまんべんなくとりあげられたということである。キリスト教徒の平癒祈願も十分なスペイスを割いて報じられており、たとえば発表翌日には東京基督教青年会館に有志者四百余名が集って祈禱会を行ったが、ある青年に至っては「身を以て陛下の御悩に代らんと云ひ嗚咽して遂に言葉をなさ」ず、「場内の此処にも彼処にも涙に咽ぶ音が聞えた」、そして最後には「君が代を合唱」したと報じられている(8)。実に寺社での祈願に劣らぬ熱誠ぶりである。同日のニコライ会堂における平癒祈願については『東日』と『読売』が写真を掲載して、視覚的にも十分目立つものとなっている(9)。とくに後者の写真（図3-1）は、神・仏・基の平癒祈願を一箇所ずつ写したものであり、初期の平癒祈願報道の特徴を端的に示している。ちょうどこの年の二月には政府の呼びかけにより教派神道・仏教・キリスト教の代表者が集まっていわゆる「三教会同」が行われたばかりであったから、この写真の組み合わせはそれを念頭に置いたものであったのかもしれない。

このように、他の諸地域とは異なり、東京では神社が平癒祈願の中心となることはなかった。これは、第四章第一

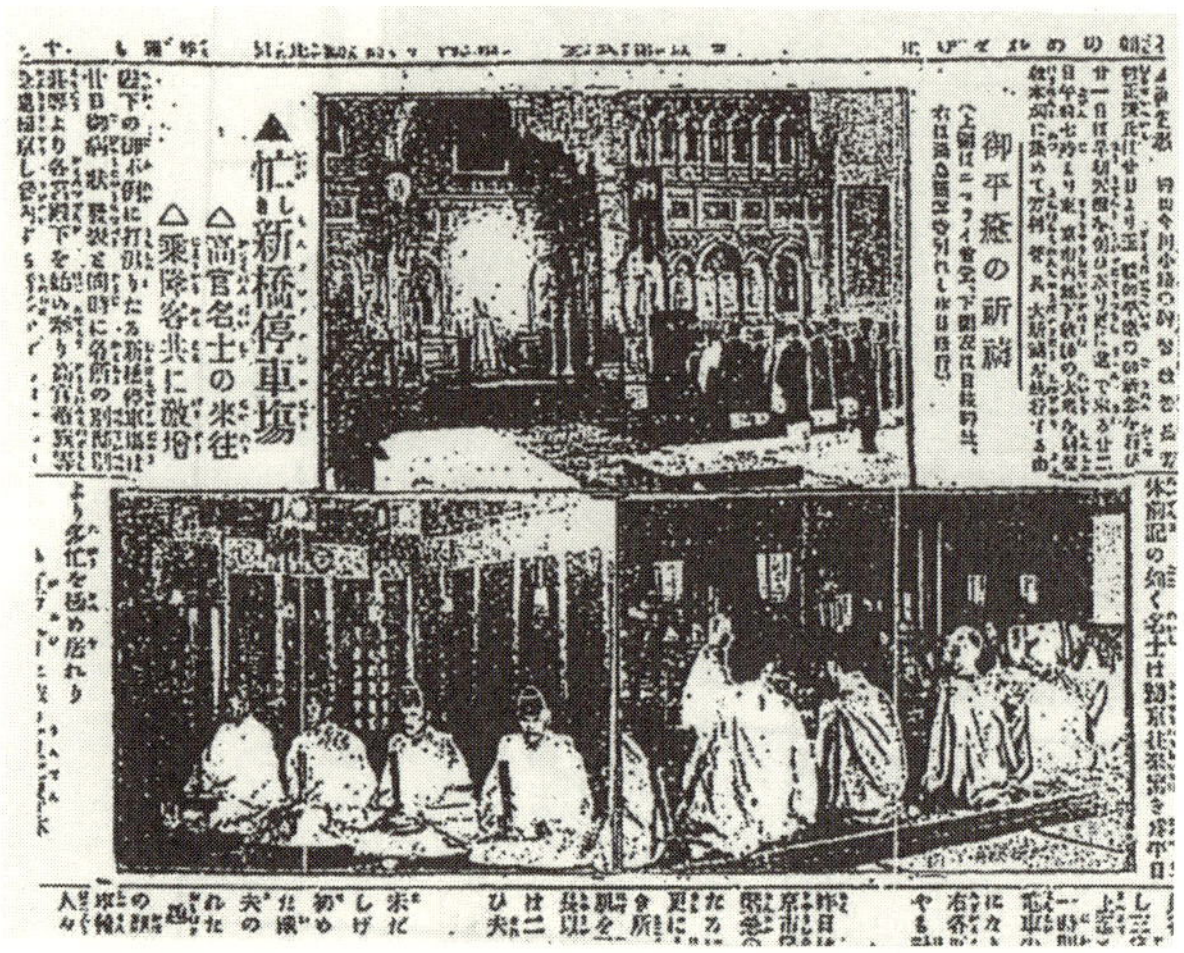
御平癒の祈禱
忙しい新橋停車場
△高官名士の来往
△乗降客共に激増

図 3-1　『読売』明治 45 年 7 月 22 日「御平癒の祈禱」
注）　写真上：ニコライ会堂，同下左：日枝神社，同下右：湯島霊雲寺.

節であらためて述べるように、東京には後に誕生する明治神宮のような特別な求心力を有する国家的神社が存在しなかったためである。実際、ちょうどこの七月に東京市長に就任したばかりの阪谷芳郎が市民を代表して平癒祈願を行った神社さえ一つに定まっていなかった[10]。

(2)　二重橋前の浮上

東京で神社の代わりに平癒祈願の中心地として浮上したのが二重橋前広場である。ただし、この場所で平癒祈願の大群衆が発生するということは当初まったくといっていいほど予想されていなかったらしい。それは、翌月になって「期せずして二重橋前の集会を生ずるに至つた」と指摘されているばかりではなく[11]、新聞各紙の平癒祈願報道をみても二重橋前が登場するのは発表翌日の二一日ではなく一日おいた二二日であることからもわかる[12]。報道関係者たちは、天皇平癒の祈願といえば神・仏・基の各施設で行われるものと想定し、よもや二重橋前が中心地になろうとはまったく予想していなかったようである。

二重橋前での平癒祈願を報じる記事は、二二日に初めて掲載され、翌二三日には小学生三人が祈願する写真一葉が掲載された（図3-2）。しかし、二四日は記事も写真もなく、まだ突出した中心地とはなっていない。二五日には二重橋前での平癒祈願を報じる記事が再び登場し、「二十四日午後宮城前二重橋畔には聖上御悩の御平癒を祈らんとて来るもの陸続として引きも断らず(13)」と報じている。この日以降二重橋前の模様が毎日報じられるようになるが、後に比べれば記事の調子はまだ冷静なものであり、小学生の平癒祈願について「小国民の優しき心根に記者思はず涙を催せり(14)」と記しているのが多少目立つ程度である。

ところが、二七日になると二重橋前を報じる記事は「遥拝者皆泣く」「誰か至情に動かされざらんや(15)」といった熱を帯びたものへとにわかにエスカレイトし始め、翌二八日には「行け！行け！二重橋の辺に！」とセンセイショナルに呼びかけるに至る。

図 3-2　『東朝』明治 45 年 7 月 23 日（小学生の平癒祈願）

苟も日本に生れて都近う住めらん限りの者は何事をさし措いても請ふ、行け！〔中略〕幼きがさゝ《ママ》やかなる手を合せて只管に拝める、身なり賤しきが地の上に土下坐とやらんして鼻打すゝ《ママ》りたる、親子兄弟一家を上げて来れるが声を呑みて只柏手をのみ打合せたる、幾百列を正して小学児童の歩み寄れるが師なる人の命に従ひて儼《おごそ》かに首《かうべ》を下げたる、凡そ祈りまつる様こそ様々なれ、わが大君の御わづらひ片時も早く癒えて御命の幾千代かけて長かれとねぎまゐらする真心の面に出でざるはなし。〔中略〕行け！行け！二重橋の辺に！〔中略〕初はたゞ語り草とのみ心得て人々のなすらん様を見んとて行け。己亦其人人と同じ心になりて帰らんは必然なり。斯く思ひて斯く行きて斯く同じ心になりて帰り来し記者何がし謹みて白す(16)。

おそらくこの段階で、エスカレイトした報道に刺激された読者が二重橋前につめかけ、それを報じる報道がさらにエスカレイトするという一種のスパイラルの状態に入ったと思われる。市内各所の祈願を報じる記事はその後も継続するが、二七日以降は二重橋前の記事が多くなり、写真・イラストに至ってはほとんどが二重橋前のものになる。いよいよ二重橋前が実態とイメージの両面において平癒祈願の中心地として突出してきたのである。

(3)　エスカレイションの原因——土下座と祈禱

なぜこれほどのエスカレイションが生じたのであろうか。まず考えられるのは、いったんは「御病状安静」（七月二四日見出し）と報じられた病状が、翌二五日に一転して「御病勢御不良」（見出し）と報じられたことによる祈願者の急増である。一つの場に一度に大勢の人々が集まるということが、居合わせた人々に強烈なインパクトを与え、感情的なエスカレイションを引き起こすという作用は決して軽視できないものである。しかしながら、記事をよく見てみると、エスカレイションの原因はそれだけではなかったことがわかる。

二五日までの報道で中心的にとりあげられたのは小学生であった。また、同日までに掲載された二つの写真のうち、一つはやはり小学生を写したもの（前述）、もう一方は軍艦乗組員を写したもの（図3-3）で、いずれも立礼であった。学校や軍隊において公定的な忠君愛国思想を注入された小学生や軍人が整然と立礼して天皇の平癒を祈願する光景はいかにも〝模範的〟であり、ことさらに人々を驚かせるほどのものではなかったと思われる。

ところが、二六日以降の紙面ではこれとはかなり異なったタイプの祈願者がクロウズアップされるようになる。その先駆けとなったのが『東朝』に掲載された「二重橋下の臣民」と題された写真（図3-4）である。キャプションには「同日〔二五日〕午前十時三十分二重橋前に跪きたる一老婦人なり」とある。老婦人が、立礼ではなく、夏の暑い最中にもかかわらず下駄を脱いで地面に土下座して、一心不乱に平癒を祈っている。この印象的な構図に二段抜きというサイズの大きさもあいまって、読者に相当大きなインパクトを与えたことは間違いない。(17) しかも、この写真は複数の新聞社に配信されたとみられ、同じ二六日にこれとまったく同一の写真が『時事新報』『万朝報』にも掲載されている。写真は載せない代わりにこの老婦人の様子を詳細に報じた新聞もある。(18) 同日の『国民新聞』に「親子三名」が二重橋前に土下座する写真が掲載されていることもあわせると、この二六日以降、土下座という行為がにわかに注目を集めるようになったことがわかる。

図 3-3　『東朝』明治 45 年 7 月 25 日（軍艦津軽乗組員の平癒祈願）

図 3-4　『東朝』明治 45 年 7 月 26 日「二重橋下の臣民」

同じ平癒祈願でも、土下座は小学生や軍人の立礼よりもはるかに強いインパクトを人々に与えた。読者だけではなく新聞記者たち自身も衝撃をうけていた。ある新聞記者は翌月に平癒祈願についてふりかえった文章のなかで次のように記している。

> 最も自分の感情を刺激したのは、六十有余の或る老婆が風采《みなり》は洗晒しの浴衣の着流しで賤しかつたが、蝙蝠傘も足駄も傍《かた》へにかいなぐり捨て、二重橋前の砂利の上にペツたりと坐つて、専心一意、祈禱の誠を捧げて居るのであつた。自分は先づ暗然として魂を銷《け》した。地に伏して祈るといふ事は言葉には聞

くが、眼の当り之れを見るのは初めてゞあつた[19]。

この平癒祈願の光景は、後に田辺至によって「不豫」と題された画として描かれ聖徳記念絵画館に掲げられることになるが、「当時〔の〕写真ヤ記事ヲ参考トシ多少ノ想像モ入レ[20]」ながら作成されたこの画には、この土下座する老婦人の姿がほとんどそっくりそのまま描きこまれている[21]。

そして、土下座と同じく二六日から大々的に報じられるようになったのが、多種多様な祈禱者たちである。すなわち、平常であれば各霊場で個別に行われるはずの宗教的あるいは土俗的な祈禱行為が、一挙に二重橋前広場に集合して繰り広げられることになったのである。メディアがこの前代未聞の奇観を報道しない手はない。二七日の紙面は「砂利の上に跪き或は数名数十名、神道何々、仏教何々と記せる提灯の下に集まりて大般若経を誦するあり、心経を唱ふるあり、或は天に向ひて黙禱し地に俯して祈願するあり[22]」と報じ、翌二八日の紙面はさらに詳細を伝える。「唯今大吉であるとの黙示《おつげ》がありました、最うお良しくおなり遊ばします」と大真面目に語る「那智の不動様信者」、「手巾《ハンカチーフ》を取出して涙を拭きながら、次第に『アーメン』〔の声〕が高くなる」救世軍の士官、山籠りをして滝に打たれたうえで汽車で上京してきたという「道了権現の行者」等々[23]。数千人もの大群衆がいっせいに祈願をするだけでも壮観であるのにくわえて、土下座や多種多様な祈禱の姿がこの非日常的な雰囲気を極限化する作用をもたらしたことは想像に難くない。もちろんそこには興味本位の野次馬的見物人もやってきたのだが、「最初は唯この群集を見んとして来りたる者も遂には荘厳なる夜景に打たれ熱烈なる群集の真面目に同化して、行く人一語なく帰る者一咳なき森厳なる光景を呈するに至」ったと報じられている[24]。多少の誇張は割り引いたとしても、見物人さえ巻き込んでしまうほどの集団心理の連鎖反応が現出したことがうかがえる。『東朝』の記者自身もこれを身を以て体感したということは、先に引用した「行け！行け！二重橋の辺に！」と呼びかける記事の末尾の部分が示している。

かくして、平癒祈願開始当初はとくに注目されていなかった二重橋前広場は、前代未聞の「大群集！[25]」が出現してにわかに突出した存在となっていった。しかも、寺社に参詣して祈願する群衆とは異なり、このときの「大群集」のなかには知識人すら混じっていた[26]。

（4）「集会言論の自由」

この二重橋前平癒祈願について、宗教学者の姉崎正治は天皇死去後に興味深い指摘をしている。曰く、「我国従来の社会」では「人民に祈る熱誠があつても只個々別々に祈る丈けで国民全体としての感情を表すことは之を為し得ざる事情」があったのだが、「現今は集会言論の自由がある」ために「期せずして二重橋前の集会を生ずるに至」り、「祈の方法が斯の如く団体的になつた為その熱情も一層高まつた」[27]。つまり、平常であれば個別に行われるはずの宗教的・民俗的な祈禱行為が、「集会言論の自由」という国民の権利の行使によって二重橋前に結集することになり、その結果エスカレイションが生じたという見方である。

ここで想起されるのは、日露戦争時における政府の祝捷提灯行列に対する抑制方針に対して、「市民の自由を拘束するもの」とジャーナリズムが批判したという櫻井良樹の指摘である[28]。提灯行列の際に見出された「自由」は、姉崎が指摘した「集会言論の自由」と重なるものと考えてよいだろう[29]。また、櫻井は日露戦時に度々行われた東京市民の提灯行列や旗行列の多くが「居住地↓皇居↓日比谷公園」というルートをとったことを指摘しているが[30]、東京市民がこの行動パターンに習熟していたことも二重橋前での群衆発生の背景の一つとして考えられる。換言すれば、東京市民による日露戦時の提灯行列の経験が二重橋前における祈願群衆の自然発生の重要な前提となったと考えられるのである。実際、後述するようにこの両者の関連は天皇死去直後にも指摘されている。

ただし、たとえ「集会言論の自由」があったとしても、多種多様な人々が自発的に集まって思い思いに祈願することができる場でなければ、右のような祈願の大群衆は生じえない。「集会言論の自由」はあくまでも必要条件であると言えよう。神社はこのような場としての役割を果たすのに必ずしも適格ではなかった。キリスト教徒や真宗信徒のように神社が含む「宗教」的要素に違和感をもつ人、啓蒙的な立場から宗教的なものを敬遠する知識人、あるいは、「帝国」の拡大（多民族化）に不適合なものとして神社神道に対して否定的な考え方をもつ知識人（第四章）等々。神社はこのような人々を遠ざけてしまう。多種多様な宗教的・民俗的祈願を神社で自由に行うわけにもいかない。これに対して、二重橋前広場はありていに言えば「何もない空間」[31]であったがゆえに、右のような人々も含めて誰もが思い思いの形で祈願することができた。そこでは国民心情の最大公約数ともいえる天皇への尊崇心のみが参加資格となり、その資格さえ満たせば「アーメン」すら叫ぶことができたのである。

これまでの天皇の代替りをめぐる先行研究では、全国で大々的に行われた平癒祈願について、神社での平癒祈願を中心とする「上から」の動員の側面が強調されてきた[32]。だが、こと東京においては、「集会言論の自由」を行使するという国民の自発性と、神社ではなく二重橋前広場という物理的にも雰囲気的にも開放性の高い場が結びついたことによって、身分・信条・民俗・宗教などを問わず多種多様な人々が自発的に一つの場所に集まって思い思いに天皇の平癒を祈願する未曾有の「大群集」が出現したのである。

同じことを国家神道研究と関連づけて言い換えれば以下のようになろう。これまでの国家神道研究は、神社神道によって天皇崇敬が「上から」強化される側面を強調する傾向にあったが、明治期には、神社神道を媒介としない天皇崇敬だからこそ多種多様な信仰・信条をもつ国民のあいだに一体感をもたらす場合があったのである。

(5) 「感情美」の発見

ところで、二重橋前で繰り広げられた土俗的とさえいえる多種多様な祈禱行為は、従来は非文明的な迷信行為として知識人からしばしば非難あるいは嘲笑されていたものであり、実際、翌月には姉崎正治によって「中には随分奇妙な遣り方も交つて居て、之を極端に言はゞ百鬼夜行と言はれても致方のない様な状態もあった[33]」などと評されている。しかし、行為自体の適否はともかくとして、このときの民衆による祈禱行為が、自己の現世利益などではなく天皇の平癒を願う気持ちによるものであるということは、誰にも否定しえなかった。そこでこの祈願の「大群集」を目の当たりにした知識人たちが異口同音に唱え始めたのが、行為そのものは賞賛しないものの、その行為の背後に天皇を思う「感情美」を見出すという評価である。この類の言説は平癒祈願報道のエスカレイションとともに新聞各紙で数多く現れたが、すでに引用した二八日の「行け！行け！二重橋の辺に！」と呼びかける記事のなかの「わが大君の御わづらひ片時も早く癒えて御命の幾千代かけて長かれとねぎまゐらする真心」というくだりもその一例である。「真心」だけではなく「至誠／至情／熱情／熱誠／赤心／赤誠／感情美」などと表現は実に様々であるが、意味するところは大同小異であろう。

知識人たちは単なる平癒祈願にショックを受けたわけではなかった。小学生や軍人たちの整然とした平癒祈願は、称賛するものではあっても驚愕するほどのものではなかった。「貧しき老人」「賤しき稼業の者[34]」、あるいは一見すると異様にすら見える祈禱者たちといった、〝模範的〟な国民像からはおよそ程遠い民衆が、二重橋前にいっせいに群集し、彼らなりの形でかえって熱烈に天皇の平癒を祈願するという光景を目の当たりにしたとき、知識人たちはそこに理屈では説明できない「感情美」があると感じとり、従来は異界の者たちの如く見なしていた下層民衆と自身とのあいだにそれまで経験したことがなかった精神的一体感を感じて感激したのである[35]。それゆえ、報道がエスカレイトしていくなかで、「貧しき老人、若き奥様さては賤しき稼業の者まで姿、形こそ皆とり〴〵なれ、上を想ふ赤誠は皆同じうして[36]」といったように、「形は様々／心は一つ」ということを強調する言説が繰り返されるようになった。

このような「感情美」の発見による感激は、ことさらセンセイショナルに書き立てた新聞記事だからというわけではなく、この群衆を実見した知識人たちに広く共有された認識であったと思われる。たとえば、このとき二重橋前の群衆に混じって平癒を祈願した上田貞次郎（当時、東京高等商業学校教授）の日記にもまったく同種の感慨が見出せる。上田は学校からの指示で二五日に参内して「天機伺」を行ったが、それだけでは気がすまず、翌日の夜に二重橋前に赴いて平癒祈願を行った。このときのことを記した日記を見てみよう。

二十六日　夜、二重橋外に集る群集に混りて御平癒を祈る。群集中には地上に座して頭を下ぐるもの、直立して呪文を誦するもの、火を掌中に点ずるものなどありて、余等の眼には稍異様の感あるも、兎に角敬虔熱烈の態を失はず。陛下に対する人民の感情美に打れざる能はず。(37)

この日記からも、土下座や迷信的祈禱といった見た目の「異様」さとのギャップによって「感情美」はかえって強烈に感じとられたことがわかる。

「感情美」による一体感は、精神的なレベルだけにとどまらなかった。当初は地面に土下座までして祈願をするのは老人や祈禱者たちだけであったのだが、その熱誠ぶりにつりこまれて、ついには上中流の人々のなかからも土下座して祈願する者が出てきたのである。平癒祈願最後となった二九日夜には「行者、小学生、女学生、法印、山伏、紳士」(38)たちが入り乱れていっせいに「跪坐」して祈願するという有様となった。当時一八歳の中学四年生であった御手洗辰雄は、二重橋前で「砂利の上に土下座して」平癒祈願をする群衆を目の当たりにして「生意気盛りの私の頭も、祈る心におのずと引きつけられて、土下座の仲間となってしまいました。それは、不思議な引力です」と後になって回想している。(39)おそらくは、このようなかつて経験したことのない「形」を体験することによって、感情が「形」を生み出すのではなく、「形」が感情を生み出す場合があるということを初めて体感した者もいたのではあるまいか。(40)

「四民平等」の名目とは裏腹に当時の日本社会が今日とは比べものにならないほどの階層社会であったことや、同じ東京のなかでも「山の手」と「下町」という生活空間の棲み分けが存在していたことを考えれば、一時的とはいえそのような分節が解消して「均質な国民」が目に見える形で現出したこの光景がいかにインパクトの強いものであったかが想像できよう。

だが、「感情美」発見のセンセイションの要因はそれだけではない。何の動員も強制もともなわずに自然発生的に出現した「大群集」が天皇の平癒を一心不乱に祈るという光景が、国家の将来に関心をもつ当時のエリートたちの目にどのように映ったのかを理解するためには、日露戦後というこの時期がどのような時代状況にあったのかをふまえておかなければならない。ここでは有泉貞夫による説明を参照しておこう。

〝家〟や〝村〟の観念で繋ぎとめられなくなった民衆は、軍部の期待する勇猛な兵士になるどころか、なんらかの衝撃によって地滑りをおこし明治国家を顚覆に導くのではないか？　権力者たちはその兆しを一九〇五年九月の日露講和条約を不満とする日比谷焼打事件以後繰り返された都市民衆騒擾に見た。〔中略〕民衆がある政治的煽動によって雪崩を起すものに変っていることの発見は権力者にとって衝撃であり、それが社会主義・無政府主義思想により明治国家否定へ方向づけられた場合の想定はかれらに恐怖をかきたてた。(41)

民衆が何かのきっかけで「雪崩を起す」ことに対する恐怖心は、当時の支配層の脳裏にいやというほど刻みつけられていた。しかも、このわずか二年前にはあの大逆事件（幸徳事件）が社会を震撼させたばかりで、上からの制御がきかなくなった民衆が「ある政治的煽動」によって「明治国家を顚覆に導く」方向へと「雪崩を起す」ことがいよいよ深刻に憂慮されるようになっていた。

ところが、そのような時期に、二重橋前に自然発生した「大群集」が、誰に指示されたわけでも統率を受けたわけでもなく、形の上ではバラバラでありながらも、一心不乱に天皇の平癒を祈るというまったく予期せぬ光景が出現した。それこそまるで「雪崩」を起こしたように。つまり、「雪崩」は、必ずしも「明治国家を顚覆に導く」方向だけに向かうとは限らないということが、このうえなく明瞭にディスプレイされたのである。ただでさえ天皇の病状が先行き不透明という緊迫した状況ゆえ、日比谷焼打事件や大逆事件などという（当時の一般的価値観では）不吉なことを公然と口にする者はいなかったであろうが、知識人たちの「感情美」に対するセンセイションの背景に右のような日露戦後の政治思想状況があったことは間違いないであろう。おそらく、一方では明治天皇の病状に不安を感じながらも、また一方ではこの光景を目の当たりにして〝日本はまだまだ大丈夫だ〟と胸をなでおろした者も少なからずいたのではあるまいか。

ただし（というより、だからこそと言うべきであろうか）、この「感情美」で結ばれた精神共同体が、ある場合にはきわめて暴力的な様相を垣間見せるものであったことを見逃してはならない。

或る紳士は夜半宮城前で「お祈りを二重橋前でするのは間違つてる、雪隠ででも出来るぢやないか」と言つたので、言下に袋叩きにされ巡査の保護で翌日の午に漸く無事に帰宅した。又某実業雑誌社の写真班の人は崩御の前々夜に群集の写真を撮らんとしてマグネシヤを燃したので群民の激昂を買ひ、写真器械は叩き壊され自分も袋叩きにされて這々の体で帰つた。(42)

「感情美」による一体感を感じた人々は、この「感情美」を共有できる範囲内でさえあれば「形」の多様性にきわめて寛容であった。というより、むしろその「形」の多様性こそが感激をエスカレイトさせていた。ところが、この「感情美」を理解できない、あるいはこれに水を差すと見なした者に対しては、有無を言わさず即座に激しい制裁が与えられる。二重橋前平癒祈願で見出された「感情美」は、このような外部に対する抑圧性と、内部における寛容性という二面性を内包したものであった。

天皇は二九日夜（公式発表では三〇日未明）に「崩御」して、平癒祈願は終わりをつげた。いったんは二重橋前で一つの群衆となって祈願した「行者、小学生、女学生、法印、山伏、紳士」たちは、再びそれぞれの生活空間へと散っていく。いかにインパクトの強い光景であったとしても、これだけであれば一過性の出来事で終わったであろう。ところが、このとき顕現した「感情美」は、姉崎正治が心配したように「一時的の発作(43)」に終わることはなかった。ほどなくして「先帝」を祀る神社を創建することをめぐって論争が起こると、そこで再び「感情美」が浮上してくるのである。ただし、「形は様々／心は一つ」ということに感動して語られたはずの「感情美」の中身は、この議論のなかで大きく変質していくことになる。

二　明治神宮創建論争――「感情美」の変質

(1)　明治神宮をめぐる言論状況と「思ひつぎ〳〵」欄

本項では、『東朝』の「思ひつぎ〳〵」欄における明治神宮創建論争を検討するための前提として、『東朝』以外の諸新聞における言論状況と、そのなかで『東朝』に登場した「思ひつぎ〳〵」欄の特徴について確認しておく(44)。

明治天皇は七月二九日夜に死去したが、その直後から東京の政財界人たちは天皇陵を東京に設けることを目標とする運動を始めた。しかし、八月一日に天皇陵が京都に内定していることが公表されると、その代わりとして神宮創建を目指すようになる。ほとんどの新聞もこれに同調し、「国民一般に於ても異存あるまじき事ならん(45)」といった発言が繰り返されるなどして、短期間のうちに明治神宮創建を求める熱狂的な世論が形成された。例外的に、『読売』には「千百年に亘る計画考慮なく唯一時的熱情に駆れたるが如き結果と為るの虞ある計画には反対なり」という「某宮内大官」による反対論が掲載されたが(46)、これに対しては「人心の帰嚮は明治神宮を奉建する事に殆ど一致し統一されて居る。統一されたる思想感情は小理窟以上のものである。之を破壊せんとするは国民の思想感情の敵である(47)」などと激越なバッシングが加えられた。総じて推進論と反対論が議論するという状況とは程遠いものであった。また、『東朝』以外の新聞各紙では、記者論説や識者談話が主導権をにぎっており、一般の読者からの投書は、まったくとりあげられないか、とりあげられるとしても補助的役割しか果たさないという状況で、読者による賛否双方の投書を呼び込んで議論を活性化させようという姿勢は、神宮創建に慎重論を唱えた『時事新報』も含めて、見られなかった。

　そのようななかでユニークな試みがなされたのが、楚人冠杉村廣太郎によって『東朝』紙上に設けられた「思ひつぎ〳〵」という名の臨時投書欄である。(48) ここでは、議論の出発点となった楚人冠の論説は（文面上は）神宮創建に賛成するものであったにもかかわらず、反対論を主張する読者からの投書が掲載されたことがきっかけとなって次々と反対論が噴出し、これに反応した推進派とのあいだで議論が繰り広げられた。しかも、匿名投書を可とし、反対論と推進論の投書をバランスよく掲載するという工夫によって、反対論者にも新聞社にも推進派からの圧迫が加えられることなく議論を継続することが可能となった。つまり、他の諸新聞では明治神宮創建の是非をめぐる議論そのものが封殺されたなかで、この投書欄だけは反対論と推進論の「議論」が実現したのである。

　なお、先に進む前に、ここで有名な石橋湛山の明治神宮反対論について触れておく。その最も早いものは八月一五日付の『東洋経済新報』に掲載された「何ぞ世界人心の奥底に明治神宮を建てざる」で、『東洋時論』九月号にも「思慮なき国民」「愚なるかな神宮建設の議」と題したほぼ同様の趣旨の反対論を寄せている。全集だけでなく岩波文庫にも収められていることもあって今日広く知られているが、(49) 実は発表当時ほとんど一般に知られていなかったと考えられる。というのも、前述の「某宮内大官」や後述の澤柳政太郎の反対論に対しては複数の新聞・雑誌で反響が確認できるが、湛山の反対論はその痛烈な内容にもかかわらず同時期の反響がまったく見られないのである。推進派が黙殺したというのならばともかく、「思ひつぎ〳〵」欄に寄せられた数多くの反対論投書すらまったく言及しておらず、新聞以外でもたとえば神社界の雑誌でとりあげられたのは湛山ではなく澤柳の反対論である。(50) 要するに、識者の実名による反対論として同時期に広く認知されたのは澤柳のものが唯一であり、湛山のそれはほとんど認知されなかったのである。おそらくは発表媒体である『東洋経済新報』『東洋時論』の発行部数の少なさが原因であろう。(51) また、後述するように、すでに八日の時点で『東朝』の「思ひつぎ〳〵」欄には激越な神宮反対の投書が登場していたのだが、湛山は神宮に反対する意見は「某宮内〔大〕官」以外見当たらないと述べている。[52] どういうわけか、湛山は神宮創建をめぐって反対論と推進論の議論が唯一実現した「思ひつぎ〳〵」欄を見落としてしまったらしい。

結局、湛山と「思ひつぎ〳〵」欄に投書した神宮反対派の人々は、貴重な共鳴者になりうるお互いの存在を認知することができなかったのである。

(2) 明治神宮創建を前提とした議論

本題である「思ひつぎ〳〵」欄における議論の検討に入りたい。

この「思ひつぎ〳〵」欄が投書欄化するきっかけとなったのが、「なつかしき「明治」の御名　十一月三日の嘉節保存論」と題された八月一日掲載の文章である。[53] 末尾に「草莽の微臣某」という署名があるので一見すると投書のようにも見えるが、実は楚人冠による文章である。[54] それまで天長節であった一一月三日という「嘉節」を今後も「保存」すべきという内容であったが、その末尾に記された「広く志を同うする者を求む」との呼びかけに読者が反応したことによって同欄が投書欄として機能し始める。ただし、この提案に対する投書は賛成一色で、議論は生じなかった。このことも示すように、「先帝」を追悼・記念することについてはすでに幅広い合意があった。しかしながら、それを神社と結びつけるという話になると、深刻な亀裂が浮かび上がることになる。ただし、その亀裂はすぐに表面化したわけではない。

同欄で明治神宮が初めてとりあげられるのは四日である。無署名であるが、これもまた楚人冠によるものである。[55] ただし、明治神宮に特化して論じたものではなく、「先帝」の記念方法として、一一月三日の保存、「明治紀元節」、明治神宮、銅像、「大帝」の尊号という五つを列挙したうえで、「此の五つ皆採り用ひて可ならざる所以を見ず」と記す。これに反応して翌五日から七日までのあいだに明治神宮に言及した投書が計五通掲載された。うち四通はいずれも神宮創建を前提とした意見、残りの一通は七日に掲載された「永田町民」の投書で、明治神宮も「御銅像」も東京という「一地方の問題」にすぎず、全国レベルで実施する一一月三日の祭日化が最優先であると言う。間接的に神宮創建に異を唱えていると読めなくもないが、明確に神宮そのものを否定しているわけでもない。

一方、同欄の外に目を転じれば、六日の紙面には、「先帝記念事業」は「相当の経費を要す」るので慎重に検討することを求める社説（「先帝記念事業」）、明治神宮と記念物を別物として考えよと主張する黒板勝美の論説（「明治神宮と明治博物館」）が掲載されているが、いずれも神宮反対論ではない。要するに、七日までは明治神宮の創建を当然のこととしたうえでの議論がなされており、反対論はまだ表面化していない。

(3) 反対論の登場

ところが、八日に登場した「牛込一愛読女」なる投書者によって状況が一変する。「黒板博士や日々の投書によりて色々な意見を知りますにつけ、私も言ねばやまぬ心に動かされました」と言う彼女（？）は、以下のような強烈な神宮反対論を述べる。

神社にはゾツと致します。記者様、私は何処までも神社論には反対致します。もし同志の方々がいらつしやるならば色々の方面から論じてお助け頂きたいと存じます。何故ならば反対の正しい理由はそれは沢山ございますのですから。遠い慮りの鋭くあらせられし、先帝陛下の御為にとならば、私共も遠い将来のことを思ひ、千年後にも継続して千年後の子孫一人残らずに今日我等が陛下に対していただき奉ると同様の感を持ち得るに足るべきものでなければなりません。それにはどうしても宗教といふもの、少くとも日本のしかもほんの一部に行はれてゐる神徒教にまかせる事は出来ません。日本人（大和民族の意で）でさへ今日神官のよむノツト《ママ》がわかる者が幾人ありませう。まして此後領土はまし人種のいろいろなのが日本臣民となつた未来に大日本開国の祖は昔（未来より見て）の人間の手で造つた小さな宮で神官が祭文をよむ時でなければ我等の感謝を受けられぬとなつたら随分だと思ひます。私は御銅像を安置し奉る記念一大図書館をえらびませう。

前日まで神宮創建を前提とした議論ばかりであったことを考えれば、「神社にはゾツと致します」とまで言いきるこの投書がいかにインパクトの強いものであったかは想像に難くない。また、「もし同志の方々がいらつしやるならば色々の方面から論じてお助け頂きたいと存じます」という一節は、口調こそ女性的でソフトなものではあるものの、実質的には沈黙している神宮反対論者たちに発言を促す一種の檄文である。実際、この呼びかけは功を奏し、反対論投書が堰を切ったように立て続けに掲載され始めた（表3-1）。いくつかの筆名が示すように、投書は東京だけではなく広範囲な地域から寄せられたようである。(56)

他方、一般記事欄でも、九日に澤柳政太郎（東北帝国大学総長）の談話「神宮建設には再考の余地あり」が掲載された。これは新聞紙上で実名によって発表された反対論としてほぼ唯一のものである。(57) わずかとはいえ名のある識者によってこのような意見が表明されたことは、当然のことながら反対派を大いに奮い立たせた。ある反対派投書は「頗る吾が意を得たもの」と澤柳にエールを送っている（一八日、「Y氏」投書）。

歯に衣着せぬ「牛込一愛読女」の投書と澤柳という名のある識者の談話に反応して、それまで沈黙していた神宮反対論が「思ひつぎ〳〵」欄において一気に噴出することになった。ただし、神宮創建に反対論を唱える者たちも、「先帝」を記念するということ自体に反対しているわけではなく、それを神社と結びつけることに異論を唱えたことに注意したい。「皇室＝神社」という結びつきはまだ必ずしも十分に自明のものではなかったのである。それでは、反対論の論拠はどのようなものであったか。これについてはすでに山口輝臣が明晰に論じているところではあるが、(58) 本章でも確認しておきたい。

最も目立つのは、神社が帯びる「宗教」性による限定性を問題視する立場である。周知の通り神社は宗教ではない

表 3-1　「思ひつぎつぎ」欄における明治神宮創建論争関係投書一覧（筆名と見出し）

日付	反対論	推進論	「議長役」的よびかけ
8 月			
8 日	牛込一愛読女（無題）		
12 日	一基督者（無題） 尾島真治「和歌学校設立の議」		
13 日			（編集担当より）「投書注意」
15 日	筒井捨次郎「神宮建設と守旧党」		
16 日	北海道某氏「先帝の御心にも適はじ」		
17 日		守旧氏「神宮建設と反対論者」 自主氏「基督教徒だ」	
18 日	Y 氏「神宮奉建反対」	純日本人氏「異教徒の腰抜論」	
19 日	尾島真治「一種の迷信」 小佐野理太郎「寒心すべき雷同者」		
20 日	本郷の一民氏「神宮建設論は曲学阿世の論也」		
21 日	敬神老人「神宮建設には反対」	非学者氏「神宮反対の反対」	筒井氏「大に議論せよ」
23 日		旭門君「神宮建設必要」	（編集担当より）「寄書の注意」
26 日	柳原吉次「神宮建設論を排す」		
28 日	牛門壮士「奉悼の真意を知れ」（一般記事欄）	純日本人君「特殊の国体」 小笠原繁夫「智者よりも愚者」	
29 日		非学者君「日本の習慣である」	
30 日		排牛居士「牛門壮士に告ぐ」	
31 日	柳原吉次「心強い一新例」	東洋生「牛門壮士に一言す」（一般記事欄）	
9 月			
1 日	雨間潜夫君「快哉々々」		柳原吉次「礼拝といふ言」

出所）『東朝』大正元年 8～9 月「思ひつぎつぎ」欄．
注 1）長文のため一般記事欄に掲載された「牛門壮士」（28 日）と「東洋生」（31 日）の両投書も含めている．
注 2）神宮創建について賛否を表明した投書，およびこの両派の議論に対して「議長役」的に呼びかけをした投書のみを列挙している．したがって，神宮創建を前提としたうえで創建地など具体案についてのみ論じた投書はこのなかに含めていない．

というのが政府の公式見解であったが、そのような公式見解が国民の実感として広く定着していたわけではない。実際、先に引用した「牛込一愛読女」の投書を見ると、何の留保もなくあっさりと神社神道を「宗教」と見なしたうえで、それは「日本のしかもほんの一部に行はれてゐる」限定的なものにすぎず、しかもその限定性は今後の帝国拡大と不適合とならざるをえないことを指摘している。他方、文部次官を務めたこともある澤柳政太郎はさすがにこれほどストレイトに「神社＝宗教」と見なすことはせず、「純然たる崇敬追慕の為めの神社としても一面に宗教的意味が混つて来る」と慎重な表現を用いたうえで、「異教者からどう思ふであらう」と国民のなかで違和感を感じる者が生じる可能性を示唆した。国民すべてに通用するわけではないという神社の限定性を問題視しているという点では「牛込一愛読女」と共通している。

当然のことながら、このような観点からの反対論はとくにキリスト者から熱心に主張された。一二日に掲載された二通の反対論投書（「一基督者」、尾島真治）はいずれもキリスト者によるものであったが、両者とも右と同じ立場のものであった。きわめて興味深いことに、このうち尾島真治[59]は神宮反対の根拠の一つとして「皇室将来の御信仰の自由の為め」と記している。時代が進んでいくにつれて皇室と神社神道との関係が絶対的なものではなくなり、皇族のなかから神社神道以外の「信仰」をもつ者が現れる可能性を想定しているのである。ごくわずかとはいえこのような主張が生じる余地があったということからも、この時点では「皇室＝神社神道」という結びつきが後の時代ほど絶対化されてはいなかったことがわかる[60]。

神社の「宗教」性を問題視する姿勢には、進歩史観的な発想も含まれていた。たとえば澤柳は神社に対する対案として「進歩発達する性質のもの」すなわち「一大美術館」を提案しているが、裏を返せば神社は「進歩発達する性質のもの」ではないわけである。このように神社（が帯びる「宗教」性）を旧物視して神宮創建に反対する主張は神宮反対論の多くに共通して見られるもので、それゆえ反対派のなかには推進派を「守旧党」（一五日、筒井捨次郎）などとあからさまに揶揄する者もいた。
以上みたように、「牛込一愛読女」以降噴出した神宮反対論は、神社が帯びる「宗教」性を現在あるいは未来の「国民」すべてに必ずしも通用するわけではないという限定性としてとらえるという立場からなされたものであった。

(4) 推進派の反応——「感情美」の浮上

これに対する推進派からの反応が「思ひつぎ〳〵」欄に登場するのは一七日である。先陣を切ったのは「守旧氏」であったが、筆名からして推進派を「守旧党」呼ばわりした筒井に対する対抗意識が明白なこの投書は、「我が国民中に〔明治神宮創建に対する〕反対論者の出づる在るは実に寒心に不堪」と述べ、続けて隣に掲載された「自主氏」に至っては「神社建設に何をがなケチを付けて中止せしめようとする奴共は基督教徒だ。何かにつけて彼等は日本固有の習俗を破壊し去らんとするは憎むべき奴だ。外国人の目に如何思はれるかと許り考へるのは奴隷根性だ」と怒髪天を衝かんばかりである。てっきり「何人も誠心誠意賛成し奉る処なるべし」（六日、関根博）と考えていた人々にとって、痛烈な反対論が出現し、しかもそれに同調する投書が相次いだことは、まさに青天の霹靂とも言うべき衝撃であり、不快感をあらわにしたのである。

ところで、反対派が問題視した神社の「宗教」性は、神社は「宗教」か「国家の宗祀＝非宗教」か、という従来からくすぶり続けてきた問題がいよいよ顕在化したものといえる。実際、「思ひつぎ〳〵」欄の外に目を転じれば、澤柳に対する神社界からの反論はこの従来型の切り口であった(61)。同欄でも、反論の先陣を切った「守旧氏」は、「神社は国家の宗祀」であるから国民には崇敬義務がある、と従来通りの模範解答的な主張である。仮にこの類の主張が推進派の主軸となったのであれば、論争は従来と変わらない構図になったであろう。

ところが、「思ひつぎ〳〵」欄での論争はこれとはまったく別の対立軸で進んでいくことになる。「北海道某氏」

（一六日）の神宮反対論への反論として一八日に掲載された「純日本人氏」は次のように記す。

> 明治神宮を造りては宗教的色彩を帯ぶ、異教徒に対して不都合なりと云ふ北海道民の不心得を余は日本臣民として感ず。神宮に対するは国民の至情感情美なり。感情美の窮極、宗教美と一致するかも不知。そは第二の問題なり。異教徒云々は腰抜議論也。

国民の「感情美」が何よりも重要なのであり、それに付随して「宗教」関係の問題が生じてもかまわないというこの主張は、同じ神宮創建賛成論でも前述の「守旧氏」とは相当に異質なものである。「感情美」の絶対化は、政府や神社界が堅持してきた神社非宗教論を軽々と吹き飛ばしてしまう。

思いもかけぬ反対論の噴出へのリアクションとして、推進派は従来の神社非宗教論とは別次元の「感情美」を持ち出して対抗し始めた。そして、これ以降推進派はこの「感情美」を主軸として主張していくことになる。

(5)「本郷の一民氏」の投書――「感情美＝反知性」対「理性＝知性」

推進派からの反論が掲載されて以降、両派からの投書が活発化していく。一九日には、尾島真治が再登場して「神社建設に反対する人々を目して、売国奴視するは如何であらう。（中略）基督信者は、既に日本に於る自主独立の者であり《ママ》と知らないのか」と一七日の「自主氏」に対して反論した。その隣に掲載された同じく反対論の投書（小佐野理太郎。注(59)参照）は、「一時的発作的宗教心よりも、恒久の信念を養へ」とたしなめたうえで「仏教の真宗の人々、基督教の新教の人々は、比較的理性に叶つた表敬記念を行つてゐるやうだ」と主張した。ここで「理性」という言葉が登場していることに注意したい。すでにみたように当初の反対論は主として神社の「宗教」性を問題としたものであり、「理性」はキーワードとなっていなかった。つまり、推進派が「感情美」を持ち出してきたことに対抗して、今度は反対派が「理性」を持ち出し、「感情美」対「理性」という対立軸が機能し始めたのである。

さらに、翌二〇日に登場した「本郷の一民氏」によってこの対立軸に補強がなされることになる。この投書は次のように述べる。「中等以上の文明教育を受けたる真面目なる青年」は、神宮建設論が「至誠」によるものではない「愚案」「劣策」であると「喝破」している。ましてや「真心篤学有識の学者賢者にして神宮建設を愚なりとせるもの多々であらう」。しかし、下手にそのことを表明すると「益なき攻撃痛罵を受けて禍を蒙る」とわかっているのでみだりに口にしないのである、と。つまり、推進派の「感情美」を否定するにとどまらず、「知性」のある人々は反対していると主張することによって、裏返しに推進論が「知性」に欠けたものであることを示唆したのである。実際、この「本郷の一民氏」なる者は、推進派のことを「狭隘なる愚婦」「曲学阿世偽善偽忠の徒」「没常識不見識の輩」などとこれでもかというほどに罵倒し、あからさまに挑発的である。これを読んだ推進派が憤慨しないはずがない。

翌二一日、早速反論の投書が掲載された。「非学者氏」という筆名と「扨々学者抔は迂闊な議論を吐く者也」という書き出しの言葉から、前日の「本郷の一民氏」に対抗して「反知性」を押し出していることは一目瞭然である。神宮創建は「皇上に対する感情美」にもとづくものであり、これ以外の「分別臭き事」などはすべて「第二の問題」であると片付けるのは、先の「純日本人氏」とまったく同じである。しかも、この「感情美」を「銅像や図書館位の非情的建物」で満足させることができると思うような者は「冷血的」であるとまで言う。「感情美」がわからない者はもはや人間ではないと言わんばかりである。

二六日掲載の柳原吉次（注(56)参照）の投書は、反対派による一連の投書を高く評価するとともに、「学者」を「迂闊」として非難した「非学者氏」に対して、「俗人の迂闊は笑ふ可き事」であるが「学者のは現代を十歩も百歩も進みこしたと云ふ事に起因する名誉ある迂闊」であるとして「知性」を擁護する。そして、「私とても此度の事を全く感情から放れて考へ得ない。然し全く感情に一任する事を深く恥とする」と、「感情」を絶対化することを強く批判する。推進派は至高の価値として「感情美」を持ち出したのだが、反対派の柳原の投書ではさりげなく「美」が切り落とされて「感情」という「理性＝知性」を信奉する人々からみればきわめて低次元なものにしか思えない言葉に置き換えられてしまい、両派の議論はまったく噛み合わなくなってしまっている。

すかさずその二日後の二八日、「純日本人君」が再登場した。その批判対象は前回の投書（二八日）では「異教徒」であったが、今度はそれが「学者や異教徒」に拡張されている。その隣の小笠原繁夫の投書は「世人は多くは無智であります、されど其無智なるが為めに心は案外真直であり、才智に煩はされぬ清浄な心を保つて居ます。私は偏狭な智者に神宮建設の可否を聞くよりかも、愚昧な農夫にその可否を聞く必要があると思ひます」と、さらに踏み込んで「知性」をもたないことをむしろ積極的に評価している。

かくして、推進派と反対派の論争は、「神社＝宗教」対「神社＝国家の宗祀＝非宗教」という従来の構図とはまったく異なり、まず「感情美」対「理性」という対立軸が生じ、さらにこれに「反知性」対「知性」が重なることによって、「感情美＝反知性」対「理性＝知性」の対立という様相を見せるに至った。

ここで注意しておきたいのは、このときは「感情美＝反知性」の方が優位に立ちやすい雰囲気が醸成されていたということである。本章前半でみたように、この直前に繰り広げられた平癒祈願では、明らかに「理性＝知性」からは程遠い民衆がかえって熱烈に天皇の平癒を祈願し、その「感情美」が多くの人々を感動させたばかりであった。そして、これと表裏一体となったのが、民衆の敬虔さとエリート層の不謹慎さを対比させて後者を非難する言説である。もちろん不謹慎な民衆も敬虔なエリートもいたはずなのであるが、ふだん劣位／優位にある人々の奇特／不謹慎な振る舞いがそのギャップゆえにメディアで大きくとりあげられることになる。とくに問題となったのが天皇死去後に身につけることとされた「喪章」で、「車夫や小僧や紙屑拾ひまでチヤンと喪章を着けて居るのに立派な服装をしながら之を着けないで酒蛙《しあ》々々《〳〵》と歩いてゐる奴を見ると打殴《ぶん》つてやりたくなる（熱血漢）[62]」といった意見が同時期の新聞各紙の随所に見られる。これを民衆のルサンチマンとのみ片付けることはできない。阪谷芳郎東京市長が「紳士貴婦人らしく装つてゐる人が反つて喪章を附けて居ないとは実に言語道断だ」(63)と語ったように、規範にしたがわない一部のエリートたちを統治者が民衆と共鳴して挟撃するという、のちの昭和戦時期に極限化する傾向がこのとき先駆的に現れていたのである。神宮推進派の「感情美＝反知性」を拠り所とする立場は、このような同時期の社会的雰囲気からも力を得ていた。

(6)「牛門壮士」の投書――「感情美」と二重橋前平癒祈願の結合

沸騰する議論はついに「思ひつぎ〱」の欄をも飛び出すに至る。二八日、「牛門壮士」なる者による「奉悼の真意を知れ」と題された異例の長文投書が一般記事欄に掲載された。この投書は、日本人の「神」という観念が不明瞭であると指摘したうえで、前月の平癒祈願について「不可解なのは祈禱の場所を二重橋前に選んだ心理如何である」と疑問を呈する。さらに続けて、「前から断つて置くが心にもない不忠不臣呼ばはり丈は止して呉れ。子《ね》。此問題は真面目に熟考すべき問題ではありませんか」と誹謗中傷への予防線を張ったうえで、天皇が神というのであれば、その神であるはずの天皇に向かって同じ天皇の平癒を祈ったのは矛盾であり、ましてや天皇を神として祀る神宮の建設は「テンで問題にならぬ」とにべもなく全否定する。そして、最後に言う。「頼むから頭の血を下げて後代の子孫に笑はれん様にやつて呉れ」。ここで、この論争のなかで初めて二重橋前平癒祈願に言及したのが、推進派ではなくこの「牛門壮士」であったことに注意しておきたい。

翌二九日、「非学者君」が再登場して「牛門壮士と云ふ男もチト口が過ぎる云ひ分だと思ふ」と苦言を呈した。まず、天皇を神とするのは「日本の習慣」であるとして正当化する。そして、「提灯行列以来臣民と皇室と直接になつた為めに二重橋へ押掛けたのも美はしい感情上さもあるべきことである。〔中略〕汝等の如き屁理窟を云ふべきでない」と二重橋前平癒祈願を「感情美」のあらわれとして擁護し、これに疑問を呈した「牛門壮士」の主張を「屁理窟」と切り捨てた(64)。

続いて三一日には「牛門壮士に一言す　東洋生（寄書）」と題された推進派の長文の投書が一般記事欄に掲載された。この投書は「牛門壮士」に対して「予輩は、決して貴下を不忠不臣呼ばゝりはせぬ。貴下も、たしかに真面目な議論家で、民心啓発の聖業と信じて健筆を労せられたのであることは、感謝の至りである」と、意見が異なる相手の人格を十分に尊重する姿勢を示しており異彩を放っている。実は、編集側と一部の投稿者によって冷静に議論を尽くすようにと呼びかけがなされ、この投書にみられるように、その呼びかけは一定の冷却効果をもたらしたのである(65)。併当然、「牛門壮士」への反論の仕方も問答無用の「屁理窟」呼ばわりではなく、「御説は、いかにも御尤もである。併し理窟と人情とは別である。感情の奴隷となることは、避くべきであるが、世の中の万事を、冷かなる理性一遍で律し去らうとするは、大なる誤りである」と、「理性」の立場にいちおうの理解を示しながらもそれのみに拠ることは適切ではないとする。これは先に述べた柳原の「私とても此度の事を全く感情から放れて考へ得ない。然し全く感情に一任する事を深く恥とする」という立場をちょうど裏返しにしたものである(66)。そして、「祈禱の場所を二重橋前に選んだ心理」について、「陛下御大患の由を承はつて、参内して御見舞申しあげる事のかなはぬ一般臣民が、せめては二重橋のもとまでもと集つて来て、やがてこゝで祈禱の形式を取たので、何もそのやうに不可解だ、何ぞといふにも当るまい」と擁護した。

「東洋生」は澤柳にも反論しているが、「氏は嘗て学校生徒をして神社に参拝せしむる訓令を発した小松原文部大臣の時の文部次官ではなかつたか。〔中略〕宗教的意味の混つて居ると信じた神社に、学校生徒を参拝せしむる奨励をせられた澤柳氏の心事が、今に至つて、何共解せぬのである」と、神社の「宗教」性を問題視する澤柳の主張が、実は彼自身が文部官僚であったころの施策と矛盾していることを衝いており、水掛け論になりがちな「神社＝宗教／非宗教」という切り口による神社界からの反論（本章注(61)）よりもはるかに鋭い批判となっている。

以上みたように、二重橋前平癒祈願で見出された「感情美」は、姉崎正治が心配したように「一時的の発作」として立ち消えになることはなく、明治神宮創建の可否をめぐる議論のなかで再生することになった。ただし、「感情美」は最初から推進派の主張の核となっていたわけではなく、思いがけぬ反対派の出現へのリアクションとして推進派が持ち出したものであった。そして、注目すべきは、二重橋前平癒祈願を議論のなかに最初に持ち込んだのは推進派ではなく反対派の「牛門壮士」であったということである。この投書欄で明治神宮が話題となり始めた四日からこの投書まで実に二〇日以上も投書が掲載され続けていたにもかかわらず、このあいだ、二重橋前平癒祈願への言及は推進派からも反対派からも皆無であった。ところが、「牛門壮士」が二重橋前平癒祈願の心理を「不可解」とつついたことに推進派が敏感に反応してこれを「感情美」で擁護したために、神宮創建を目指す「感情美」は二重橋前平癒祈願のときに見出された「感情美」と重ね合わせられることになった。

皮肉なことに、明治神宮創建のルーツを二重橋前平癒祈願の「感情美」と結びつける語り方は、神宮創建に賛成する人々と反対する人々の意図せざる共同作業による産物だったのである。

(7) 失われた可能性

大多数の新聞で瞬く間に熱狂的な神宮創建論が巻き起こるなかで、「思ひつぎ〳〵」欄は、反対派にとってせめて言論上だけでも推進派に一矢報いることができる貴重な機会であったはずである。しかし、反対派がこの投書欄において推進派に有効な反論をなしえたのかといえば、そうではなかった。以下、一連の議論が「感情美＝反知性」対「理性＝知性」という対立軸で進行したことが孕んでいた問題を考えてみたい。

反対派がいかに論じてみても推進派は「感情美」をたてに切り返し、しかも反対派はそれを「感情」という否定的価値に置き換えて反論するというすれ違いが生じているのであるから、一見すると両派が折り合うことはおよそ不可能であったかの如く思われる。ところが、実は反対派の一連の投書のなかには、推進派に対する有効打となりうる主張がいくつも提示されていた。以下、日付順に列挙してみたい。

(ア)「先帝」は「東京市京都市と云ふが如き一地方市民の其霊威を私し奉り得べき者にあらずして実に全帝国民の崇拝し奉るべきもの」であるがゆえに、東京を前提として議論を進めることを批判するもの（二四日、磯部検三）。神宮そのものへの反対論ではないが、現実に一大勢力を形成しつつあった東京に明治神宮を創建しようとする運動に対しては批判として機能しえたと思われる。

(イ)　御陵と神宮の二途に分つのではなく「日本国民全体の遥拝し奉る処」は御陵に一本化したうえで、「先帝を御敬慕申し上ぐる真精神を以て現宮城を明治天皇の神宮と心得、今上天皇は明治天皇と共に一体にましますと心得」よと主張するもの（二〇日、「本郷の一民氏」）。

(ウ)「「感泣々々」など空々しい真似をする者の多い〔の〕には呆れざるを得ない。ソノ位ならなぜ御在位四十五年の長き間に、も少し奉公の至誠を表はし奉らなかつたか」という批判（二八日、「牛門壮士」）。

あれほど熱心に反対派を非難した推進派も、右の三つの主張に対してはまったく反論していない。実は、これらすべてに共通しているのは、推進派が絶対視する「感情美」のレベルでも説得力をもっていたということである。すなわち、(ア)→東京以外の「帝国民」の「感情美」をないがしろにするべきではない、(イ)→神宮を創建したいという「感情美」を「現宮城」にいる「今上天皇」に向けよ、(ウ)→「感情美」は「先帝」の崩御後ではなく在位中にこそ発露させるべきではなかったのか、と読み替えることが可能なのである。おそらくはこのように「感情美」レベルでも納得せざるをえない内容だったために、推進派は「感情美」で切り返すことをしなかった（あるいはできなかった）と考えられる。

とりわけ強力な有効打となりえたと思われるのが「本郷の一民氏」による(イ)の主張である。ほとんどの論者が「先帝」のことばかりを念頭において「今上天皇」(大正天皇)を看過するなかで[67]、「今上天皇」と「現宮城」が存在する東京にわざわざ明治神宮を創建することの妥当性を問いただす主張である。これについては山口輝臣も「あたかも大正天皇では不満なのかと問いかける」ようなものであり、「明治神宮の創建に対するもっとも鋭い内在的な批判であったかもしれない」と評価している[68]。その通りであろう。したがって、もし仮に「本郷の一民氏」と他の反対論者たちが結束してこの主張を前面に出して論陣を張れば、少なくともこの議論の場においては、推進派が反論に窮する可能性も十分にあった。

しかし、「本郷の一民氏」の投書には致命的な落とし穴があった。せっかく右のような可能性を秘めていながら、すでにみたように、「知性」の高みに立って推進派のことを「曲学阿世偽善偽忠の徒」などと散々高圧的かつ挑発的にこき下ろしたために、内容以前のレベルで推進派の激しい感情的反発を誘発してしまったのである。別の反対論者が「一民氏の曲学阿世論也との断言真に痛快也」(二六日、柳原吉次)といささか安易に喝采を送ったことも火に油を注いだ。さらに致命的なことには、推進派が「本郷の一民氏」に対して感情的に反発したのみならず、反対派もまたそれに対する再反論に関心を集中させたために、(イ)の論点を展開する反対派投書はついに現れずに終わってしまった。つまり「本郷の一民氏」の投書は、議論進行過程における影響力という点では「理性＝知性」対「感情美＝反知性」という対立構図をさらに固定化させる役割を果たしたにすぎず、せっかく含まれていた「もっとも鋭い内在的な批判」は完全に埋没してしまったのである。藪をつついて蛇を出すというのはこのことであろう。いかに鋭い批判を提示しても、それがその後の議論の中心軸として機能するように誘導できなければ実質的な影響力は無に等しくなってしまうということを、「本郷の一民氏」もそれに喝采を送る反対論者も自覚できていなかった。

もし仮に、反対派の人々が「先帝を思う「感情美」はもっともである。しかし、東京という限定された一地方の人々が他の地方の人々の「感情美」を考慮せずに、しかも今上天皇を置き去りにして、神宮創建という形で「感情美」をあらわすのはいかがなものか」などと論陣を張れば、議論の行方は相当に異なるものとなっていたのではないだろうか。「理性＝知性」の高みから「感情美＝反知性」の者たちを高圧的に非難するのではなく、推進派が絶対に譲ることができない「感情美」を逆手にとって彼らが反論できないところへと追い詰めていけば、実勢レベルでの挽回は無理としても、少なくともこの議論の場においては推進派を牽制することも不可能ではなかった。しかも、反対派は自覚していなかったが、それに必要な道具自体は議論のなかで見事に出揃っていたのである。しかし、推進派が「感情美」の優位を譲らなかったように、反対派もまた「理性＝知性」の優位にこだわり続けた。かくして、神宮反対論が封殺された他のメディア上はもちろんのこと、そのような言論圧迫をうけずに対等に議論できるように設定された場においてすら、反対派が推進派を説得できる可能性は失われてしまったのである。

筆者のこのような説明に対して、後世からの後付けであり、当時の状況では反対派がそのような説得手段を考えることは困難だったのではないか、という疑問が呈されるかもしれない。そこで、同時期に『太陽』に掲載された大隈重信の談話をみておきたい(69)。末尾には「八月十五日筆記」とあるが、これはちょうど「思ひつぎ〳〵」欄で神宮反対論が噴出し始めたばかりのころである。大隈は、神宮創建を求める声の高まりについて「熱烈なる感情の自然的に高調せられたるに外ならぬ」としながらも、現時点では「先帝の崩御」から間もない時期であり自身も国民も熟慮するまでに至らないので「政治家、学者、宗教家其他各方面から十分に研究する必要がある」と言う。そのうえで、あくまでも「日本の国家国民の進歩発展」という「先帝の聖意」にもとづいて記念の趣向を凝らしたいと言う。識者による検討の必要性と「進歩発展」の優位性を強調することによって、性急な神宮創建推進に対する慎重論をそれとなく唱えていると読める。ただし、推進派の「感情美」自体には理解を示しているので、とりあえず推進派を激昂させるほどの内容でもない。

注目すべきは、そのすぐ後の内容である。大隈はここで二重橋前平癒祈願に言及するのであるが、その述べるところは神宮推進派とは大きく異なる。曰く、二重橋前平癒祈願では、天皇に対する「忠愛心」が「忠君愛国を口にして居る少数者の私有物ではなくして、日本国民に共通した精神」であることが示された。よってこの際、「己れ一人忠義顔する」ような「自称忠君愛国者の猛省を促がす」、と。「忠愛心」とは、「感情美」の大隈なりの表現とみてよいだろう。大隈は、二重橋前平癒祈願において見出された「感情美」は「自称忠君愛国者」の専有物ではなく、あくまでも日本国民全体のものであると釘をさしたのだが、この発言が、前述した神宮創建に関する慎重論ともとれる言葉の直後にあるというのが意味深長である。もしかすると、大隈は神宮推進派が天皇への「感情美」を我が物顔で振りかざすことを見越したうえで、「感情美」の専有を牽制する意図もこめていたのではあるまいか。

大隈の真意をそこまで深読みすることは控えるとしても、ここで確認しておきたいのは、神宮創建を求める「感情美」に対して高圧的に非難せずに一定の理解を示したうえで、天皇に対する「感情美」はあくまでも国民全体が共有するものであるとして神宮創建推進派がこれを専有することを牽制するという大隈のような論法もいちおうは可能であったということである。

実のところ、「思ひつぎ〳〵」欄のなかでたった一つだけ、これと通じる内容の投書があった。三度にわたって登場した柳原吉次の最後の投書である（九月一日）。

保守主義の人は人間の感情が在来の形式で発表されねば感情其物の存在をも否定する。弓矢は武器ぢやが鉄砲は武器で御座らぬと仰つしやる。彼等は愛国忠君の念が新しい形式で発表されるのを見て寒心する。之を圧迫する。妨害する。是果して真の愛国の士真の忠君の士のとるべき態度であらうか。

これは、推進派が「感情美」の「発表」の形式を「在来の形式」（神社）で画一化することを批判し、神社に限定されない多様な「感情美」のあり方の可能性を示唆するものであり、「感情美＝反知性」対「理性＝知性」という対立軸を相対化しうる重要な指摘であったと言えよう。しかしながら、この投書が議論に活かされることはなかった。理由は不明ながら、「思ひつぎ〳〵」欄は、この四日後に幕を閉じてしまったのである。(70)

おわりに

見逃してはならないのは、この一連の過程を経て、二重橋前平癒祈願で見出された「感情美」が大きく変質したということである。第一節で述べたように、二重橋前平癒祈願で見出された「感情美」とは、身分・身なりあるいは宗教・民俗など表面上は様々でありながらも天皇を思う心は一つという多様性を前提としたうえでの精神的一体感であった（形は様々／心は一つ）。もちろん、そこでは神社が絶対必要条件とはなっていなかった。天皇を尊崇している者でありさえすれば「アーメン」を唱える者でも共有できる「感情美」なのであった。

ところが、「思ひつぎ〳〵」欄において繰り広げられた明治神宮創建をめぐる論争において、推進派が「感情美」を押し出したのに対して反対派がもっぱら「理性＝知性」で対抗したために、結果として天皇を思う「感情美」は推進派の専有物となってしまった。反対派は自分たちにも「先帝」を思う「感情美」はあると主張することは思いもよらず、まことにスムーズに「感情美」の共同体から排除され、「冷血」などと人格否定すらされるようになる。しかも、反対派は「理性＝知性」の絶対的優位（あるいは時代が「進歩」して絶対的優位になる可能性）を信じて疑わないために、この排除に抵抗するでもなく、それどころか、おそらくは自分たちがこの「感情美」の共同体から排除されたということに危機感すら感じていなかった。現代とは比べものにならないほど「進歩」が素朴に信じられていた時代だけに、おそらく彼らは、いずれは自分たちの時代が来るはずと固く信じていたのではあるまいか。

かくして、推進派と反対派の意図せざる共同作業によって、神社に違和感をもつ人々はまことにスムーズに「感情美」の共同体から排除されるとともに、天皇に対する「感情美」は神社と独占的に結びつくものへと変化していった。平癒祈願時に「形は様々／心は一つ」として見出されたはずの天皇に対する「感情美」は、独占的に神社と結びつけられた「形も心も一つ」という中身へと変質したのである。

ただし、変わらなかったものもある。それは、「感情美」を共有する枠内での「形」の多様性には寛容であるが、この枠をはみ出すと見なされる者に対しては激しい抑圧性を露わにするという性質である。前半でみたように、この性質はすでに平癒祈願のときにも見られた。ということは、「感情美」が独占的に神社と結びつけられてしまえば、やがてこの理屈抜きの抑圧性は、神社参拝に抵抗する人々に向けられていくことになるだろう。

一連の過程をふりかえって気づくのは、ここには政府や神社界といったような国家神道の主要な推進役と従来の研究で目されてきた勢力がまったくといっていいほど登場しないということである。「感情美」こそが至高価値であり、神社が「宗教」であってもかまわない、「感情美」をわからない者は「冷血的」である、などと言い切る立場が、全国から様々な人々が自発的に投稿した投書欄において公然と主張された。換言すれば、「上から」の動員が介在しない〝民主的〟な言論空間が、逆説的に、神社に違和感をもつ人々を理屈抜きで排除する国民感情の公然たる表出を可能にしたのである。このことは、政府の公式見解が一貫して神社非宗教論であったにもかかわらず、神社が「宗教」であろうがなかろうがとにかく神社に参拝するのは当然のことであるという感覚が社会的に広がり、参拝しない者が抑圧されるようになるというその後の歴史を考えると、決して無視することができない重大な問題であると思われる。言うまでもなく、この後に控えていたのはほかでもない「大正デモクラシー」の時代だった。その真っ只中の大正九(一九二〇)年に、明治神宮は鎮座祭をむかえることになる。

二重橋前平癒祈願の「感情美」を明治神宮創建と結びつける語り方は、その後も何度も反復されていく。しかも、

「〔鎮座祭当日の明治神宮の〕その厳粛にして一種悲壮なる大光景はたとへそれが悲痛と歓喜との正反対の発露であったとはいへ坐《そぞ》ろに当年〔明治四五年〕二重橋前に於ける御平癒祈願の時の有様を偲ばしめて、今更にこの明治神宮の御造営が、国民全体の至心至誠の結晶であるといふことを痛感いたした次第であります」[71]といったように、創建された明治神宮が二重橋前平癒祈願の記憶再生の場としての役割を果たすようにもなる。このような語りが反復されていくことによって、「アーメン」の叫び声さえ混じっていたはずの明治天皇平癒祈願における「感情美」の多様なあり方は忘却の彼方へと追いやられ、「皇室＝神社」という結びつきが絶対化されていく。もはや明治期のように「国家の中心は、勿論皇室である。併し皇室の後には、神社有ると云ふ事を忘れてはならぬ」[72]などとわざわざ強調する必要はなくなるのである。

反対派の予想を見事に裏切って、実際に誕生した明治神宮は時代が「進歩」して衰退するなどということはなかった。それどころか、内苑と外苑という卓抜な「発明」によって神社以外の様々な近代的記念物をも取り込み[73]、さらに全国からの献木や青年団奉仕によって「国民全部の力で御造営申上げた御社」[74]と見なされ、スポーツ競技大会、あるいは東京の都市化の進展と反比例して鬱蒼と茂っていく森などによって、「日本国民」の「真に心の底から頼り奉るべき一の精神的中心」[75]として絶大な求心力を発揮していく。

第四章の内容を先取りして言えば、前述の上田貞次郎も、明治神宮が創建されると、毎年のように家族を引き連れて明治神宮に初詣をしに行くようになった。上田はもともと神社に対して否定的な考えをもち、しかも生涯にわたって軍国主義や極端な国粋主義・日本主義を忌避し続けた典型的なリベラル知識人であった[76]。その上田でさえ、明治神宮には自発的に参拝するようになったのである。こうなると、あくまでも神社に違和感を感じ続ける人々は、いよいよ社会のなかで圧倒的少数派として孤立していかざるをえなくなるだろう。天皇を尊崇できない者はもちろんのことながら、天皇は尊崇するが神社には違和感があるという者さえも息がしづらくなっていくことになるだろう。

本章を締め括るにあたって、大正一五(一九二六)年一二月の大正天皇重態時の平癒祈願報道が一四年前のそれとは決定的に異なるものとなったことを確認しておきたい。まず、最初から最後まで圧倒的に大きい比重を占めているのは「二重橋前＋明治神宮」である。(77)一部で「神社仏閣」「神仏」という表現もみられ、(78)また、大正天皇の生母である柳原愛子が東京の白山にあった大乗寺で平癒祈願したのが報じられるなど、(79)寺院は一定の存在感を見せてはいるが、明治四五(一九一二)年と比較すると明らかに比重が低下している。そして、キリスト教徒はほとんど完全に紙面から消去されている。実際には彼らも平癒祈願を行っていたのであるが、(80)報道では不可視化されたのである。

否、正確に言えば、筆者が調べた範囲でもキリスト教徒の平癒祈願をとりあげた記事がないわけではない。ただし、その内容は次のようなものである。

(京城電報)　聖上陛下の御不例以来朝鮮神宮に団体祈願絶えぬが、京城公立商業学校でも去る十四日午後二時教諭生徒打揃ひ朝鮮神宮に参拝したが、なかに同校三年生坂井兵吉（一七）のみフランス教会天主教信者たる所から朝夕自分の信ずるキリストに祈願して居るといつて不参したので全生徒間の問題となり四、五年生徒は同校長関根久一郎氏に詰問して騒いで居る。(81)

天皇の平癒を祈願しないからではなく、それを神社参拝という形で行うことを拒否したために問題となっている。「形は様々／心は一つ」であった一四年前とは異なり、「形も心も一つ」が規範となったため、キリスト者なりのやり方で平癒祈願をすることは規範からの逸脱と見なされるのである。しかも、その逸脱を問題視して「騒い」だのは、学校当局ではなく、生徒たちなのであった。

(1)　山口輝臣『明治神宮の出現』(吉川弘文館、二〇〇五年)。

(2)　阪谷芳郎「明治神宮御造営ノ由来」(『明治神宮叢書』一七（資料編一）、国書刊行会、二〇〇六年）五一二―五一四頁。

(3) 前掲山口『明治神宮の出現』六九―七五頁。なお、佐藤一伯『明治聖徳論の研究』(国書刊行会、二〇一〇年)も「思ひつぎ〳〵」欄に言及しているが、ここでの神宮創建論争は「極めて低調なものであった」と評価するにとどまっている(二〇四頁)。

(4) 七月二一日「聖上陛下御重態」。

(5) 第四章第二節参照。

(6) 現在では『東朝』は朝日新聞記事データベース「聞蔵Ⅱビジュアル」(①)で手軽にオンライン検索できるようになったが、筆者が調査対象としたのは日本図書センターが刊行した復刻版(②)である。本章が対象とする時期の『東朝』は、①と②で紙面構成や使用されている写真などに多少の異同が見られる(有山輝雄氏の御教示による)。おそらくは印刷時間帯が異なる版(いわゆる「早版」「最終版」)によるものと思われる。

(7) 七月二一日「御平癒の祈禱」。

(8) 七月二二日「身を以て御悩に代らん　基督教徒の祈禱会」。

(9)『東日』七月二二日「ニコライ会堂に於ける　聖上御平癒の祈禱」、『読売』同日「御平癒の祈禱」。

(10) 阪谷は二二日に神田明神と日枝神社において平癒祈願を行っている(尚友倶楽部・櫻井良樹編『阪谷芳郎東京市長日記』芙蓉書房出版、二〇〇〇年、二八頁)。この両社はもともと江戸の惣鎮守、徳川家の産土神であったから、この平癒祈願は江戸の伝統の延長上で行われたものと捉えることもできよう。

(11) 八月一三日「二重橋外の祈禱に就きて　姉崎文学博士談」。

(12) これは、筆者が確認した新聞すべて(『東朝』『東日』『読売』『やまと新聞』『国民新聞』『都新聞』『時事新報』『万朝報』)に共通している。

(13) 七月二五日「民の真ごゝろ　昨日の二重橋畔」。

(14) 同右。

(15) 七月二七日「昨日の二重橋　集へる庶民の憂色」。

(16) 七月二八日「二重橋に行け　大なる精神的教育　末代迄の語りぐさ」。

(17)『東朝』では、土下座する老婦人の写真が注(6)で記した①と②(図3-4)で異なったものになっていることを有山輝雄氏から御教示いただいた。両者をよく見比べてみると、傘が置かれている位置が明らかに異なっている。一心不乱に土下座で平癒祈願をしている老婦人がわざわざ傘を置きなおしてあらためて土下座して祈願をするというのはいささか不自然であり、新聞社による一種の自作自演であった、あるいは、記者（撮影者）の要望に応えて老婦人が撮影に協力したという可能性もあるが、真相は不明である。

(18)『都新聞』七月二七日「是万民の憂ひ」。

(19) 松原至文「御不例より崩御までの二重橋」（『新公論』二七―九、大正元年九月）二六頁。

(20)「壁画謹製記録」（『明治神宮叢書』一八（資料編二）、国書刊行会、二〇〇三年）八九二頁。

(21) 正確に言えば、注(6)で記した①の構図で描かれている。ここで、皇居に向かって土下座するという構図の写真について、以下の二点を補足しておく。(1)大正期以降戦後に至るまで、天皇や国家の重大事が生じるたびに、同様の構図の写真（戦後のテレビ普及後は映像も加わる）が幾度となくメディアでとりあげられてきた。佐藤卓己は、昭和六三（一九八八）年九月に昭和天皇が吐血して重態となった直後に皇居前で土下座して平癒を祈る人物の写真が新聞に掲載されたことについて、同様の構図の写真が日米開戦およびその終戦の際の新聞にもみられると指摘しているが（佐藤卓己『輿論と世論』新潮選書、二〇〇八年、二八七頁）、そのルーツはさらにさかのぼって本章でとりあげた「二重橋下の臣民」にあったと言える。(2)『東朝』には「二重橋下の臣民」が掲載された三日後（二九日）にも老婦人を写した二段抜きの写真（見出しなし）が掲載されている。ただし、こちらは息子が老母の手を引いて歩くという構図で、キャプションには「焼くが如き日盛りを二重橋前に一紳士の七十五歳なる老母を労りつゝ、参拝し畏みて帰途に就く処」とある。「二重橋下の臣民」が老婦人の天皇に対する「忠」を表しているとすれば、この二九日の写真は、二人の天皇に対する「忠」と、息子の老母に対する「孝」という、「忠孝」のセットを表していると言える。実は、この「忠孝」タイプの報道もこの後一つのステレオタイプとなる。ただし、土下座ほどの視覚的インパクトはなかったためか、こちらは写真ではなく文章でとりあげられることが多い。たとえば、竹山昭子は昭和大礼（昭和三（一九二八）年）の新聞報道を検討した論考で、東京から京都への天皇の「御発輦」を「奉送申上げやう」と詰めかけた群衆のなかに「切下げ髪の上品な老婆が孫とも見える高島田の娘さんと一所に、あの冷たい歩道の上に、新聞紙を敷いて陣取つてゐた」と報じた記事、および、京都から東京への「御還幸」を待ち受ける群衆のなかに「天杯を頂いたこの老母に見せたい一心からです」と語る「白髪の老婆をすわらせた孝行紳士」を報じた記事を紹介している（竹山昭子『ラジオの時代』世界思想社、二〇〇二年、一三四―一三五頁）。

(22) 前掲七月二七日「昨日の二重橋　集へる庶民の憂色」。

(23) 七月二八日「二重橋前」。
(24) 七月三〇日「群集！　大群集！　月光夢の如き所　情景森厳を極む」。
(25) 同右。
(26) 後述する上田貞次郎のほか、たとえば関一の日記にも、平癒祈願最後の日となった二九日の条に「夕刻ヨリ俊雄、秀雄、静枝ヲ携ヘテ二重橋前ニ至ル。群集万ヲ以テ数フベク蓋シ前古未聞ノ珍事ト云フベク、国民熱誠ノ声ノ大ナル国体ノ特色カ」と記されている（関一研究会編『関一日記　大正・昭和初期の大阪市政』東京大学出版会、一九八六年、八頁）。
(27) 前掲八月一三日「二重橋外の祈禱に就きて　姉崎文学博士談」。
(28) 櫻井良樹「日露戦時における民衆運動の一端」（『日本歴史』四三六、一九八四年）七五―七六頁。この論文については若月剛史氏に御教示いただいた。
(29) ただし、祝捷提灯行列に対しては抑制方針をとった当局も、当然ながら平癒祈願については抑制しなかった。二重橋周辺で「言葉丁寧」に雑踏警備にあたった警官たちは「宜しきを得たるもの」と珍しく新聞に誉められている（七月三〇日「感激の涙あり」）。
(30) 前掲櫻井「日露戦時における民衆運動の一端」七二―七三頁。
(31) 原武史『皇居前広場』（光文社新書、二〇〇三年）二九頁。
(32) 中島三千男「明治天皇の大喪と帝国の形成」（網野善彦ほか編『岩波講座　天皇と王権を考える5　王権と儀礼』岩波書店、二〇〇二年）。
(33) 前掲八月一三日「二重橋外の祈禱に就きて　姉崎文学博士談」。
(34) 前掲七月二七日「昨日の二重橋　集へる庶民の憂色」。
(35) ここには、一見すると、当時庶民のあいだで空前のブームをむかえていた浪花節と類似する構造があるようにみえるかもしれない。兵藤裕己は、浪花節を通じて「社会公認の（公認せざるをえない）モラルが、社会から逸脱した部分によって典型的に担われてゆく」姿に感銘を受けた多くの人々のあいだで「ある均質で亀裂のない心性の共同体」が形成されたとする（兵藤裕己『〈声〉の国民国家』講談社学術文庫、二〇〇九年、二一〇頁、二二二頁）。天皇の平癒を「貧しき老人」「賤しき稼業の者」といった人々が熱心に祈るという構図は、たしかに浪花節とよく似ている。ただし、注意したいのは、この「心性の共同体」のなかに知識人が含まれていたか否かという点で、二重橋前平癒祈願と浪花節は決定的に異なるということである。すなわち、兵藤も指摘するように（同書二四頁）、当時の浪花節は、知識人によって下等・悪趣味として蔑視されることが多く、知識人をも含んだ形で国民全階層にわたる「心性の共同体」を形成したわけではない。これに対して二重橋前平癒祈願は、土下座や土俗的祈禱をする下層庶民と知識人とのあいだで「心性の共同体」が形成された（と知識人が感じた）ことが画期的であった。

(36) 前掲七月二七日「昨日の二重橋　集へる庶民の憂色」。

(37) 以上、『上田貞次郎日記　明治三八年―大正七年』（上田貞次郎日記刊行会、一九六四年）四二二頁。上田はさらにこの翌日にも家族を連れて二重橋へ赴いている。

(38) 七月三〇日「涙零る、二重橋　粛たり森厳の気」。

(39) 『明治神宮五十年誌』（明治神宮、一九七九年）九頁。

(40) 天皇平癒祈願ではないが、和辻哲郎は自身の体験をもとにしたある文章で、「ある男」が祖父の葬式で会葬者に「土下座」したことによって思わぬ精神作用を受け、「心情さえ謙虚になっていれば、形は必ずしも問うに及ばぬと考えていた彼は、ここで形の意味をしみじみと感じました」と記している（和辻哲郎「土下座」『和辻哲郎全集』一七、岩波書店、一九六三年、四〇三―四〇四頁）。この文章については池田勇太氏より御教示いただいた。

(41) 有泉貞夫「明治国家と民衆統合」（『岩波講座日本歴史17　近代4』岩波書店、一九七六年）二二五頁。

(42) 前掲松原「御不例より崩御までの二重橋」二六―二七頁。

(43) 七月三〇日「未曾有の宗教的発現　姉崎文学博士談」。

(44) これについてはここでは最小限の範囲で要約するにとどめる。詳細は以下を参照。拙稿「大正元年の『東京朝日新聞』「思ひつぎつぎ」欄――投書欄における少数意見表出と議論活性化」（『メディア史研究』三〇、二〇一一年）。

(45) 加藤弘之談話（『やまと新聞』八月五日「国民誠意の最良表現法」）。

(46) 『読売』八月八日「神社建設に反対」。なお、同紙は同日の社説「明治神宮の造営に就て」では神宮創建推進論を主張している。

(47) 『都新聞』八月一一日社説「明治神宮の事」。

(48) 最初の二日間は記者による文章のみで、八月二日から記者論説と読者の投書が併載されるようになり、この形が一七日まで続く。一八日からは記者論説が消えて投書のみとなり、結局これが最後（九月五日）まで継続することになった。

(49)『石橋湛山全集』一（東洋経済新報社、一九七一年）一一一―一一三頁、二三一―二三六頁、四八七―四九一頁、松尾尊兊編『石橋湛山評論集』（岩波文庫、一九八四年）二九―三二頁。

(50)注(61)の史料を参照。

(51)『東洋経済新報社百年史』（東洋経済新報社、一九九六年）五三頁、一五四頁。

(52)「何ぞ世界人心の奥底に明治神宮を建てざる」（前掲『石橋湛山全集』一）四八九頁。

(53)以下、本文から「思ひつぎ〳〵」欄の投書であるとわかるものの見出しについては「思ひつぎ〳〵」を省いて示す。また、日付のみを示したものはすべて八月のものである。

(54)『楚人冠全集』一四（日本評論社、昭和一三年）三〇九―三一一頁。

(55)同右、三一一―三一二頁。

(56)一六日には「北海道某氏」という筆名が見られる。また、二六日、三一日、九月一日と三度にわたって登場する「柳原吉次」は、当時東北帝国大学理科大学数学科選科に在学していた柳原吉次ではないかと思われる（松岡元久「柳原吉次先生の研究と柳原文庫の由来」、『山形大学　柳原文庫目録』山形大学附属図書館、一九八一年）。なお、明治神宮関連に限定せずにみれば、「下関勤王党」「九州憤慨老人」「栃木町人」「静岡小川生」のような筆名もあり、「思ひつぎ〳〵」欄が東京だけではなく全国から投稿される投書の場となったことがうかがえる。

(57)他の識者たちによる目立った形での反対論が表明されないなかで、澤柳があえてこのような意見を表明したのには、浄土真宗大谷派の清沢満之と深い親交を結び、清沢の死後も同派の人々と関わっていたことが背景の一つとしてあったのかもしれない（新田義之『澤柳政太郎』ミネルヴァ書房、二〇〇六年）。これに関連してさらに補足しておく。楚人冠は青年期に仏教清徒同志会（明治三二(一八九九)年結成、同三六(一九〇三)年に新仏教徒同志会と改称）の創立から幹部として深く関わり、その機関誌『新仏教』に盛んに寄稿したが、澤柳も同会が編集した書籍に寄稿するなどの関わりがあった。また、楚人冠とともに同会の幹部であった黄洋境野哲は、乃木希典殉死の直後に「其の情に於ては大に之に尊敬の意を表すると共に理に於ては遺憾ながら之を取らず」とする論説（九月一四日「乃木大将自殺に就て」）を『東朝』に掲載し、乃木殉死を賛美するセンセイションを牽制しようと試みている（同月に『東朝』の客員となっている）。社会全体が熱狂的に単一の意見や感覚に覆われる状況において、少数意見も紙面に表出させようとしたこの前後の時期の『東朝』の紙面運営には、右のような明治後期の新仏教運動を通じて楚人冠が培った人脈が活かされていた可能性がある。以上の補足にあたっては以下を参照した。

『東京朝日新聞編年史　巻二十四　明治四十五年・大正元年』（朝日新聞東京本社文書部編、一九五七年）一五〇―一五一頁、碧海寿広・高橋原編「『新仏教』関係人物データ集」（二〇〇八―二〇一一年度科研費報告書（代表、吉永進一）「近代日本における知識人宗教運動の言説空間――『新仏教』の思想史・文化史的研究」二〇一二年）、小林康達『楚人冠』（現代書館、二〇一二年）四〇頁。

(58)　前掲山口『明治神宮の出現』六九―七五頁。

(59)　尾島真治の略歴については、「尾島真治先生略年譜」（『三位一体論　尾島真治神学論文集第一集』尾島真治神学論文集刊行会、一九八〇年、一三〇―一三一頁）を参照。表3-1が示すように尾島は一九日に再び登場するが、実は、同じ日に掲載された「小佐野理太郎」もおそらく尾島の投書である。というのも、右の年譜によれば、尾島は慶応三（一八六七）年に幕府御家人尾島真公の長男として東京の牛込にて生まれ、別名を尾島理太郎といった。尾島家はその後山梨県南都留郡下吉田村に移るが、この地は真公の出身地で、実家は富士浅間神社の神官で小佐野氏を称していたという。尾島が複数の筆名を使ってまでして熱心に投書していたことがうかがえる。ひょっとすると激しい議論の発端となった「牛込一愛読女」も尾島による偽装投書だったのではないかとすら思えるが、これは憶測の域にとどまらざるをえない。

(60)　明治期に、皇室の信教の自由について考察がなされ、場合によっては将来皇室の信仰が仏教あるいはキリスト教になる可能性が想定されることすらあったことについては、山口輝臣「天皇家の宗教を考える」（『史淵』一四九、二〇一二年）二二二―二二三頁、二二七―二三〇頁を参照。

(61)　河野省三「明治神宮に就いて」（『全国神職会々報』一六七、大正元年九月）二二三―二二四頁。

(62)　『国民新聞』八月九日「ハガキ便り」。

(63)　『東日』八月三日「喪章を着けぬ不埒な帝都の民　阪谷市長慨然語る」。

(64)　この投書が、日露戦争時の提灯行列と二重橋前平癒祈願の関連が同時代的にも認識されていたことを示す史料であることを確認しておきたい（本章第一節(4)参照）。

(65)　前掲拙稿「大正元年の『東京朝日新聞』「思ひつぎつぎ」欄」九八―一〇一頁。

(66)　反対派は「感情美」から「美」を削ることによって、そして、推進派は「理性」に「冷かなる」という修飾をつけることによって、両派ともに対立相手が至高の価値とするキーワードをそれとなくネガティブなニュアンスに貶めている。

(67)　この傾向が、明治神宮創建論争に限ったことではなく、この時期のメディア全体に共通する特徴であったことについては、櫻井良樹が次のように指摘している。「〔明治から大正への〕代替わりにあたってジャーナリズムの世界では、明治の過去を振り返ることはあっても、新しい天皇像やその下で迎える時代について、天皇を絡めて論じることが余りなかった」（櫻井良樹「大正時代を考える――ナショナリズムの位置」『近代日本研究』二九、二〇一二年、三六頁）。

(68) 前掲山口『明治神宮の出現』七四―七五頁。

(69) 大隈重信「隈伯時感（其八）」（『太陽』大正元年九月号）五〇―五二頁。

(70) 間接的な背景としては東京朝日新聞社内の人事抗争が紛糾していたこと（この年一一月に渋川玄耳が退社）、より直接的な理由としては九月一三日から行われる大喪が迫っていたことが考えられる。

(71) 賀茂百樹『明治神宮と靖国神社』（大日本皇国会本部、大正一一年）一〇頁。

(72) 丸山正彦「神社は我が邦徳育の中心たらざる可からざる事」（『神社協会雑誌』一一―三、明治四五年三月）三頁。

(73) 前掲山口『明治神宮の出現』八〇―九五頁。

(74) 「懸賞　何処の鳥居？」（『旅』九―一、昭和七年一月、一七〇頁）。巻頭グラビアで示された三つの神社の鳥居がそれぞれどこの神社のものかを当てる懸賞クイズのヒント。

(75) 「明治神宮の御鎮座十年祭を迎へて」（無署名）（『神社協会雑誌』二九―一〇、昭和五年）九頁。

(76) たとえば、満州事変後の日記を見ると、「日本国民が自ら覚醒し、三千年の歴史を貫流する大精神、即ち三種の神器によつて象徴さるゝ光明仁愛勇断の大理想を四海に布くだけの血の躍動を感ずるやうにならねば満蒙問題の根本的解決は期待できない」「世界が干渉すれば世界を敵とせねばならぬ」云々と主張する荒木貞夫について「恐ろしく物騒な事をいふやつがあるものだと思つた」（昭和六年一〇月一七日）、「平生釖三郎氏と会ひ、満蒙進出論に反対を唱へて見ようかといふたら、それは危険だからやめろ、君の生命位で食止められぬといはれた」（同一一月九日）、「国民が軍国主義に引づられて行くのを見てゐるのが不愉快でたまらない。何時か機会を見て公然反軍国主義を唱へて見たいなど考へた」（昭和七年四月）といった記述が随所にある（『上田貞次郎日記　大正八年―昭和十五年』上田貞次郎日記刊行会、一九六三年、一六四―一六六頁、一七一頁）。

(77) 枚挙に遑がないが、両所の写真も掲載されている『東朝』大正一五年一二月一七日の一一面が典型的である。注(10)に続けて記すと、明治神宮が創建されたことによって、江戸の伝統を受け継いだ形での天皇平癒祈願は霧消したと言えようか。

(78) 『読売』大正一五年一二月一四日「全国から御守札　続々宮内省へ」、同一五日「聖上の御平癒をお祈り申しませう」。

(79)『東朝』大正一五年一二月二日夕刊「御悩安かれと祈る柳原二位局　きょう白山大乗寺の御平ゆ祈たう式」。なお、「神仏」という枠組みが、一般国民のみならず皇室においても強固なリアリティをもち続け、とくに皇族の重病や重態といった「心底祈らねばならぬような事態」にそのことが表面化しやすかったことについては、前掲山口「天皇家の宗教を考える」三〇―三七頁を参照。

(80) 土肥昭夫「天皇の代替わりとキリスト教」(土肥昭夫・戸村政博編『天皇の代替わりとわたしたち』日本基督教団出版局、一九八八年)一四六頁。

(81)『読売』大正一五年一二月二三日「祈願不参加で生徒騒ぐ　天主教徒の京城商業の生徒」。

第四章　知識人の参入——天皇の代替りと明治神宮の創建

はじめに

本章では、明治期に都市庶民の娯楽的参詣行事として形成された初詣がナショナリズムと接合していく過程を理解するために、明治から大正への天皇の代替りおよび明治神宮創建によって生じた知識人の初詣への参入という変化を検討する。

第一部で明らかにしたように、初詣は、大都市を中心とした鉄道網の展開によって郊外行楽が活性化するなかで近世以来の正月参詣が再編されて成立したものである。つまり、もともとは庶民中心の娯楽という性格が強いものであり、ナショナリズムや国家神道とは別次元のものであった。しかし、やがて知識人にも波及し始め、ナショナリズムと接合していく。その重要な契機となったのが、明治から大正への天皇の代替りである。

本章では、まず第一節において、明治期に成立した初詣がナショナリズムと別次元のものであったことを確認する。そのうえで第二節では、明治天皇が重態に陥ったときに全国で行われた平癒祈願およびその後の一連の代替り儀式を通じて「皇室＝神社」を結びつける認識が広く社会に浸透していくなかで、初詣が知識人にも波及し、ナショナリズムと接合していくことを明らかにしたい。

ただし、天皇の代替りによる影響を論じるにあたって、東京については節を独立させて論じることとする。なぜならば、もともと東京は求心力を有する国家的神社が存在しない都市であったので、ただ単に「皇室＝神社」という認識が広まるだけでは初詣というプラクティスレベルでの国民統合は生じえなかったはずだからである。このような状況を大きく変えることになったのが、大正九（一九二〇）年に創建された明治神宮である。第三節では、この明治神宮が、天皇を慕う国民の「感情美」を恒常的に再生する場となり、従来は初詣や恵方詣といった社寺参詣と疎遠であった知識人たちにも初詣が波及していく回路が生み出されたことを明らかにしたい(1)。

一　明治期の初詣とナショナリズムとの隔たり

まず、明治期に都市部で成立した初詣について、大正期以降との比較で知識人の不在、および明治期東京における求心力がある国家的神社の不在という二点を確認しておきたい。なお、この二点は初詣だけというよりも、明治期の社寺参詣全般にほぼ共通していた傾向である。

(1)　知識人の不在

第一点は、初詣が庶民主体の娯楽行事であり、知識人が参加することはきわめて稀であったという点である。たとえば明治二〇年代にいちはやく初詣が定着した川崎大師について、新聞記事ではその参詣の様子が次のように報じられている。

> 参詣人ハ重に職人商家に多く、官員風の人至て少かりし(2)。
>
> 上等社会の人ハ至て少なく、六七分は職人体にて、大師河原の堤を屠蘇の気嫌《ママ》に酔歩蹣跚《はんさん》向鉢巻き鼻唄の傍若無

人危き様なりし。(3)
其参詣人の多くハ職人、芸人、待合茶屋、芝居茶屋、請負人、諸商人の面々なれど、中にハ馴染の芸者に誘はれて髭の生えたるいかめしの男が御慶廻りより此参詣〔へ〕と外《そ》れしをも見受たるが、其面がまちを見《ママ》るにさへ一際おめでたき春とぞ思はれぬ。(4)

このように、参詣の主体となっていたのは職人・商人・芸者といった縁起かつぎを重んじる職業を中心とする庶民であり、「上等社会」の人々は稀であった。もちろん皆無であったわけではないということは三つ目の史料からもわかる。ただし、史料をみてわかるように、「髭の生えたるいかめしの男」(おそらく上級官職に就いていた者であろう)が「御慶廻り」のついでに「馴染の芸者に誘はれて」参詣したものである。つまり、毎年必ず行う自身の慣習というわけではなく、芸者に誘われて物珍しさに、あるいはちょっとした〝異界探訪〟の如き気分で訪れたものであったと考えられる。(5)

序章で確認したように、近世から明治に至るまで、日本の知識人は、その中身は時代によって変遷しながらも、庶民の社寺参詣とは疎遠であるという点では基本的に一貫していた。この傾向は、寺院だけではなく、「国家の宗祀」とされていたはずの神社についても同様であった。それゆえ、明治三五(一九〇二)年に内務省神社局が中心となって組織した神社協会の機関誌を見ると、神社の参拝者が「智識教育の、比較的劣等なる、所謂朴率の人々のみ」で、「少しく社会の事情に通じ、目に漢洋の文字ある者は、神社に参拝するを以て、迷信の思想を発表するものゝ如くなして、之をなすを潔よしとせず」(6)、あるいは「維新以後物質的進歩は西洋思想をも吸入し、上流社会は中流よりも、中流は下流よりも、一層神社に対し敬意が薄くなつた」(7)などと、往々にして教育ある人々が神社を軽視する傾向を問題視する意見が繰り返し掲載されている。だからこそ「国家の中心は、勿論皇室である。併し皇室の後には、神社有ると云ふ事を忘れてはならぬ」(8)と、「皇室＝神社」という結びつきがわざわざ強調されなければならなかった。周知の通り日清・日露戦争を経て皇室尊崇の意識は上下を問わず多くの国民のあいだに広く浸透していたが、これが必ずしもストレイトに神社崇敬に結びつかないというのが明治後半の状況だったのである。

しばしば指摘されるように、明治憲法の起草にあたった伊藤博文が、欧州におけるキリスト教のように国民の精神的統合の「機軸」となるべきものとして、仏教も神道も不十分であると考え、代替物としていきついた結論が皇室であった。(9) 明治末期以降の教育界に絶大な影響を及ぼしていく井上哲次郎の国民道徳論においても、やはり機軸は皇室であり、神道非宗教の建前とは裏腹に「宗教」（しかもキリスト教や仏教にくらべて「幼稚な」性質の「宗教」）の要素を払いきれない神道は「国民教育の中に入れる訳には往かな」いとしていた。(10) 要するに、明治後半においては「神道は皇室と特別な関係に置かれず、両者は切断されてい」たのである。(11)

右のことは当時の知識人の日記からも確認することができる。たとえば経済学者上田貞次郎は、日清戦争が終わって東京に還幸した天皇を奉迎した際には「大祝大賀せざる可らざるの秋」と感慨を覚え、(12) またあるときには「今上陛下は、夙に英明の資を拝して、天下の大位に即かせられ、自ら憲法を欽定し給ひて、万機を公論に決するの誓を実にせられたるは如何にも広き事海の如き御心にして、国民は永く其徳を仰ぎて憲法を擁護せざる可らず。是皇室に対するの忠道なり」と立憲君主としての天皇を称賛するなど、(13) 天皇に対する尊崇は人後に落ちなかった。第三章で述べたように、天皇が危篤に陥った際には公人として「天機奉伺」をしただけでは気がすまずに、わざわざ家族を引き連れて二重橋前広場で平癒祈願をしたほどである。

ところが、上田は神社神道に対しては否定的な見方をしていた。

日本ではすべてのものが小さい、愛国心も小さい。宗教も日本人以外には当てはまらない所の神道などが行はれている。(14)

欧洲人の思想は常に神を中心として、世界人道を本位とすれども、日本人は天皇を中心とし国家を本位とす。而かも人道博愛の精神な〔けヵ〕れば帝国的膨張は不能なり。大神宮様は台湾人や朝鮮人に取ては決して有難きものにあらざるなり。[15]

これまで、植民地での神社参拝強制に象徴されるように、近代日本の「帝国的膨張」と国家神道は深く関わるものととらえられてきた。[16] この結びつきはとくに満州事変以降に関しては疑うべくもない。しかしながら、明治期の時点では、「日本人以外には当てはまらない所の神道」はむしろ日本の将来の「帝国的膨張」にとって阻害要因になるであろうという見方もはっきりと存在したのである。[17] 第三章でとりあげた明治神宮創建論争における反対論投書（「牛込一愛読女」）もまったく同様の立場であったことを確認しておきたい。

このように、明治期には、天皇をどれほど尊崇していようとも、あるいは「帝国」の発展をどれほど重視しようとも、それがただちに神社崇敬に結びついていたわけではなかった。「皇室＝神社」は、後の時代ほど自明なものではなかったのである。

(2)　明治期東京と神社

東京に関してはもう一点確認しておきたいことがある。それは、郊外の川崎大師・成田山・西新井大師あるいは市内の浅草寺などをはじめとして、際立った人気を集めるのは寺院ばかりで、これらと同程度の求心力を有する神社がなかったという点である。

もっとも、東京の人々がことさらに神社よりも寺院を重視したというわけではない。初詣に限らず寺社参詣全般において、江戸・東京の人々は神社と寺院の区別に頓着しない傾向が強かった。「或恵方通の云を聞くに、恵方参りハ必らず華表《とりゐ》をくゞらざれバ福運吉兆を授かることなし。故にこれを歳神といふ。されバ川崎の大師など仏陀に参詣して福徳を祈るハ少し門違ひの向なるべしと」[18]という見解はきわめて例外的なものであり、この史料自体も示すように、

「福徳を祈る」ためとあらば神社であろうと寺院であろうと頓着せずに参詣するというのが江戸・東京庶民の一般的な感覚であった。「歳徳あきの方巳午の間萬よしとあり。萬といへバ何事に〔てヵ〕もよく、神社でも仏閣でも又親類の伯父さんでも此方角に当れる方より年礼を始むれバ今年中縁喜よし」[19]という言葉は、ふざけた筆致ながらもこの当時の人々の感覚を端的に示したものである。したがって、明治期東京に際立った人気を集める神社がなかったのは、人々が寺院を重視した（あるいは神社を軽視した）というわけではなく、ただ単に、神社といえば近世以来の中小神社が無数に散在するのみで[20]、大阪の住吉神社、名古屋の熱田神宮のような抜きん出た神社が存在しなかったという単純な事情による。

　ここで、現世利益祈願としての人気はともかく、「輦轂之下」である帝都東京であれば、国家神道の文脈で重視された神社があったのではないかという疑問が生じるかもしれない。ところが、あまりにも単純すぎる事実のためかこれまで指摘されてこなかったことであるが、明治期東京には特別な求心力を有する国家的神社が存在しなかった。いちおう社格でいえば市内にも官幣社はあるにはあったのだが、「すべて神仏の繁盛は社格寺格の貴きよりも、神体本尊の尊きよりも、寧ろその霊験の鳴るに力あるなり。日枝神社は官幣大社の貴きも、昼さえ神寂びて参詣の客の少きに、蠣殻町の水天宮は無格社ながら、暁天既に信徒の門前に群参して、拝礼するを見るなり」という有様であった[21]。この史料で官幣大社と誤記されている日枝神社は、明治一五（一八八二）年に官幣中社に列せられたが、これは「輦轂之下」に別格社の靖国神社以外の官社が存在しないことは遺憾であるという東京府と内務省の主張が認められて実現したものである[22]。つまり、この神社の昇格自体に、帝都における国家的神社の不在という状況が反映していたのである。

　ここで、東京の国家的神社といえば靖国神社はどうであったのか、というさらなる疑問が生じるかもしれない。ところが、初詣の景況を報じる新聞記事を調べてみるとその登場回数は意外なほどに少ない（第六章表6-2参照）。対外戦争勝利直後（明治二九（一八九六）年、明治三九（一九〇六）年）の正月には「九段靖国神社は戦後平和の新年とて人出夥しく」[23]などと報じられているが、それでも筆者が調査した三紙（『東朝』『東日』『読売』）のうち一紙のみという程度である。そもそも、「芽出たき凱旋の新年を迎へ恵方参りをせんとするには東京より巳午の方即ち川崎方面なれば例年元旦に賑ふ同（川崎）大師は殊に本日参詣者夥しかるべく」[24]と報じられたように、明治期東京の人々にとって、戦勝を祝う参詣は神社ではなく寺院であってもまったく違和感はなかった。後に満州事変後になってようやく初詣客が目だって増加した際に「今迄顧られなかつたやうな九段の靖国神社」[25]とあけすけに述べられたことからもわかるように、靖国神社は、昭和の準戦時体制期以降とそれ以前とでは、その存在感に大きな落差があったのである。[26]

このような状況にくわえて、郊外に延びる各鉄道の積極的な集客戦略によって川崎大師・成田山・西新井大師など郊外の著名寺院への参詣が賑わいを増し続けたこともあって、明治期東京の初詣は総じて神社よりも寺院の比重が高い「寺社」の初詣であり、国家神道とは程遠いものであった。

小括すれば、明治期知識人の全体的傾向として天皇崇敬と神社崇敬が結びついていなかったうえに、知識人の多くが集住していた東京では求心力のある国家的神社が存在していなかった。彼らは思想的にも空間的にも、神社参拝から隔たっていたのである。

二　天皇の代替り

（1）「皇室＝神社」の認識の広がり

初詣がナショナリズムと接合していく重要な契機となったのが、明治から大正への天皇の代替りである。

明治四五（一九一二）年七月、天皇重態が公表されるとただちに全国各地で平癒祈願が行われたが、とくに神社はその中心となった。「有名なる仏教国」で「平時は敬神の念慮至りて薄き国柄」であった富山ですら、「今度の御大事に際し県民上下の熱禱は驚くまで非常のものにして、御発病以来常には参拝少き当社〔国幣中社射水《いみず》神社〕へは昼夜参拝者絶ず」という状況となった。[27] さらに、同年九月の大喪、大正四(一九一五)年の大正大礼という代替り儀式、さらにはその間に行われた大正三(一九一四)年の昭憲皇太后の大喪において、神道式の儀式がメディアによる詳細な報道を伴いながら挙行され、神社神道のプレゼンスが高まり続けていく。

注意したいのは、単に神社の参拝者が増加しただけではなく、参拝層が庶民層から上中層へ拡大するという変化が全国的に生じたということである。たとえば北海道小樽の住吉神社では、大正三(一九一四)年には約二万人であった元日の初詣客数が、大礼が行われた同四年から急増し始め同九(一九二〇)年までには約五万を数えるに至ったが、その理由について同神社の社司は次のようにコメントしている。

> ナゼ近年に至り斯く多数の参拝者を出せしかといふに、是は全く大正三《ママ》年夏《ママ》の御大典以降敬神の思想が深くなつて来たからと思はれる。以前神前への参拝は迷信者のみ多かつたが最近神社と国家といふ念が深くなつて敬神思想が変つて来た結果だらうと思ひます。[28]

「神社と国家といふ念」とは十分意を尽くしていない言葉ではあるが、要するに神社と国家を結びつけてとらえる認識といった程度の意味であろう。大正元(一九一二)年から四年のあいだに立て続けに神道式の皇室儀礼がメディアを通じてディスプレイされ、さらにこの記事の前年には明治神宮が創建された。このような大正期の一連の出来事によって「皇室＝神社」を結びつける認識が深まり、従来は下層の「迷信者」中心であった神社参拝の場に「国民」として参拝する上中層を含む人々が参入してきたという変化が生じたのである。

このような変化は北海道だけに限ったことではなかった。たとえば兵庫県の西宮神社では、大正大礼が行われる予定となっていた大正三年の初詣が[29]「今秋大嘗会執行スベキ祝意ヲモ兼ネタル年賀ナレバ一入活気アリゲニ見エ」る

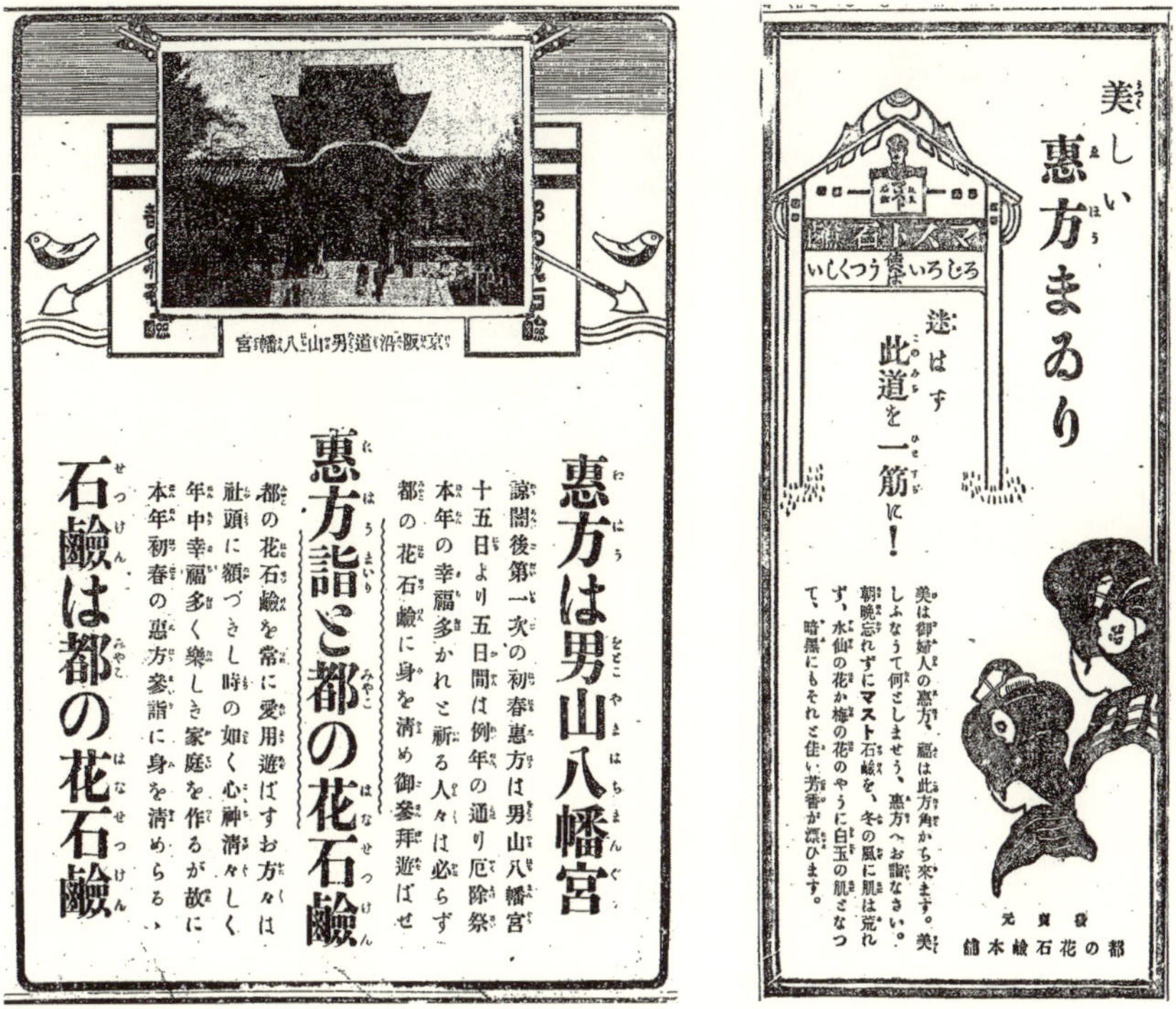

図 4-1　都の花石鹸の広告（左：『大朝』大正３年１月５日，右：同大正５年１月７日）

賑わいとなったが、単に人出が増加しただけではなく、「昨年ノ元旦トハ全ク趣ヲ殊《ママ》ニシ、上中流一般紳縉モ参拝」するようになったという変化が神社関係者の目をひいた。この神社では、初詣だけではなく紀元節の際にも「洋服連中ノ賽者多シ」といった明治期には見られなかった境内風景が記されるようになる[30]。

かくして、それまで下層民の迷信行為として知識人から蔑視されがちであった神社参拝に対するイメージが好転し始める。それを象徴するように、大正期に入ると石鹸・化粧品メイカーが神社への初詣や恵方詣と結びつけて自社製品を売り込むという明治期には見られなかったタイプの広告が登場する（図4-1）。往々にして男性よりも信心深い女性たちに向けて[31]、神社参拝の際の「清々しさ」を自社製品と結びつけてディスプレイするというイメージ戦略である。代替りによる神社神道のプレゼンス上昇は、ただ単にナショナリズムの文脈のなかだけのものではなく、当時黎明期を迎えつつあった都市における大衆消費社会とも関わっていくのである。

(2)「名士」たちの伊勢神宮初詣

さて、このように全国各地においてそれまで神社参拝に馴染んでいなかった「上中流一般紳縉」が神社に参拝する姿が徐々に目立つようになっていくのであるが、このような変化がとくに顕著に現れたのが「国家の宗祀」の頂点たる伊勢神宮であった。大正に入ると伊勢神宮へ初詣をしに行く「名士」たちのことがしばしば新聞や雑誌で報じられるようになる。

新春の伊勢大廟参拝者は年々幾分の増加を示しつゝあるが本年は平和第一春のこととて特に其数を増した。〔中略〕花村東京駅助役は「距離の関係もあるのか例年関西筋よりの参拝が多いが本年は関東筋からの参拝が増し而も名士の顔も大分多く見受けるやうになつたことは喜ばしい現象である」と語つてゐた。[32]

もちろん彼らの伊勢神宮初詣には多かれ少なかれ娯楽の側面もあったとはいえ、[33]ナショナリズムが単なる建前にすぎなかったわけではない。第一次世界大戦開戦の翌年の正月二日に伊勢神宮で初詣を行った平生釟三郎が「両宮ニ対シテハ先ヅ日本ガコノ大戦乱落着ノ際ニ於テ優秀ノ地歩ヲ占メ、国威ガ益発揚セラレンコトヲ祈」ったように、「国民」としての自覚から伊勢神宮で初詣を行う知識人はたしかに存在したのである。ただし、平生が「次デ家運ノ長久及子孫ノ繁栄ヲ禱リ、次郎平癒ヲ祈ルト共ニ同人ガ頭脳明晰ナラズ、些カ低能ノ嫌アレバ之ヲシテ普通ノ材能ヲ具フルノ人タラシメンコトヲ切ニ祈」ったことも示すように、国家的祈願と私的祈願はとくに違和感なく共存していた。[34]

右に引用した新聞史料も示すように、伊勢神宮で初詣を行うことを正月の恒例とする「名士」たちのなかには、関西・中京圏はもちろんのことながら、遠路はるばる東京から訪れる者も少なからず見られるようになった。この傾向は短期的なブームとして終わることはなく、年末の東海道線の列車内では「代議士諸君ノ帰郷ヤ東京紳士達ノ伊勢参拝ニ乗客頗ル多ク　車中大ニ賑フ」[35]という光景が戦前を通じて恒例となった。前述したように、明治神宮創建以前の東京は求心力のある国家的神社をもたない都市であったから、たとえ天皇の代替りを通じて「神社と国家といふ念」が高まっても、東京には参拝するのにふさわしいこれといった神社が見当たらない。そのため、わざわざ伊勢神宮まで参拝に赴くことを恒例とする者が見られるようになったと考えられる。

ただし、ただ単に「神社と国家といふ念」という動機だけで伊勢神宮に参拝するのであれば、正月に限る必要はないはずである。「東京紳士達」が正月の初詣として伊勢神宮に参拝するようになったことには、年始回礼の応接などで諸事煩わしい東京の正月から伊勢参宮を名目として逃避したいという生活レベルでの動機もあったと考えられる。年末年始に「煩《うる》さい東京のお正月を避けて」[36]旅行に出かけるのは、明治期以来の「東京紳士達」の定番であった。実際、当時の年末年始の新聞各紙を見ると「年始欠礼仕候」といった類の個人広告が多数掲載されているが、そのなかには「旅行中に付き」という理由を添えているものが多い。[37]その旅行の行先として人気だったのは「暖き湘南地方」への避寒旅行であったが、大正期になると東京駅から列車ではるばる伊勢へ向かう正月旅行客も確実に増加していった。[38]後述する明治神宮の初詣においても同様であるが、知識人層が国家的に重要な神社に参拝するようになるにあたっては、ナショナリズムという政治思想的な背景だけではなく、より合理的な正月の過ごし方を模索するなかでその神社への初詣が（費用と時間さえ都合がつけば）好ましいものとして選択されるようになったという生活レベルでの要因もあったのである。

なお、大正期に伊勢神宮へ初詣に出かけた「名士」たちのなかでとくに目立つのは実業界の人々である。これは東京在住の「名士」たちにかぎったことではなく、たとえば大正一〇（一九二一）年には、『実業之日本』が毎年正月に参宮することを「吉例」としている実業家の面々を紹介する特集記事を掲載している。[39]先に日記を引用した平生もまた東京高商出身の実業家であった[40]。しかも、このときの日記には、平生が伊勢からの復路で知人に遭遇したことについて「車中三井物産香月、杉生両氏ニ逢フ。同氏等ハ余ト同様正月休ニハ必ズ伊勢参宮ヲ為ス連中ノ一ナリ」と記されている[41]。

この時期にいちはやく実業家たちが伊勢神宮への初詣を盛んに行うようになったことについて、右に記した知識人層一般に共通する生活レベルの動機以外で実業家特有の要因があったとすれば、それは何だったのであろうか。考えられるものとしては、第一次世界大戦後に労働争議が頻発するなど労使関係が緊迫度を増していくなかで労使融和の意味合いをこめて庶民の社寺参詣に参入しようとした、あるいは、大戦にともなう産業発展によって社会のなかでのプレゼンスが向上しながらも根強い官尊民卑の風潮を体感し続けなければならなかった実業界の人々のなかで、「官」への対抗意識から皇室尊崇に過剰同調する傾向が生じ、正月旅行もかねて皇室ゆかりの国家的神社への参拝を積極的に行うようになった[42]、といったことが考えられよう。ただし、この問題については現時点では十分な史料的根拠を見出せておらず、今後の課題とせざるをえない。

三　明治神宮と初詣

東京から伊勢神宮への初詣旅行ができるのは言うまでもなく実業家たちなど経済的に余裕のある一部の人々だけであったから、彼らの伊勢神宮初詣が東京の初詣にこれといって大きな影響を及ぼしたわけではない。求心力のある国家的神社が不在であった東京では、大正に入ってもしばらくのあいだは明治期以来の「寺社」の初詣のままであった。この状況を大きく変えることになったのが大正九（一九二〇）年に創建された明治神宮である。

以下では、明治期東京において都市庶民の娯楽的参詣行事として成立した初詣が、明治神宮創建を転換点として知識人へと波及していく過程を検討する。明治神宮については、山口輝臣がその創建までの過程に注目して論じたが、(43)本章では創建後にもたらされた影響に注目したい。

（1）明治神宮の誕生

大正九年一一月一日、明治神宮鎮座祭が挙行された。午前中に関係者による儀式が行われたあと、午後から初の一般参拝が許されることになったが、このときつめかけた参拝客の様子は、明治神宮の記録に次のように記されている。

> 南参道鳥居より外表参道は既に前夜よりつめかけたる赤子にて埋められ立錐の余地もなし。我こそ真先に大神の大前に額き奉らんとのたゞ一心に熱し狂へる群衆は警官の注意も憲兵の制止も更に耳には入らず厳重なる警戒線も突破せられんとすること数回に及び、大前の整理全く成れる正午頃愈々参拝は許され、いざ時こそ来れと人といふ人は尽く只一目散に大前をして駈け行く様、洪水の堤を破つて溢るるが如く大山の一時に崩れ落つるに似たり。(44)

この参拝客の熱狂は、このときの報道写真（図4-2）からもよく伝わってくる。ただでさえこのような大混雑となっていたところに午後四時ごろからは雨が降り始めて混乱がピークに達したため、不測の事態を恐れた神宮側は神符守札の仮授与所を急遽閉鎖することになった。しかし、「参拝者は尚授与を期待して理を説けども中々に去らず、就

図4-2　『東朝』大正9年11月2日

中北海道樺太台湾朝鮮等より海山越えて遥々上京せる者には戴くまでは夜中に至つても動かずといひ張る者も少からず」という有様であった。[45] 雑沓による死傷者すら出たこの日の参拝者は合計約五十万人にも上った。[46]

(2)「感情美」による読み替え

さて、この鎮座祭のときも含めて、この神社に大勢の人々が参拝する機会があるたびにしばしば語られるようになったのが、二重橋前平癒祈願の記憶である。明治神宮は「二重橋前平癒祈願→明治神宮」という「感情美」のストーリーの再生の場として機能するようになるのである。一例として、この鎮座祭の二年後に賀茂百樹（靖国神社宮司）が鎮座祭当日の模様をふりかえった文章をあげておこう。

その厳粛にして一種悲壮なる大光景はたとへそれが悲痛と歓喜との正反対の発露であつたとはいへ坐《そぞ》ろに当年〔明治四五年〕二重橋前に於ける御平癒祈願の時の有様を偲ばしめて、今更にこの明治神宮の御造営が、国民全体の至心至誠の結晶であるといふことを痛感いたした次第であります。[47]

前章でみたように、明治四五年夏の二重橋前平癒祈願の際に「形は様々／心は一つ」として見出されたはずの天皇への「感情美」は、天皇死去後の明治神宮創建論争のなかで神社と独占的に結びついた「形も心も一つ」という中身へと変質したのだが、そのような「感情美」の中身は、実際に明治神宮が創建されて「二重橋前平癒祈願→明治神宮」という語りが反復されるなかでいよいよ固定化されていくことになったのである。「国民全体」の「感情美」が明治神宮を生み出したと語られていくなかで、キリスト教徒など一部の人々が有していた神社抜きでの天皇への「感情美」は、暗黙のうちに不可視化あるいは否定されていくことになるだろう。

ただし、「形も心も一つ」とはいうものの、参拝に際して細かい形式が定められて参拝者がそれを統一的に遵守しなければならなかったわけではない。次に引用するのは創建翌年に初めて迎えた明治天皇祭（七月三〇日）の記録であるが、参拝者たちが実に思い思いの形で参拝する様子が記されている。

終日参拝者引きも切らず実に予想に倍する参拝者ありたり。拝殿石階上に端座して祝詞を奏する老翁あり、数十分間身動きもせず頭を垂れて祈願を凝らす紳士あり、声を揃へて教育勅語を唱へ奉る青年団あり、老幼男女一家族を挙げ紋服にて詣ずる市民あり、何れも其の態度は平常に比し一層緊張せり。(48)

このように、明治神宮に参拝するという大枠の「形」を共有しさえすれば、その枠内での参拝の「形」は、あからさまにエキセントリックなものでない限りは、(49)幅広く容認された。「感情美」の共同体は、それを共有していないと見なされる者に対しては非寛容だが、共同体の内側では「形は様々／心は一つ」という寛容さが確保されるというダブルスタンダードを内在させていたのである。(50)たとえばこのダブルスタンダードによって知識人から従来にはない評価を受けることになったのが、賽銭である。

近世以来の庶民の社寺参詣につきものであった賽銭は、迷信を象徴する最たるものとして、従来はしばしば知識人によって非難あるいは嘲笑されてきたものであった。もちろん「文明」に反する迷信であるからという理由もあるが、「稽首銭財を投じて、神護を得、利福益徳を蒙らうなんどの卑劣なる心からしては、真の神社に対する所作ではない」(51)といったような、「国家の宗祀」こそ神社本来のあり方と考える立場からの批判もあった。ところが神社界にとって頭が痛かったのは、官費から神社への財政支出が十分ではないために、神社の財政を支えているのがほかでもない「迷信者」たちが投げる賽銭であるという状況であった。

苟も国家の宗祀として国家的〔に〕尊崇すべき神社が迷信者に依りて漸く維持せらるゝが如き状態なるは実に吾人の慨歎に堪へざる所なり。〔中略〕国民が文明的〔に〕迷信を排除し神社に対する正意誠心的崇敬を為すに至れば〔中略〕国家の保護を受けざる神社の運命は実に危ふからずや。(52)

この史料が端的に示すように、神社関係者たちは、賽銭を蔑視しながら、それでいて神社の財政維持のためにはそれに頼らざるをえないというディレンマを抱えていた。すなわち、理想的には「国家の宗祀」たる神社から「迷信」を排除すべきであると考えながらも、もし実際にそれを実現して神社を「正意誠心的崇敬」のみの場とすると、「迷信者」たちの賽銭によってかろうじて維持されている神社はたちどころに窮乏してしまうというディレンマである。

このようなディレンマを解消する選択肢は二つ考えられる。一つは、「国家の宗祀」を優先させて、「迷信者」たちの賽銭なしでも神社を維持できるようにするというもの、すなわち、国費による神社経営の実現であった。これを実現すべく神社界が奔走し続けたことについては先行研究がつとに論じてきたところである(53)。だが、もう一つ選択肢がある。それは、賽銭の現状を変えるのではなく、賽銭に対する評価をマイナスからプラスに好転させるという選択肢である。明治神宮で実現したのは、後者であった。鎮座祭当日から明治神宮の境内では大勢の参拝者たちによって盛んに賽銭が投げられたのだが、従来は迷信の象徴とみなされていたはずの賽銭が、この神社で投げられると「国民の赤誠」として語られるようになったのである。再び鎮座祭当日の様子を記した明治神宮の記録をみてみよう。

此の日拝殿といはず石畳といはず石階といはず賽銭ならざるはなく、勢余りて自然に檜皮葺の屋根高く打上げられたる銀貨銅貨のみにても百金に達すべし。可惜《あたら》檜の大扉も磨き上げたる円柱も賽銭のため一面の疵を受けたり。されど国民の赤誠凝りて迸《ほとばし》りたる処、何物にも優る好記念とも云ひつべし(54)。

「国民の赤誠」のあらわれであるがゆえに、できあがったばかりの「檜の大扉」や「磨き上げたる円柱」が投げられた賽銭で疵だらけになっても神社関係者は怒ることもなく、むしろ「何物にも優る好記念」であるとさえ言う。しかも、明治神宮で投げられた賽銭は、当時としては最高とも言うべき〝お墨付き〟を得ることになる。鎮座祭から二週間後の一五日に参拝に訪れた皇后が「お賽銭が社殿の屋根に多数止つてゐるのを御覧になつて、是れ国民至誠の発露であると仰せられた(55)」と新聞で報じられたのである。

従来は迷信として知識人から非難されていたはずのものが、天皇のために国民が自発的に集まった場でなされることによって、「国民」の「赤誠」「至誠」というフィルターを通して好意的に語られる。これは、明治四五年夏の二重橋前平癒祈願の際に、多種多様な祈禱が天皇を思う「感情美」のあらわれとして感激をもって語られたのとまったく同じ構造である。いわば、「感情美」による迷信の読み替えである。ただし、二重橋前平癒祈願はいかに激しいエスカレイションが生じたとはいえあくまでも一過性の出来事であった。これに対して、明治神宮は恒久的な参拝の場として誕生した。ここでは事あるごとに繰り返し賽銭が投げられ、そしてその賽銭は「感情美」のフィルターを通して好意的に受け止められる。知識人たちは自分の目の前で賽銭を投げる老人がいても、〝国家の宗祀たる神社で迷信的行為とは何事か！〟などと眉をひそめる必要はもはやなく、〝彼らにも我々と同じ天皇に対する赤誠の念があるのだ〟と思えばよい。筆者は明治神宮参拝の体験を記した様々な史料を収集してみたが、「お賽銭のつぶてに頭を打たれさうで、危険この上もなかつた」(56)などと物理的危険を指摘するものを除けば、明治神宮における賽銭行為を問題視する言説は見出すことができなかった。(57)「感情美」による迷信の読み替えは、従来は迷信というレッテルを貼られていた庶民の慣習に対する知識人の心理的障壁を緩和し、神社という大枠の「形」の範囲内で「形は様々／心は一つ」というあり方での国民の一体化をもたらしたのである。換言すれば、明治神宮は、迷信を排除することによってではなく、迷信が「感情美」で読み替えられることによって、上は知識人から下は賽銭を投げる庶民まで、（神社という形式そのものにあくまでも違和感をもち続けるごく一部の人々を除いて）様々な人々が集う「国民」の神社となったのである。

この「感情美」による読み替えには、〝彼ら（庶民）にも感情美がある〟という側面だけではなく、また別の側面もあったかもしれない。それは、寺社参詣という江戸以来の生活文化に以前から親しんでいた〝先輩〟である「下町」の庶民に対して、「山の手」の知識人が〝我々にも彼らと同じ感情美がある〟と考えて心理的劣位をケアするという側面である。明治三九（一九〇六）年に一高入学に際して上京した和辻哲郎が、当時の東京について「あの頃にはまだ下町には江戸弁が鮮明に残つてゐた。さうしてそれが田舎者にとつて何かあこがれの的のやうな意味を持つてゐた」と回想しているように[58]、地方出身の「山の手」の知識人たちにとって、「江戸文化」はあこがれつつも容易には馴染めないものであった。そして、彼らはそのコンプレックスを解消すべく、言わば対抗文化として洋風文化に没入していった[59]。しかし、そんな彼らも、天皇への「感情美」だけが参加資格である「国民」の神社であれば、「下町」の庶民たちと対等に参拝に参加できる。「野暮」などと野次られることを心配する必要もない。「感情美」がもたらすヨコ並び状での天皇との等距離感は、知識人たちの「下町」に対する優越感と劣等感を同時に緩和する機能を果たしたのかもしれない。

実際、「明治神宮記録」をみると、この神社には実に様々なタイプの参拝者が訪れ、名実ともに「国民」の神社となったことがわかる。もちろん、小学校・軍隊・青年団・在郷軍人会といった従来の近代天皇制あるいは国家神道の研究が前提としてきた枠組での団体参拝が多く見られるのは言うまでもない。植民地からの団体参拝もしばしばなされた[60]。しかし、このような動員の性格を帯びた団体参拝とは別に、個人・家庭を単位とした自発的な参拝も盛んになされるようになった。以下、この種の参拝の例を「明治神宮記録」から拾ってみよう。

冬季休業にて帰省する学生の参拝頗る多し。（大正九年一二月二五日条）

藪入とて朝来商店員の参拝頗る多し。（大正一〇年七月一五日条）

七五三の祝日とて早朝より家人に伴れて参拝する幼時《ママ》頗る多し。（大正一〇年一一月一五日条）

早朝より参拝者頗る多し。家族一同打揃ひ紋服にて詣つる市民少なからず。（大正一一年八月三一日条[61]。天長節祭の日）

以上は東京あるいはその近辺に在住する人々の場合であるが、これとともに、地方から東京見物を兼ねて参拝する人も数多く訪れるようになった。

両国川開きをかけて上京参拝する地方人多し。（大正一〇年七月二四日条）

東京府主催にかかる平和記念東京博覧会本日より上野公園に開催につき、雨天にも拘らず参拝者頗る多し。（大正一一年三月一〇日条）[62]

このように、明治神宮は、動員を伴う団体参拝はもちろんのこと、動員によらない個人や家庭単位での参拝も盛んに行われる神社となった。参拝者のなかには、純粋に個人の自発性から参拝した人々もいれば、交通あるいはメディアといった資本の勧誘に応じて参拝した人々も数多くいたことであろう。[63] 政府や神社界がことさらに動員を試みずとも、この神社には次から次へと自発的に参拝者が訪れるようになったのである。

以上のことと、この神社の創建過程において神道界関係者が主導権を握ることがなかったこともあわせて考えてみれば、[64] この神社は、「氏神＝地域社会」を回路とした「上から」の動員という従来の国家神道研究が前提としてきた統合回路としてもたしかに機能した一方で、それとは別の、国民の「感情美」にもとづく自発的な参拝が結集する場という「下から」の統合回路としても機能するようになったと言えよう。

(3)「初詣の中心神社」

創建翌年の大正一〇（一九二一）年、明治神宮は初めての正月を迎えた。元日の早朝から数万人がつめかけるという人気ぶりであったが、[65] この日だけではなく三が日を通じてかなりの賑わいを見せた。[66] 新聞は「大官も女工も」という印象的な見出しとともにこの新しい光景を次のように報じている。

元旦の明治神宮は帝都を始め近県の参詣人で時ならぬ大賑を呈した。従来斯うした初詣の中心神社を有たなかつた帝都の人士は、明治神宮が初めての正月を迎へたと云ふので夜明け頃から既にちらほらと参詣人が見え、午前八時頃には陸続として踵をつぎ〔中略〕参詣人は女工の団体を始め軍人商人又は参賀帰りの大官等、孰れも雪解けの泥濘路と歩きにくい砂利詰の神道を冒して第一第二の神門をくゞると、其処は雪解けの雫が滝の様に降りか丶つて来て、晴着がびしよ濡と言つた有様。其れでも皆神前にぬかづいて引下がつたが、参詣人は立ち替り入り替り詰かけて夕方まで続いた。折から参拝を終つた波多野〔敬直〕前宮相は「東京市民は之れ迄斯うした初詣りをする立派なお宮が無かつたが、今度明治神宮を得て何しろ結構である」と語つて居た。(67)

注目したいのは、東京市民はこれまで「初詣の中心神社」「初詣りをする立派なお宮」をもっていなかったが明治神宮創建によって初めてそれを手に入れた、という指摘である。これはこの記事だけではなく、たとえば「明治神宮記録」にも「東京の市民は本年初めて最もふさはしき元朝詣の神社を得たるなり(68)」と同様の認識が記されている。前述したように、事実としては東京における求心力のある国家的神社の不在は明治期以来のことであった。しかし、当時の寺社参詣はもっぱら庶民中心のもので知識人の関心対象外であったため、これが識者たちによって大きな問題となることはなく、せいぜい日枝神社の社格をめぐる過程において東京府・内務省当局内で認識された程度であった。なによりも、明治期（とくに明治後期）には、神社などなくても明治天皇というカリスマが東京の帝都としての精神的主柱の役割を十分に果たしていた。

ところが、いざその天皇がこの世を去り、さらにその天皇の陵墓すら東京に設けることがかなわないということが明らかとなると、ここにおいて初めて東京に特別な求心力を有する国家的神社が存在しないという事実が明確に認識されることになった。それゆえ、明治天皇死去直後から新聞各紙に多数掲載された明治神宮創建論のなかには、次のような意見が含まれていた。

元来東京に遷都ありてより歳月未だ久しからず。帝都人民の崇拝の中心となるべき神社の存在せざるは遺憾の次第と云はざるべからず。(69)

山口輝臣は明治天皇の追悼・記念の方法をめぐる議論において陵墓の延長上に神宮が「発見」されたと指摘しているが、(70)これと同様に、東京における陵墓の不在の延長上に、帝都における「中心神社」の不在も「発見」されることになったと言えよう。この直前に繰り広げられた平癒祈願の際に他の諸地域と異なり東京では神社が中心とならなかったということもこのような認識の前提となったと考えられる。

京都とは正反対に、歴代の天皇陵も、その代わりとなる「帝都人民の崇拝の中心となるべき神社」も存在しない帝都――大正期以降頻用されるようになる言葉を使えば、「聖地」不在の帝都である。偉大なカリスマも「聖地」も存在せず、能力と資質が未知数の若い天皇のみが残された大正の帝都東京には、なんとしても新しい「聖地」を設けることが必要であると東京の政財界人たちが認識したとしても不思議ではない。この神社がうまく求心力を発揮できれば、万が一「新帝」が求心力を発揮できなくとも（周知の通りこの事態は現実のものとなる）、「〔明治天皇の〕御聖霊を奉祀すべき廟社は伊勢大廟、橿原大社と〔ともに〕国家の三大廟社」[71]となり、帝都東京の精神的求心力はそれなりに維持できるはずである。このように、明治神宮創建を推進する動きのなかには、明治天皇を追悼・記念するためという「国民」としての論理だけではなく、「聖地」を創出することによって帝都東京の精神的中心の喪失を防ぐという文脈も絡んでいた。

実際に誕生した明治神宮は、右のような期待に見事に応えて「帝都」の「中心神社」としての役割を遺憾なく発揮していく。それどころか、場合によっては、宮城が中心性を発揮できない場合の代わりとしての役割さえも果たすようになる。周知の通り、大正天皇は体調悪化のためにとくに大正九（一九二〇）年以降は事実上の引退状態となった[72]。偶然にも明治神宮創建と同じ年である。代わりに登場するのが皇太子裕仁であり、翌一〇年の外遊と摂政就任が大きな節目となってこの青年皇太子は国民の人気を集めていく[73]。ところが、大正一二（一九二三）年の正月は、葉山で静養中の天皇はともかく、この皇太子までも体調を崩してしまった。そのため、「今年の新年御式は総て御省略となり、例年の拝賀は参賀のみとな」り[74]、宮城はいつになく寂しい雰囲気に包まれた。そこで宮城の新年祝賀を代替する役割を果たしたのが、明治神宮の初詣であった。

聖上陛下は引つゞいての御静養で葉山の御用邸にあらせられる、摂政殿下もまた御病後のこととて、宮中に参賀する百官の顔も何かしら物足らぬげである。それに引かへ明治神宮はなんといふ賑はひさ《ママ》だらう。〔中略〕今年は大晦日から終夜参拝がゆるされたので、さなきだに赤誠ほとばしる民衆の参拝おびたゞしく〔中略〕内務省の山田神社局長を筆頭に赤池警視総監、宇佐美知事や前田侯未亡人などの名士が参拝したが、十時ごろからは押すな〳〵の混雑さ《ママ》で〔以下略〕(75)

この記事にもある通りこのときからは大晦日からの終夜参拝が許されたが、これは明治神宮当局が「国民の至情を汲」んでとった措置であった(76)。このように、明治神宮は宮城あるいは皇室が中心性を発揮できないときに代替としての役割を担うという機能をも果たすことになった。

前述したように、明治憲法の起草にあたった伊藤博文が、欧州におけるキリスト教のように国民統合の「機軸」となるべきものとして、仏教も神道も不十分であると考え、代替物としていきついた結論が皇室であった。ところが、大正期にはときとしてこのモデルが転倒する局面が生じたのではないか。つまり、皇室が「機軸」として十分に機能しない場合に、その代替として、皇室ゆかりの「中心神社」が「機軸」としての代替機能を果たすという局面である。詳細に立ち入って考察する余裕はないが、一つの論点として記しておく。

（4）知識人の参入

明治神宮では、従来の東京の初詣では見られなかった新しい光景が生まれた。すなわち、従来初詣の主体であった一般庶民たちとともに、多くの知識人たちも参拝に訪れたのである。前項で引用した新聞記事にあるように、初めて行われた大正一〇年の初詣(77)には、「女工の団体を始め軍人商人又は参賀帰りの大官等」といったように、上下様々な階層が織り交ざった群衆が参拝につめかけ、翌年の初詣にも「帽絹《シクルハット》〔漢字ルビともにママ〕や山高の紳士から印半纏、女学生、さては人手に縋《すが》る老人小児(78)」がつめかけた。そして、これは創建直後の一過性のものに終わることはなかった。次に引用するのは、昭和二(一九二七)年に、明治神宮の宮司をつとめていた陸軍大将一戸兵衛がこの神社の参拝者の動向について述べたものである。

近年は、中々智識あり、身分ある有力者の熱心なる参拝者も、ダンダン多くなつたし、血気盛りの学生などの参拝も著しく増加した。其れで賽銭は昔の爺さん婆さん達が参拝した時に比すれば、何れかと云へば、少《すく》ないかも知れぬが、其代り信仰者の数と種類は、著しく増加し、殊に智識階級の参拝者の数が多くなつたのは、最も注目すべき現象であり、同時に大に人意を強ふするに足る訳である(79)。

図4-3　「社頭の松に初日輝かしく　明治神宮社前の賑ひ――元日撮影」
(『アサヒグラフ』6-2, 大正15年1月6日, 3頁)

このように「身分ある有力者」たちが多数参拝するようになったために、鳥居前に彼らのステイタスシンボルである自動車が所狭しと並んで「明治神宮は自動車の洪水(80)」などと評されるほど、正月の明治神宮は東京の他の寺社には見られない奇観を呈するのが恒例となった(図4-3)(81)。

さて、第一節の検討内容からも予想されるように、この「身分ある有力者」「智識階級」たちのなかには、もともとは初詣を行っておらず、明治神宮で初めてこの慣習を経験したという者が少なくなかったと思われる。上田貞次郎もその一人であった。

本年〔大正一〇年〕は元日正一、良二、信三を伴れて明治

神宮へ参拝し、渋谷停車場で子供と分れて三光邸を訪問し、夫から飯倉邸へ行た。(82)

これ以降、上田は子供たちを連れて明治神宮へ初詣に出かけることを毎年恒例の家庭行事としていく。(83) 昭和二(一九二七)年元日の日記には次のように記している。

神宮に参拝者の押かける事は今年も変りなかつた。社会のあらゆる階級が同列になつて同じことをするという点において元旦の神宮参拝以上の例はないだらう。今年の正月も一家は無事息災で、良二は昨年中に余よりも丈がたかくなつた。正一も五尺に達したが余より幾分低い。(84)

明治神宮創建以前の上田の正月の過ごし方を見ると、恵方詣や初詣といった慣習は見られない。上田は、明治一二(一八七九)年に東京の麻布板倉町に生まれ、この地で少年期を過ごした。当然身のまわりには神社仏閣があるにはあったのだが、日常生活のなかでのこれらとの関わり方は、「自伝」によると次のようなものであった。

祭りの日には見せ物や露店が数多く出るので、それを見て歩くのも楽しみであつたが、特に神輿の行列、だしや踊り屋台の来るのを待つてゐて見るのが面白かった。〔中略〕神輿は氏子中の若い者がかつぐのであるが、それは町の人ばかりで士族は全く傍観してゐた。江戸の祭礼が何時から衰へて行つたものか、余の記憶は確かでないが、それは中学時代になつて傍観者としての興味がなくなつたためである。(85)

つまり、身のまわりに散在する近世以来の寺社は町人層のものであり、山の手の士族の子である上田にとっては、小学生のころは縁日の賑わいが楽しみではあったものの、あくまでも「参加」ではなく「傍観」の対象でしかなかった。しかも、中学に入ると「傍観者としての興味」すら消滅して、ほとんど縁がなくなる。さらに、すでにみたように、上田はその後の思想形成のなかで「帝国的膨張」と適合しないものとして神社神道に対して否定的な見方をするようになっていった。生活レベルでも思想レベルでも、上田は庶民の寺社参詣からは遠く隔たったところにいたのである。これは山の手に住まう知識人のなかでは珍しくない傾向であったと思われる。

ところが、このように神社抜きで天皇を尊崇していた知識人でさえも、尊崇する明治天皇が祀られた神社が創建されると、大勢の庶民たちとともにこの神社で初詣をするようになった（この点について、第四章補論を参照）。従来の国家神道研究は「神社を通して天皇制ナショナリズムを国民に教化しようとする」[86]という「神社→ナショナリズム」の回路を前提としてきたが、明治神宮は、すでに神社抜きでナショナリズムと同化していた知識人が神社に接近していくという「ナショナリズム→神社」の回路としても機能するようになったのである。

以上みたように、山の手と下町の生活空間の住み分けに象徴されるような、国民あるいは東京市民のなかの様々な階層差が乗り越えられ、様々な人々がひとまとまりの「国民」として参拝するという新しい形の初詣が、明治神宮創建によって東京に出現した。ただし、この初詣の「国民」行事化のプロセスは、「上から」の動員によってではなく、もともと恵方詣や初詣の慣習を有していた庶民たちの群衆のなかに、そのような慣習をもっていなかった山の手の知識人たちが新たに合流し、彼らが「社会のあらゆる階級が同列になつて同じことをする」といったように国民統合のあらわれとして初詣を認識するようになることによって実現したものであった。

ここで、先に進む前に、明治神宮の初詣がもたらした影響について三点補足しておく。

まず第一点であるが、明治神宮で庶民とともに参拝するようになった知識人のなかには、これにより社寺参詣全般への心理的障壁も緩和され、明治神宮以外の在来の寺社にも初詣というプラクティスを拡大適用していく者もいた。たとえば、上田貞次郎の日記には、初めて明治神宮での初詣を体験した翌年の大正一一（一九二二）年の正月七日に「正一、良二を伴れて川崎大師へ行つた」という記述が現れる[87]。また、第七章でとりあげる宮本武之輔の場合は、満州事変後の正月（昭和七〈一九三二〉年）になって初めて明治神宮へ初詣に出かけるようになったが、この宮本もやはりその翌年（昭和八年）の正月には元日に「上の子供二人を連れてゆき子と明治神宮へ詣」でただけではなく翌二日には「午後から家内一同にて川崎の大師へ参詣」し、さらに翌三日にも「上の子供二人とゆき子を連れて浅草観音へ詣」でている。[88]

次に第二点であるが、明治神宮の初詣の誕生は、東京以外の地域における知識人の初詣慣習の創始にも影響を与えた可能性がある。たとえば、大阪の住吉神社では、ちょうど明治神宮の初詣の誕生と同じ年（大正一〇年）から毎年のように大阪府の要人が参拝するようになったことが社務日誌に記録されている。[89]もっとも、これは知識人一般というよりは、第一次世界大戦後の「思想悪化」「思想動揺」が叫ばれるなかで、将来の国家統合に危機意識を懐いていた官僚ゆえの動機もあったのかもしれない。

最後に第三点であるが、明治神宮の創建後は、鉄道を利用して伊勢神宮と明治神宮への初詣をセットで行うという事例が目立つようになる。[90]第五章では大正期以降における伊勢神宮をはじめとする皇室ゆかりの「聖地」参拝の活性化について論じるが、これと同時期に誕生した明治神宮が関西圏の「聖地」と鉄道によって結びつけられ、言わば東西の「聖地」をスピード巡拝するというスタイルが誕生したのである。

(5)　初詣参拝者の多さの要因

明治神宮の例祭は明治天皇在世中の天長節であった一一月三日である。明治天皇が没した日である七月三〇日も明治天皇祭となった。つまり、元日（あるいは正月三が日）は明治天皇と直接関わりがある日ではない。しかし、大正一四（一九二五）年に明治神宮初詣の賑わいを見た原宿駅長が「此の調子で行けば元朝の（明治）神宮参拝が市民の年中行事の一になるのもそんなに遠い将来ではあるまいと思はれる」[91]と予想し、事実その通りになっていったように、明治神宮は当初から正月の初詣が例祭や明治天皇祭に劣らぬ、否、場合によってはそれ以上の賑わいを見せるようになった（図4-4）。[92]それはなぜだろうか。

考えられる要因は一つではない。先行研究が指摘するような近世以来の日本のナショナリズムにおける元日重視の

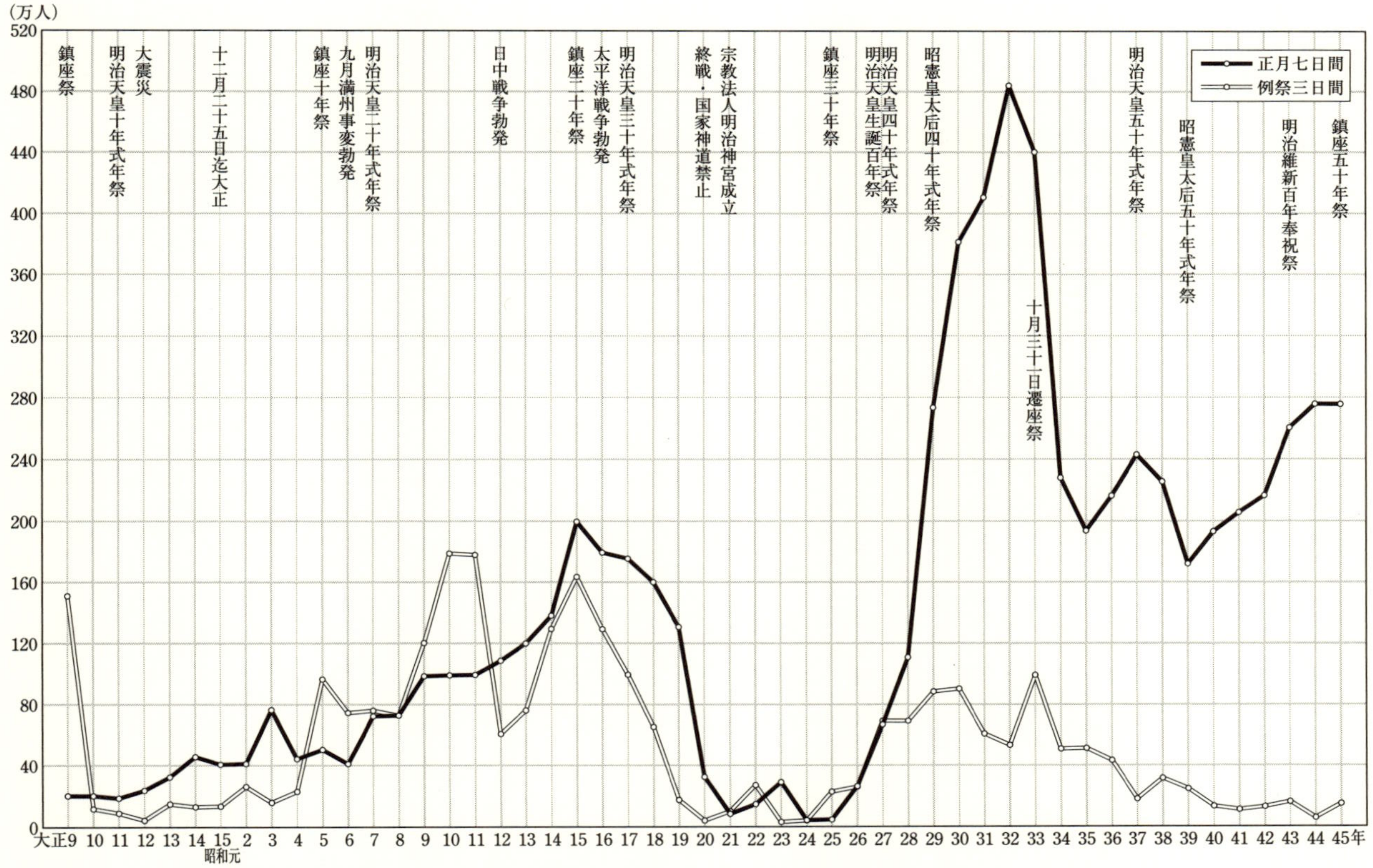

図 4-4　明治神宮正月七日間及例祭三日間参拝人員数累年比較一覧（大正 9 年—昭和 45 年）
出所）『明治神宮五十年誌』（明治神宮，1979 年）665 頁．

傾向という背景も間接的にはあったのかもしれない[93]。だが、筆者は、生活レベルにおいてより単純で直接的な要因があったのではないかと考える。以下、列挙していきたい。

(a)　重層的な休日・休暇慣行

「明治神宮記録」をみていくと、例祭や明治天皇祭といった神社の祭祀とは直接関係のない日取りで賑わっている日がみられる。最も目立つのは日曜日である[94]。官公庁、企業、学校、工場など近代セクターが集中する東京ゆえ、現在と同じように毎週日曜日が休み日という人々が多いのは、当然といえば当然である。

しかし、今日とは異なり、当時の東京にはこれとは別の休日慣行にしたがって生活する人々も少なからず存在していた。そのなかでも最も目立つのが、商店に勤める店員たちである。

第三日曜なれば参拝者殊に多し。第三日曜日は市内商店にて公休日と定めたるもの多ければなり。（大正一一年三月一九日条[95]）

このほか毎月一日と一五日を休日とする業種もあったために、この両日も参拝者が増加した。このため、創建当初は毎月二回の日曜を職員の公休日としていた明治神宮社務所は「実際上不便少なからざる」として、大正一〇（一九二一）年五月からは「祭日、日曜、一日、十五日、及臨時の場合」を除く毎月三日の公休日にあらためることになった[96]。

このように、当時の東京には、重層的な休日・休暇慣行が存在していた。それゆえ、異なる慣行の休日がたまたま重なると、自動的に明治神宮の賑わいが増すことになる。

十五日にて日曜なるが上に、鉄道従業員殉難者慰霊祭に参列の遺族多数参拝し、終日雑沓す。（大正一一年一〇月一五日条[97]）

毎月の休み日ばかりではなく、季節休暇についても重層性を見ることができる。

冬季休業にて帰省する学生の参拝頗る多し。（大正九年一二月二五日条）[98]

藪入とて朝来商店員の参拝頗る多し。（大正一〇年七月一五日条）[99]

所謂盆の十五日にて終日参拝者頗る多し。殊に青少年の店員その大部分を占め何れも極めて敬虔なる態度を以て奉拝するを見る。（大正一一年七月一五日条）[100]

以上のことをふまえれば、正月に参拝客がつめかけた理由はもはや明らかであろう。当時は同じ東京のなかでも重層的な休日・休暇慣行が併存しており、人々は各自が属する領域で定められた休日・休暇に際して思い思いに明治神宮へ参拝に出かけた。そして、これらの人々のほとんどすべてが一斉に休みをとる一年でほぼ唯一の機会が、正月なのであった。ふだんはそれぞれ異なるリズムで生活する「女工」「軍人」「紳士」「印半纏」「女学生」「老人小児」たちも、正月には一斉に休み日となる。[101]それゆえ、自動的に正月は明治神宮が一年で最も賑わう日となったのである。実のところ、このように重層的な休日・休暇慣行が併存する都市部において、戦間期の急激な人口増加とともに休み日の最大公約数である正月三が日が賑わいを増すというのは、東京だけではなく都市部の社寺に共通する傾向であった。[102]この点では明治神宮も他の社寺ととくに変わりはなかったと言える。

（b）　一一月三日との関連

明治神宮に固有の要因としては、大正期には一一月三日が平日であったことが考えられる。

〝明治天皇といえば一一月三日の天長節〟というのが明治を生きた多くの人々に共通する感覚であった。天皇が没した七月三〇日が回想されることも皆無だったわけではないが、やはり「嘉節」として毎年祝っていた天長節の方が〝懐かしい〟ものとして記憶に残っているというのが、明治生まれの人々の実感だったのである。このような感覚は大正期以降の様々な史料から確認できる。[103]たとえば、仏教思想による社会運動を推進し、戦後は平和運動に尽力した妹尾義郎の日記をみると、明治の天長節を懐かしむ気持ちが次のように記されている。

子供のときの天長節がいつも偲ばれる。黄菊白菊の咲き誇る秋晴の今日、「生れ給ひし佳き日なり」を歌うて、天子様の御誕生を寿ぶいたあの頃の思出はいつまでたっても変らない。ついでこの天長節に雨が降ったことがなかったのもありがたい思出だ。（昭和一四年一一月三日条）(104)

同様の記述は明治生まれの人物の日記でしばしば見られるのであるが、この妹尾の場合とくに興味深いのは、戦後の記述である。戦後、妹尾は天皇制否定論者となり、二月一一日には紀元節復活運動への批判を記し（昭和二九年）、四月二九日には「今日は天長節の祝日だが、何の感興も起らない、いや反って反感がわく。天皇制はもう根絶してい、時だ」（三三年）、「天皇など今の社会に無用の長物だ」（三四年）などと記すようになる。ところが、一一月三日だけはこのような天皇制批判の記述が一切みられない。それどころか「今日は昔の明治節で、行楽に最適の日だ」（三五年）などと、なんともほのぼのとした雰囲気の言葉を記しているのである。しかもこの引用箇所は「多年の宿望であった共産党に去年暮に入党した」（三五年一月一日条）あとの日記である。天皇制否定論者になり、共産党に入党してもなお、明治節（明治の天長節）だけは〝天皇制の祝日〟のなかにひとくくりにして否定する気にはなれないという感覚が、明治生まれの妹尾には根強く残っていたのである。

なお、右に引用した日記にもある〝明治節（明治の天長節）には雨が降ったことがない〟という記憶は、〝明治節には雨が降らない〟というジンクスに転化して、相当広く社会に浸透した。たとえば山田風太郎は昭和一九（一九四四）年一一月一日の日記に「明治節に雨ふりたること曾てな」いので「必ず三日までは晴れる」という「下宿のおばさんの予言」を記している。ところが、この年の明治節は、珍しく雨が降った。大正生まれのこの青年は「おばさんの予言に反して雨なるは可笑し」と嘲笑したのだが(105)、同じ日の妹尾の日記をみると、不吉な予感を禁じえない気持ちが綴られている。

今日は雨天で幼少の時より此日にかつて雨がふった事を知らないが、今日は何とした事か、此の時局を憂憤し給ふ大帝の御泪か、帝国の前〔途〕を暗示する凶兆か、さては敵機来襲を阻止せんとする天佑か、いづれにせよ只ならぬ天候であった。

奇しくも、この日が敗戦前最後の明治節となった。

戦後の明治神宮は、初詣が戦前以上に賑わいを増していくのとは対照的に、一一月三日を含む例祭三日間が戦前の賑わいのピークを超えることは二度となかったのであるが（図4-4）、これはおそらく、明治節にやみがたい愛着を感じる明治生まれの人々が漸減していき、〝明治神宮といえば初詣〟という感覚の世代の割合が増えていったことが一因だったのではないだろうか。

話がかなり後の時代まで先走りしてしまったが、本題に戻そう。右にみたように明治生まれの多くの人々が明治天皇と結びつけて記憶していた一一月三日が、大正期には休日ではなく平日であったということも[106]、裏返しとなって明治神宮初詣の賑わいへとつながったのではないかと考えられる。

なお、大正期に休日になったのは一一月三日ではなく七月三〇日の方であったが、昭和二（一九二七）年、国民からの度重なる請願運動に応じて一一月三日が「明治節」として休日に制定された[107]。妹尾が心からこれを喜んだことは言うまでもない。

初めての明治節なり。十一月三日といへば菊花に飾られた天長節の、あの美しくもありがたかった若い記憶がよみがへってくる。（昭和二年一一月三日条）

（c）「家庭」の正月行事

次に検討したいのは、明治神宮の初詣が、都市新中間層を中心として形成された「家庭」の正月行事として受容されやすかったという要因である。というのも、前述の上田の事例も含めて、知識人による明治神宮初詣の事例を調べると、個人ではなく子供連れの「家庭」単位で訪れている事例が非常に目立つからである。

「家庭」については明治二〇年代以降子供のための清浄無垢な「家庭」のあり方が追求され、明治末期以降徐々に、本格的には第一次世界大戦後に、この理念に照応する「家庭」が実体化していったとされている。[108] その担い手はだいたい中等以上の学歴の俸給生活者を主とする新中間層であったが、この「家庭」の生活文化に関しては、これまで、文化住宅、デパート、郊外レジャーといった洋風を基調とするライフスタイルとして把握されてきた。[109] だが、ここで注目したいのは、実はこの新中間層の「家庭」の行楽のなかに明治神宮が組み込まれる事例がしばしばみられるということである。明治神宮は「家庭」ときわめて相性がよかったのである。

一例として、吉野作造の日記をみてみよう。大正四（一九一五）年の正月四日条には次のような記述がある。[110]

松本さんは明子〔次女〕を連れて浅草辺に遊ばして呉れる。子供の教育上喜ばしき事に非ずと思へど、たまの〔妻〕の好友なれば別に争ひもせず。

次女を正月遊びに連れて行ってあげるという妻の友人の好意ではあったが、浅草という清浄無垢とは程遠い娯楽街は教育上子供にはふさわしくないと吉野は考えたのである。それでは、吉野自身は休日の行楽としてどのようなところに子供を連れて出かけたのかといえば、「子供を連れて動物園に遊ぶ」（大正四年五月三〇日条）、「たまの子供等を連れて帝劇のマチネーの活動にゆく」（大正六年一月四日条）、「午後一寸子供達を連れて日比谷から銀座へ行く」（大正一一年二月二六日条）といった具合で、このあたりはおおむね通説のイメージ通りである。

ところが、興味深いことに、この吉野が「子供達を連れて明治神宮に詣」（大正一二年一一月六日）でているのである。[111] 例祭（一一月三日）当日ではないものの、この例祭を意識しての参拝だったのかもしれない。周知の通り吉野はクリスチャンであり、「神社崇拝を以て民心の統一を期し得べし」という考えは「愚論」であると主張していたから、[112] 自分一人だけで明治神宮に参拝したということは考えにくい（日記でもそのような記述は見当たらない）。子供連れであればこそ参拝に赴いたと思われるのである。明治神宮は、浅草とちがって「子供の教育上」好ましい場所だったのである。

さらに、明治神宮は立地の良さもあって、戦間期に人口増加が集中した西部方面の郊外地域からもアクセスが良く、市内の他の繁華街とはしごすることも容易であった（第六章）。子供の教育上も都合がよく、森厳な雰囲気で、アクセスも良いという長所を備えた明治神宮は、東京における「家庭」の行楽とまことに適合的であったのである。実際、明治神宮付近では家族写真を撮影して商売する写真師の姿がおきまりの光景となった（図4-5）[113]。

ところで、右にあげたのは例祭日や単なる休日の事例だが、上田のように初詣で訪れる「家庭」が多かったのはなぜか。それは、当時、「家庭」にふさわしい正月行事の模索が続いていたという事情があったためであると考えられる。

図 4-5　『婦女新聞』昭和 3 年 11 月 10 日

正月に限らず「家庭」の年中行事が未確立であるということはすでに大正初年から問題にされていたが[114]、とくに明治神宮が創建された時期はちょうど生活改善運動が盛んになりつつあった時期であり[115]、正月儀礼の様々な「無駄」「虚飾」が批判され、廃止や簡素化が叫ばれていた。ところが、単純にこれにしたがうと正月気分が物足りなくなってしまうという問題が生じてしまうため、毎年正月の前後になると多くの人々が悩み[116]、あるいは反発した[117]。そのため、生活改善と一年の節目を祝う気分を両立すべく様々な提案がなされたが[118]、決定打はなかなか現れなかった。

このようななかで東京の正月風景のなかに登場した明治神宮初詣は、「無駄」「虚飾」を伴うことなく、それでいて家族の一年の節目を記念して祝うことができる正月行事として、有力な解決策となったのではないかと思われる。実際、(4)でとりあげた上田貞次郎の日記をあらためてみると、明治神宮に初詣をしたことに続けて、「今年の正月も一家は無事息災で、良二は昨年中に余よりも丈がたかくなつた。正一も五尺に達したが余より幾分低い」と子供たちのことを記している。「社会のあらゆる階級が同列になつて同じことをする」明治神宮初詣に子供たちを連れてくわわって、それによって「家庭」の新たな節目を確認しているのである。[119]上田のなかでは、「国民」の正月と「家庭」の正月は、ストレイトに結びついていた。[120]

明治神宮が誕生したころは、戦間期の都市化のなかで新中間層が急速に増大しつつあったが、[121]この新中間層を主たる担い手として形成された「家庭」のライフスタイルは、右にみたように明治神宮初詣を受容しやすいものであった。[122]したがって、東京の都市化が進行すれば、それと少なからず連動性をもって明治神宮の初詣も賑わいを増すという構造が生まれたと考えられる。[123]

なお、明治期の社寺参詣は全般的傾向として子供の姿があまり見られなかった。[124]したがって、右にみたような戦間期の都市部における子供連れの「家庭」単位での初詣の広まりは、社寺参詣における子供の台頭という変化も同時にもたらすことになったと考えられる。初詣における知識人の参入は、同時に、子供の参入でもあったわけである。

おわりに

本章の内容をまとめておこう。第一節で確認したように、明治期知識人は社寺参詣とは疎遠であった。寺院だけではなく、「国家の宗祀」とされていた神社でさえ、皇室崇敬とは別ものとされ、とくに重視されていなかった。「皇室

＝神社」という結びつきは自明のものではなく、天皇は崇敬するが神社は重視しないというのが明治期知識人の標準的な姿勢であった。

このような状況を変える転換点となったのが明治から大正への天皇の代替りである。明治天皇重態時の平癒祈願、およびその後立て続けに行われた皇室の神道式儀式（明治天皇大喪、昭憲皇太后大喪、大正大礼）によって「皇室＝神社」という結びつきが認識されるようになり、それまで下層の「迷信者」中心であった神社参拝層が上中層に拡大し始めた。

ただし、帝都東京には求心力がある国家的神社が存在しなかったため、「皇室＝神社」という認識が高まっても当初は経済的に余裕がある一部の人々が伊勢神宮初詣を行うようになった程度であったが、大正九（一九二〇）年に誕生した明治神宮が天皇への「感情美」の恒久的な再生装置として機能するようになり、ここにおいて、それまで社寺参詣と疎遠であった東京の知識人たちにも初詣が波及していく回路が開かれた。しかも、この神社では、それまで「迷信」として知識人に否定されていた行為が、天皇に対する国民の「感情美」のあらわれとしてむしろ好意的に評価されることになった。社寺参詣につきものであった「迷信」を排除することによってではなく、それを天皇に対する「感情美」で好意的に読み替えることによって、知識人から庶民まで様々な人々が集う「国民」の神社が誕生したのである。

本章の検討内容をみて気づくことは、初詣が「社会のあらゆる階級が同列になつて同じことをする」（ように見える）という「国民」の行事へと変容する過程において、これまでの諸研究で国家神道の推進役とされてきた内務省神社局や神社界といった組織・勢力による「教化・動員」はまったくといっていいほど見られないということである。彼らは、神社は宗教か非宗教かといった理論問題で延々と紛糾を続けており[125]、初詣に関しては、せいぜい、明治神宮初詣が定着したあとに、後付けで「皇室＝初詣」型の言説を語るようになったにすぎなかった（第七章）。

もっとも、「動員」によらずに天皇を思う様々な国民が自発的に一つの場所に集まって祈願するということは、明治神宮で初めて実現したわけではなく、明治天皇重態時の二重橋前平癒祈願という前例があった。ただし、この出来事はこれだけであればあくまでも一過性のものであった。ところが、この出来事の記憶と結びつけられた神社が東京に誕生したことが、決定的に重要な意味をもつことになる。明治神宮が初詣という年中行事と結合したことによって、天皇を思う国民の「感情美」は毎年のように反復的に再生されることになったのである。

ただし、明治神宮の参拝の賑わいは、天皇に対する「感情美」だけで持続したわけではなく、当時の都市のあり方とも密接に関連していた。祭神（明治天皇）とは直接関わりのない日取りである正月の初詣が賑わうようになったことには、当時の休日慣行・制度のなかで大多数の人々が一斉に休み日となるのが元日（あるいは三が日）であるという単純な要因があった。また、当時戦間期の急激な都市化のなかで増大しつつあった新中間層の「家庭」の正月行事として明治神宮初詣は受容されやすいものであった。都市化の進展とプラスの方向で連動するようになった明治神宮の初詣は、ことさらに「上から」の「教化・動員」がなされずとも賑わいを増していくことになる。それゆえ、繰り返しになるが、戦後の明治神宮は、一一月の例祭三日間では戦前の賑わいを取り戻すことは二度となかったのとは対照的に、初詣では戦前以上の賑わいを見せるようになっていくのである。

（1）　明治神宮をめぐっては、近年、神道史・建築史・都市史といった研究領域で注目が集まり、様々な研究成果が出されている（藤田大誠「明治神宮史研究の現在――研究史の回顧と展望」『神園』六、二〇一一年、藤田大誠・青井哲人・畔上直樹・今泉宜子編『明治神宮以前・以後』鹿島出版会、二〇一五年）。だが、明治期に画然と存在していた庶民と知識人の社寺参詣をめぐる隔たりが明治神宮の誕生を契機としてどのように変化していったのかという社会史的な見地からの研究は、管見の限り皆無である。

（2）　『読売』明治二五年一月三日「川崎大師の元旦」。

(3)『読売』明治二六年一月三日「川崎大師の景況」。
(4)『東朝』明治三四年一月三日「大師詣」。
(5)知識人が、庶民の生活世界に対して自身は積極的に同化するわけではないものの一定の関心をもち、時折そのなかに入り込んで体験してみるという例は、さほど珍しいものではない。たとえば、ほぼ同時期の小林一三の日記のなかには次のようなくだりがある。「夜近所の七福亭へ浪花ぶし〔浪花節〕をきゝに行つた。誠に下品な口調で恐入つたが、所謂下情に通ずる点から甚だ捨て難い処も在るけれ共、到底君子の近《ちか》づくものでない」(『小林一三日記』一、阪急電鉄、一九九一年、六八頁、明治三五年三月一九日条)。本項で引用した新聞記事(注(2)—(4))もそのような知識人の関心に応えたものであったと考えられる。
(6)岩崎英重「敬神教育」(『神社協会雑誌』二〇、明治三六年)四一頁。
(7)大分一水「帝室博物館内に著名神社の模型を陳列する必要なきか」(『神社協会雑誌』一一—六、明治四五年)四五頁。
(8)丸山正彦「神社は我が邦徳育の中心たらざる可からざる事」(『神社協会雑誌』一一—三、明治四五年)三頁。
(9)山口輝臣『明治国家と宗教』(東京大学出版会、一九九九年)一四九—一五〇頁、渡辺浩「「教」と陰謀——「国体」の一起源」(渡辺浩・朴忠錫編『韓国・日本・「西洋」』慶應義塾大学出版会、二〇〇五年)三七三—三七五頁など。
(10)磯前順一『近代日本の宗教言説とその系譜』(岩波書店、二〇〇三年)一九四—一九五頁、二〇二—二〇三頁。
(11)前掲山口『明治国家と宗教』一五〇頁。それゆえ、明治末期から教育勅語に神道的解釈を施し、国民道徳論の中核に神道を据えた神道学者田中義能の論法は「その当時は目新しいものであった」(前掲磯前『近代日本の宗教言説とその系譜』二〇二頁)。
(12)『上田貞次郎日記　明治二十五年—三十七年』(上田貞次郎日記刊行会、一九六五年)六六頁、明治二八年五月三〇日条。
(13)同右、四〇〇頁。明治三二年(日付なし)の記述。
(14)『上田貞次郎日記　明治三十八年—大正七年』(上田貞次郎日記刊行会、一九六四年)一一七頁。
(15)同右、一二六頁。ここで引用した日記の記述は両方とも明治三九(一九〇六)年の英国留学中のメモである。「西洋へ来てから頻りに日本に就て考へた」(同、一三九頁、明治三九年一〇月二〇日条)と自身で述懐しているように、この留学のあいだ、上田は日本(人)について様々な思いをめぐらすようになった。よく知られているように、近代日本の知識人が留学などで海外に赴いた際に最も困惑させられた質問の一つが〝おまえ(または日本人)の宗教は何か?〟というものだった(前掲渡辺「「教」と陰謀――「国体」の一起源」三九〇―三九三頁)。上田もまったく同様の質問をヒューズ(E.P.Hughes)という女性からされて深く悩んだことが日記に詳細に記されている。「ミス・ヒューズが僕に宗教を聞いたから、freethinkerだと言ふたらば、それはいかぬ、〔中略〕日本の教育ある社会に宗教が欠けてゐるのはうれふべき事と思ふと言はれた。余の考えでは日本で宗教が勢力を持つと言ふ事は望みがたい事である。西洋の科学は日本在来の宗教のdogmaをゑんりょなく打ちこはしたが、それなら西洋の宗教たるキリスト教は此科学の思想と両立するものかと考へて見れば決してさうではない」(同前一一六頁)。この会話を契機として、上田は日本における「科学」「宗教」「道徳教育」に関してあれこれと考察をし、日記に書き記していく。本文で引用した箇所はそのような文脈で書かれた一節である。なお、上田は教育勅語についても「日本では勅語があるけれどもこればかりでも行くまい。中々むづかしい」(同前二六一頁)と先行きを不安視している。

(16) この傾向は村上重良『国家神道』(岩波新書、一九七〇年)をはじめとする国家神道の抑圧性を強調する研究に共通している。近年のものとしては、駒込武「植民地における神社参拝」(水野直樹編『生活の中の植民地主義』人文書院、二〇〇四年)、同「一九三〇年代台湾・朝鮮・内地における神社参拝問題――キリスト教系学校の変化・解体をめぐる連鎖構造」(『立教学院史研究』三、二〇〇五年)など。

(17) 結果論ではあるが、明治期にみられたこのような予測は、その後の帝国日本の植民地支配がたどった道をみると正鵠を射たものであったと言える。これについては終章注(7)を参照。

(18) 『東朝』明治二四年一月三日「恵方まゐり」。

(19) 『東朝』明治三四年一月三日「大師詣」。

(20) 「神社には稲荷(倉稲魂命)特に夥しく、八幡、天神、金刀比羅等また多し」(平出鏗二郎『東京風俗志』八坂書房、一九九一年、六三頁。原著は明治三二年)。

(21) 前掲平出『東京風俗志』九三頁。

(22) 『日枝神社史』(日枝神社御鎮座五百年奉賛会、一九七九年)四三六―四四〇頁。同神社は、大正四(一九一五)年に大正大礼を契機として官幣大社に昇格する(同、四四六―四五一頁)。

(23) 『東朝』明治三九年一月三日「元旦雑況」。

(24) 『東朝』明治三九年一月一日「恵方」。

(25) 『読売』昭和七年一月三日「景気は街頭から　二日の凄い人出」。

(26)　このことは、本章後半でとりあげる「東京市民は之れ迄斯うした初詣りをする立派なお宮が無かつたが、今度明治神宮を得て何しろ結構である」という大正一〇（一九二一）年正月の波多野敬直の発言からも傍証される。
(27)　「富山通信」（『全国神職会々報』一六七、大正元年九月）八三頁。
(28)　『北海タイムス』大正一〇年一月一日「創造の春は明けて　紫にほふ『社頭の暁』」。
(29)　大正の即位大礼は、当初は大正三年一一月に行われることになっていたが、同年四月に昭憲皇太后が死去したため、翌年に延期された。
(30)　以上、西宮神社所蔵『社務日誌』大正三年一月一日条、同六年二月一一日条。
(31)　同時代の男性にくらべて女性が信心深い（男性目線で言えば「迷信深い」）というのは、現在の占い人気に至るまで、程度の差はあれ超時代的に見受けられる根強い傾向であり、たとえばクリスチャンの夫婦のあいだで「迷信」をめぐって生じた葛藤を描く遠藤周作「夫婦の一日」（同名の新潮文庫〔二〇〇〇年〕に所収。初出一九八一年）のように文学作品のテーマにもなってきた。本書は社寺参詣という「信心」「迷信」と深く関わる領域を扱っているので、本来であれば、とくに知識人層における妻や母の信心深さとそれを理解できない男性というジェンダー的視点を議論に組み込むべきであろうが、今後の課題とせざるをえない。
(32)　『東日』大正八年一月三日「伊勢へ伊勢へ　記録破りの大廟参拝者」。このときの「関東筋」からの伊勢参宮客の増加は、前年末に新設された東京―山田（現、伊勢市）間を直通する不定期列車の新設（第五章注(23)参照）も一因となったと思われる。
(33)　男性参宮客の娯楽の最たるものが遊郭であるが、「聖地」としての伊勢の重要性が高まると問題視されるようになる（『読売』大正六年四月二四日「伊勢山田の公娼廃止　婦人矯風会の運動」）。
(34)　甲南学園平生釟三郎日記編集委員会編『平生釟三郎日記』一（甲南学園、二〇一〇年）二二五頁。「次郎平癒」を祈ったのは、子息の次郎が病床にあったためである。次郎はこの三日後に息を引き取った（同二二八頁）。
(35)　関一研究会編『関一日記』（東京大学出版会、一九八六年）五七九頁、大正一四年一二月三〇日条。
(36)　『東日』大正七年一月四日「避寒の客が多い　煩《うる》さい東京のお正月を避けて湘南地方へ　東京駅の統計を見よ」。
(37)　なかには在宅しているにもかかわらず「旅行中に付き」と嘘の広告を出す者もいたようである。たとえば、『読売』明治二七年一月一日には、次のような珍談が掲載されている。ある男性が新聞に「例の如く広告を出して」、それでも年始の挨拶に来た客は〝主人は箱根に旅行中です〟と妻が言い訳して追い返す手はずのところ、「六歳になる男児が出て、、『家父《おとつさん》は此間から箱根へ行きました』と、母親に教へられた通りを言へバ、客は首を捻りて、『箱根へ？　はて箱根ハ何処だらう』と呟くと、男児が、『お二階の事だよ』〔と答えた〕」。もちろん創作であろうが、旅行を口実にした居留守が多いという現状を前提にしたものであると言えよう。

(38)　注(36)の新聞記事。この記事に掲載された正月の元日・二日の東京駅からの行先別乗客数を見ると、「山田　元日二七六（二七七）　二日一一六（八二）」（括弧内は前年の乗客数）とあり、近場の避寒地である湘南方面には遠く及ばないものの、伊勢への正月旅行客が増加していることがわかる。

(39)　敬神生「毎年正月伊勢参宮の諸名士」（『実業之日本』二四—一、大正一〇年）。

(40)　平生は甲南学園創立者としても知られている。

(41)　前掲『平生釟三郎日記』一、二二六頁、大正四年一月二日条。

(42)　たとえば平生の日記をみると、大正三(一九一四)年に天皇が陸軍大演習統監のために大阪に行幸した際に、次のような一節がある。「本日大本営ニ大阪府下ニ於ケル実業家代表十数名ヲ召サレ、宮相ヨリ其履歴等ヲ問ハレ、御紋章付ノ御菓子ヲ賜リタリト。〔改行〕陛下、大演習御統監ノ為メ下向相成タルニモ拘ハラズ実業家ヲ召サレタルハ〔中略〕感激ノ外ナシ。陸海軍人及官僚輩ノミガ国家ノ干城ニシテ忠君愛国ノ志ニ富ムモノト自信シ、実業家ヲ軽視セル陋習未ダ全ク去ラザル今日ニ於テ、コノ御召ハ独リコノ光栄ニ浴シタル本人ノミナラズ、商工業者ノ位地ヲ社会的ニ昂上セルニ与ツテ力アリトイフベシ」（前掲『平生釟三郎日記』一、一九六頁、大正三年一一月一六日条）。

(43)　山口輝臣『明治神宮の出現』（吉川弘文館、二〇〇五年）。

(44)　「明治神宮記録」一（明治神宮編『明治神宮叢書』一二〈造営編一〉、国書刊行会、二〇〇〇年）四一—四二頁。

(45)　同右、四六—四七頁。

(46)　『東朝』大正九年一一月二日「定刻を待兼ねて　群衆神域に雪崩込む　鎮座祭の人出五十万人　拝観者は未明から押寄せて三方の参道口より一斉に　遂に死傷者を出す」。

(47)　賀茂百樹『明治神宮と靖国神社』（大日本皇国会本部、大正二年）一〇頁。

(48)　「明治神宮記録」一一、大正一〇年七月三〇日条（前掲『明治神宮叢書』一二、三三二頁）。

(49)　明治神宮の記録には、「静岡県見付町の青年有志より同地旧慣神事たる裸踊を神前に執行せんことを願出たるも中止せしむ」（前掲「明治神宮記録」一、大正九年一一月四日条、前掲『明治神宮叢書』一二、六五頁）、「寺尾亨、佐々木安五郎、内田良平等は浪人会を代表して玉串を奉奠し同会より白鞘の大太刀一振を献納せり。右につき熱誠のあまり感情の迸りて万一の事もやと慮り淀橋警察署並びに東京憲兵隊より刑事憲兵出張警戒せるも、極めて静粛に解散したり」（前掲「明治神宮記録」二、大正一〇年二月一一日条、同二二四頁）といった出来事が記されている。

(50) このような「感情美」の特質が、明治四五年の二重橋前平癒祈願の時点ですでに現れていたということについては、前章第一節(5)で指摘した。

(51) 三奇山人「神社に就きて」（『神社協会雑誌』七、明治三五年）四四頁。

(52) 木村令治「神社に対する国民の観念より迷信を控除したる状態」（『神社協会雑誌』七―四、明治四一年）四六―四七頁。

(53) 阪本是丸『国家神道形成過程の研究』（岩波書店、一九九四年、とくに補論1）、前掲山口『明治国家と宗教』など。

(54) 前掲「明治神宮記録」一、大正九年一一月一日条（前掲『明治神宮叢書』一二、四七―四八頁）。

(55) 『東朝』大正九年一一月一七日「神宮に降るお賽銭　皇后宮の御感」。

(56) 福島春浦「回転椅子」（『婦女新聞』大正一五年一月一〇日）。

(57) もっとも、これはあくまでも明治神宮という限定された場における賽銭行為に対して理解を示すようになったということであり、賽銭行為一般に対する知識人の忌避感や違和感は、その後も根強く残り続けた。たとえば、本節(4)で引用する一戸兵衛（明治神宮宮司）の文章は、知識人自身は賽銭を投げない傾向にあったため、彼らによる参拝が盛んになっても明治神宮の賽銭収入の増加には結びつかなかったことを示唆している。知識人が神社で賽銭を投げる事例もあるにはあるが、たとえばある史料では「私としては例外のお賽銭も投げて真面目に参詣の形式をとつた」（木村春樹「東国三社詣で」『旅』九―二、昭和七年、一四〇頁。大洗神社の参拝体験について記した箇所）といったもったいぶりようである。おそらく、多くの知識人が心理的抵抗を感じずに賽銭を投げるのが珍しくなくなるのは、戦後になってからではないか（それは「知識人」というカテゴリーそのものがもはや社会生活レベルでリアリティを持ちえなくなった時期なのかもしれない）。

(58) 和辻哲郎『自叙伝の試み』（中央公論社、一九六一年）三五一頁。

(59) 竹内洋『教養主義の没落』（中公新書、二〇〇三年）第五章。

(60) 大正一〇年に訪れた「南洋新領土の観光団」について、「明治神宮記録」は以下のように記している。「南洋新領土の観光団三十一名、五名の海軍省係員の案内にて参拝す。〔中略〕一同は南手水舎にて口漱ぎ手を清め帽をぬぎて玉垣内に入り大前に進みて最敬礼をなす。〔中略〕一行中の青年アントンは進み出でて『私共は天皇陛下の御恩沢により今回なつかしき文明の日本を訪問したるに、上陸以来各方面よりの真心こもれる歓迎を受け誠に感謝にたへず。殊に本日は特別の御待遇により明治神宮参拝を遂げたるは満足此上なきところなり。私等は此の御厚情を島民一般に告げ共に共に日本帝国の隆昌を計りたし』と流暢なる日本語にて感謝の辞をのべたり」（前掲「明治神宮記録」二、大正一〇年七月二七日条、前掲『明治神宮叢書』一二、三二七―三二八頁）。

(61) 以上、前掲『明治神宮叢書』一二、一八九頁、三三二頁、四九七頁、七〇九頁。なお、七五三については大正一一年一一月一五日条にも「七五三祝の参拝頗る多し。この種のもの年と共に増加するは喜ばしき傾向なり」（同八一〇頁）という記述が見られる。

(62) 同右、三三六頁、五八七頁。

(63) 交通・旅行業界が主催する明治神宮参拝ツアーの一例を第七章第二節注(18)で紹介している。一方で、明治神宮に参拝したいが遠隔地に居住しているために費用や時間の都合でなかなか果たせない人々も数多くいたであろう。「明治神宮記録」には、新聞社がそのようなニーズをふまえた読者サービスを実施していたことが記録されている。「東京朝日新聞社員五十嵐修一、北海道に於ける同紙購読者に頒布する目的を以て神符九百六十体を受けたり」（大正一一年一二月三〇日条、前掲『明治神宮叢書』一二、八三九―八四〇頁）。近世における伊勢神宮の御師のような役割を、近世とは比較にならない規模で、近代の交通・メディア資本が担っていく。

(64) 前掲山口『明治神宮の出現』一六八頁。

(65) 元日の参拝者数は、新聞では十万人と報じられているが（『東朝』大正一〇年一月二日「明治神宮の初詣で十万人」）、神社の記録によれば五万二千人となっている（前掲「明治神宮記録」二、大正一〇年一月一日条、前掲『明治神宮叢書』一二、二〇〇頁）。

(66) 『東朝』大正一〇年一月三日「元日に劣らぬ参拝者　二日の明治神宮」、前掲「明治神宮記録」二、大正一〇年一月三日条（前掲『明治神宮叢書』一二、二〇一頁）。

(67) 『東日』大正一〇年一月二日「大官も女工も　明治神宮へ初詣　救護班が活動した程　終日大雑沓を極めた」。

(68) 前掲「明治神宮記録」二、大正一〇年一月一日条（前掲『明治神宮叢書』一二、一九八頁）。

(69) 伊沢修二談話（『やまと新聞』大正元年八月五日「国民教育の淵源（伊沢貴族院議員談）」）。

(70) 前掲山口『明治神宮の出現』四六―四八頁。
(71) 江間俊一談話(『やまと新聞』大正元年八月五日「三大廟社とせん　(江間市会議長談)」)。
(72) 古川隆久『大正天皇』(吉川弘文館、二〇〇七年)一九三―一九六頁。
(73) 坂本一登「新しい皇室像を求めて」(近代日本研究会編『年報近代日本研究』二〇、一九九八年)。
(74) 四竈孝輔『侍従武官日記』(芙蓉書房、一九八〇年)三四七頁、大正一二年一月一日条。
(75) 『東日』大正一二年一月二日「日本晴れのお正月　始めての終夜参拝に　元旦かけて明治神宮は　おびたゞしい人の群れ」。
(76) 「明治神宮記録」三に以下のような記述がある。「職員会議を開く。〔中略〕飯田主典より今後は国民の至情を汲み大晦日例祭等には特に夜間参拝を許可せらるべく希望をのべ〔以下略〕」(大正一一年一二月二〇日条、前掲『明治神宮叢書』一二、八三二頁)、「大晦日のため特に御鎮座後始めて夜間参拝を許す。〔中略〕寒風をついて詣する赤子頗る多し。午後六時より元朝六時に至る参拝者の数四千八百九十人に及べり」(同一二月三一日条、同八四〇―八四一頁)。
(77) 新聞では、このときの正月は東京からの伊勢神宮初詣客が異常に少なかったことが次のように報じられている。東海道線急行列車は「閑々の空つぽう」で「名古屋で参宮列車に乗りかへたものが僅かに三人」。車掌によれば「斯んなことは数年此方ない珍らしい現象で、丁度此列車は名古屋で山田行の参宮列車の一番に連絡するやうになつて居り、神宮参拝の乗客で毎年寝台などは五日前に予約済みとなり乗客もギツシリ寿司詰になるのが、斯んなに淋しいので全く意外な現象に呆れてゐると云ふ」(『大阪毎日新聞』大正一〇年一月二日「東海道線急行列車が閑々の空つぽう」)。折からの不景気の影響もあったかもしれないが、東京からの伊勢初詣客がこれほど目立って減少したのは、初めて正月を迎えた明治神宮での初詣を優先させるために恒例の伊勢行きを取りやめた者が少なからずいたからではないかと推測される。
(78) 『東日』大正一一年一月二日「明治神宮に初詣で」。
(79) 一戸兵衛「御不例中の国民的祈願熱禱」(『実業之日本』三〇―二、昭和二年)一二五頁。原史料ではルビが「少《すくな》くない」となっているが、明らかに文脈に合わないため、正しくは「少《す》くない」であろうと判断し、修正した。
(80) 『読売』昭和八年一月三日「インフレに乗って　お正月は微笑む」。
(81) この写真には英文のキャプションがあり、“practically all Tokyo citizens paid respect to the late Emperor”(拙訳「ほとんどすべての東京市民が先帝に崇敬の念を表した」)となっている。この史料に限らず、皇室ゆかりの神社への「参拝」について、日本語では「参拝」という宗教的なニュアンスを払拭しきれない言葉を使用する一方で、英訳では pay respect to あるいはpay a visit toといった宗教的な意味合いを感じさせない表現があてられている史料が散見される。

(82)『上田貞次郎日記　大正八年—昭和十五年』（上田貞次郎日記刊行会、一九六三年）四二頁。「正一、良二、信三」は順に長男、二男、三男。

(83)「例年の如く子供一同と明治神宮へ参拝した」（同右、九五頁、大正一四年一月一日条）。

(84) 同右、一一四頁。

(85) 同右、三七五頁。

(86) 前掲磯前『近代日本の宗教言説とその系譜』一〇一頁。

(87) 前掲『上田貞次郎日記　大正八年—昭和十五年』六〇頁。

(88)『宮本武之輔日記』（電気通信協会東海支部、一九七一年）昭和七年一月一日条、翌八年一月一—三日条。

(89) 住吉神社所蔵の『社務日誌』によると、大正一〇年と翌一一年の元日に池松時和大阪府知事が参拝、昭和三年元日に大阪府会計課長および社会課長が参拝、翌四年は元日に同会計課長、二日に力石雄一郎府知事が「正式参拝」、其の他府職員数名も参拝、さらに五日には「前知事田辺治通氏妻女」が参拝している。この日誌の閲覧にあたっては川畑勝久氏をはじめとする住吉大社の皆様のご協力を賜った。心よりお礼を申し上げたい。

(90) このパターンの事例は参拝体験記や日記の類で枚挙に遑がないほどみられるが、たとえば日本画家の池上秀畝は「我が家の三ケ日」というインタビュー特集記事のなかで「第一日屠蘇に新年を祝いて明治神宮に家族同伴参拝〔中略〕第三日十年一日の如く旅行伊勢大廟参拝、直に帰京」と答えている（『アサヒグラフ』四—一、大正一四年、六頁）。この二つの「聖地」にさらに宮城を組み合わせた次のような事例もある。「私は元旦津市の年賀会に参列後直ぐ家族と共にお伊勢さんに初参宮をして夜行で二日朝東京に着いた。先づ宮城を拝し次で明治神宮と琴平ビルの護王稲荷神社に参拝してから〔中略〕上野駅を夜行で出発、三日の夕方青森に着く。〔中略〕只今午後九時だが津軽海峡の海上を連絡船に乗り函館に向つて航行してゐる。今迄の汽車汽船の所要時間僅三十一時〔間〕、モウ一時間位で函館だ」（『伊勢新聞』昭和五年一月七日「所感　弘光」）。東京に着いた二日のうちに上野発の夜行列車に乗って翌三日に青森着、その日の夜の青函連絡船にて函館に向かうというあわただしい旅程であったが、「津でくんで都でくんだ屠蘇の酔ひ醒むる頃には雪の青森」と詠んで洒落込んでいる。

(91)『鉄道時報』大正一四年一月二四日「初詣での客」。

(92) 大正一四年の例祭について報じる新聞記事には次のような明治神宮関係者の談話がある。「〔一一月〕三日は二十五万近くは出たでせう。今年の元日の三十万人以来です。〔中略〕それ〔例祭〕に較べると正月元日は夜間参拝を許すので仲々手がまわり兼ねる位です」（『読売』大正一四年一一月五日「明治神宮の参拝は年毎にふえる」）。

(93)　第一章「はじめに」参照。

(94)　たとえば「日曜にて参拝者多く社頭賑ふ」（前掲「明治神宮記録」二、大正一〇年一月九日条、前掲『明治神宮叢書』一二、二〇四頁）といったような記述がしばしば記されている。

(95)　前掲「明治神宮記録」三（前掲『明治神宮叢書』一二）五九四頁。明治神宮が創建された時期は周知の通り労働問題が社会的な関心を集めるようになった時期であり、被雇用者の待遇改善の一環として月に一―二回の日曜休日制を採用する業種がみられるようになる。一例として、次の新聞記事を参照。「古い習慣に囚はれた日本の商家は数多の雇人に三《ママ》百六十五日殆ど休みなしに追ひ使つて、盆と正月僅に二度の休みを閻《ママ》魔様の笑顔を見るのが楽みとされて居たが、時代は労働運動の八釜しい話となり、資本主雇主もこの雇人待遇法に頭を悩ましてそろ〳〵自覚の時に達したか、今度市内織物同業組合では、六月一日から率先して雇人の休日を月々の日曜日に二回与へる事としたのは非常によい事である」（『東朝』大正八年六月二日「織物問屋が率先して　日曜休日の実行　森閑たる初休みの問屋町　雇人酷使の旧慣打破」）。

(96)　前掲「明治神宮記録」二（前掲『明治神宮叢書』一二）二八九頁。

(97)　前掲「明治神宮記録」三（同右）七六〇頁。

(98)　前掲「明治神宮記録」一（同右）一八九頁。

(99)　前掲「明治神宮記録」二（同右）三二二頁。

(100)　前掲「明治神宮記録」三（同右）六八二頁。

(101)　すでに明治末期の時点で次のような指摘がなされている。「〔東京の〕新年は先づ家庭の娯楽日である。一家の者共が打揃ふて愉快に遊ぶと云ふ日と看て宜からう。東京人士は平日皆多忙で却々一家打揃ふて愉快に遊ぶと云ふことは出来ない。官吏若くは教員会社員等の如き日曜抔と云ふ特別なる休暇を与へられた人はいざ知らず、其の他の業務に従事する者は、打ち寄つて一家団欒の楽みと云ふ事を為す遑が少ないのである。それが三ヶ日と云へば金融機関の銀行も会社も取引先きも総て休む。それで三ヶ日だけ伸び伸びとして家に楽しむことが出来る」（石川天崖『東京学』新泉社、一九八六年、四〇八頁。原著は明治四二年）。

(102)　たとえば関西の西宮神社の『社務日誌』にも、大正六年一月二日条に「近年追々三ヶ日ノ賽客増加ノ模様アリ」という観察が書き留められている。
(103) 第三章で、天皇死去直後に新聞紙上で「なつかしき「明治」の御名　十一月三日の嘉節保存論」という主張がなされたことにふれた。
(104) 以下、『妹尾義郎日記』(全七巻、国書刊行会、一九七四—一九七五年) からの引用は年月日のみを記し、頁を略す。
(105) 以上、山田風太郎『戦中派虫けら日記』(ちくま文庫、一九九八年) 四九〇—四九三頁。
(106) 当然ながら、この日が平日で、官庁も含めて多くの組織が休まずに業務をすることに対する批判も出た。「神宮競技でオリムピアの昔を今にかへす賑はひを見せてゐる時、官庁や銀行会社が知らぬ顔して、記念すべき十一月三日にも、徒らに平日のごとく仕事してゐるのを見るとにくらしいよりは情なくなる。三日位は休業したらどうか」(「明治神宮祭典」『東朝』大正一五年一一月五日「鉄箒」(投書欄))。
(107) 前掲山口『明治神宮の出現』一七二頁。
(108) 牟田和恵『戦略としての家族』(新曜社、一九九六年)、沢山美果子「家／家庭と子ども」「「家庭」という生活世界」(大門正克ほか編『近代社会を生きる』吉川弘文館、二〇〇三年)。
(109) 南博編『大正文化』(勁草書房、一九六五年)、津金澤聰廣『宝塚戦略』(講談社現代新書、一九九一年) など。
(110) 以下、吉野作造の日記は『吉野作造選集』一四 (岩波書店、一九九六年) からの引用を年月日のみで示し、頁の明示は省く。
(111) ただし、選集に収められた日記を見る限りではこの一回きりである。関東大震災から間もない時期であったことが関係していたのかもしれない。
(112) 「神社宗教論」(『吉野作造選集』四、岩波書店、一九九六年)。初出は『中央公論』大正一五年一〇月号「小題雑感」。
(113) この明治神宮周辺の写真師たちは地方からの上京者も商売相手にしていた。「明治神宮に参拝された方は、あの神宮橋の向側で、一の鳥居を背景に、お上りさん達に「記念のために一枚写していらつしやい」などと、商売網を貼つて居るのを見られたであらう」(緑葉生「街頭の写真師」『婦女新聞』昭和四年九月一五日)。
(114) たとえば、「家庭の年中行事」について次のような提言がなされている。「我国は旧慣を打破して、新しい何物もまだ出来てゐない。それをかういふ新聞で、順次搾へて見たらばどうかと思ふ。たとへば皇室の年中行事の都度、天長節には、誕日を如何に祝すべきか、皇霊祭には祖先の祭りといふやうな問題を掲げて、懸賞募集をして遂には家庭に於ける年中行事を、こしらへあげるやうにする」（山下信義「地方だより（其三）」『婦女新聞』大正元年八月二日）。

(115)　奇しくも明治神宮創建と同じ大正九年に東京で生活改善同盟会が結成されている（中嶌邦「大正期における「生活改善運動」」『史艸』一五、一九七四年、六二頁）。

(116)　「門前の松飾などは感服せず。幼松濫伐の損害は時節柄量る可らざるものありと思へばなり。併し全く飾なしも殺風景なり。何がな思ひ付きもがな」（吉野作造日記、大正九年一月一日条）。

(117)　「新年七日松の内丈でもノンビリとして暮したし。〔中略〕彼の生活改善などと唱へて年に一度の正月を徒らに忙しく徒らに無味乾燥に送らうなど、考へる徒輩とは全く反対に〔中略〕太平を楽しみたいものだと存じます」（水島爾保布「我が家の三ヶ日」『アサヒグラフ』四―一、大正一四年、一三頁）。

(118)　このことをよく示すのが大正六（一九一七）年・七年の『都新聞』の投書欄で、他の家庭でも行ってみてはと自分の家庭で実践している正月儀式を勧める投書が掲載されている。「小生は毎年元日の朝に故郷の両親に対し、家族一同の写真と共に健康状態を報告することに定めてをります。東京に家庭を有ちまして以来、この定例を欠かした事はありません。〔中略〕万一まだ爾《さ》うならぬ方があつたら、この元日の一日課をお勧めいたしたいと思ひます」（南海生「元旦の日課」大正六年一月一日）、「私の家では一昨年から一日の朝の食事の時に一同新年の挨拶があつて、主人の私から子供達に平生の心得方を言ひ聞かす事にして居ります。此の類の事が一般の家庭に行はるゝ様になればと思ひ、新年始筆の積りで此の一文を記者足下に呈します」（元旦吉松生「家庭の儀式」大正七年一月二日）。

(119)　ただし、よくみると、上田の初詣には子供はいるが、妻の姿がない。妻とのあいだには年末年始の節目に別の儀式を行っていたからである。昭和三（一九二八）年の日記の冒頭に次のように記されている（日付なし）。「今年は〔中略〕暮から風邪を引いたので寝正月になつてしまつた。例年の明治神宮参拝もしなかつた。年は五十だ。体力の幾分衰へた事を感ずる。大晦日と元日に妻と性交をしなかつたのは結婚以来初めての事だ」（前掲『上田貞次郎日記　大正八年―昭和十五年』一二二頁）。この儀式（?）ができなくなった代わりの意味をこめてか、昭和一〇年の元日条には「貞子〔妻〕と明治神宮参拝」したという記述が初めて現れる（同二二二頁）。これが、上田の生涯の日記のなかで、最後の明治神宮初詣の記述となった。

(120)　もっとも、親に連れられて行った子供の方は、このような感覚とは別に、もっぱらお祭り気分を楽しんでいただけかもしれない。時期が下るが、昭和八（一九三三）年生まれのある女性は、幼少時の明治神宮初詣を次のように回想している。「表参道から神宮橋にかけては出店が立ち並び、私は、姉や妹、弟たちと人波にもまれながらこれらの出店を見て歩くのが楽しみでした。店先には、お正月用のお飾りの鯛や小判がきらきらと揺れていてとても綺麗な眺めでした」（家城定子「むかしの原宿（6）　明治神宮と表参道」『東郷』二八二、一九九一年、三三頁）。

(121) 寺出浩司「大正期における職員層生活の展開」（日本生活学会編『生活学』七、ドメス出版、一九八二年）、伊藤彰浩「高等教育機関拡充と新中間層形成」（坂野潤治ほか編『シリーズ日本近現代史3　現代社会への転形』岩波書店、一九九三年）。

(122) 宗教上の理由などで神社参拝に抵抗感を覚える人々を除いて、という除外条件がつくことは言うまでもない。

(123) これは一面では、東京に新たに定着する人々が、居住地の氏神と疎遠なままで明治神宮と結びつくという傾向ともなろう。このような構造は戦後にも継続している。昭和四二（一九六七）年に三鷹市野崎と狛江町（当時）駒井を対象に行われた社会学者による調査によれば、両地域とも新規来住者が地元の氏神ではなく明治神宮に初詣をしに行く傾向があり、とくに小田急線沿線にあるために明治神宮へのアクセスがきわめてよい後者では、初詣（年頭の社参）を行うと答えた世帯の九一％がその行き先が明治神宮という結果が出ている（森岡清美・花島政三郎「近郊化による神社信仰の変貌」『國學院大學日本文化研究所紀要』二二、一九六八年）。ほぼ同時期の新聞にも、明治神宮の初詣がますます隆盛をみせているのに対して、「大アパートやマンモス団地に入居して来るモダン人種は、信仰心も薄く、伝統の地縁氏神から遊離しているので、ここに氏神信仰を結びつけるのは、むずかしい、頭の痛い仕事である」と指摘する論説が掲載されている（『読売』一九六五年六月六日「新しい慣習育てよう　生活の都市化と神社問題」）。この論説がその冒頭において、都市化は「進駐軍の神道解体指令以上に大きな影響を持つ問題である」とまで述べていることからもわかるように、都市化の進展は明治神宮と地域の氏神とで著しく対照的な影響をもたらしたのである。

(124) たとえば、明治二二（一八八九）年の正月元日に官鉄が川崎大師参詣客のための臨時汽車を運転したところ、乗客合計一五六四人のうち「子供」はわずかに四四人であった（『読売』明治二二年一月三日「臨時汽車の乗客及び揚り高」）。関西でも同様の事例がみられる。明治三四（一九〇一）年に関西鉄道と参宮鉄道が「紀元節伊勢参宮　婦人特別大割引」（両鉄道の連名広告、『大朝』明治三四年二月九日）を行ったところ、乗客は「婦人」一一二〇人、「附添男子」五七六人に対して「携帯小児」はわずかに四八人であった（『大朝』明治三四年二月一三日「紀元節の概況」）。

(125) 第五章「おわりに」参照。

第四章補論　「庶民」についての若干の補足——日雇労働者に注目して

本章では、明治神宮の初詣が一つの回路となって、もともと寺社参詣の慣習を有していた「庶民」のなかに、そのような慣習から隔たっていた「知識人」が参入していくという見取り図を描いているが、議論をわかりやすくするためにいささか大雑把な二項対立構図となっていることは否めない。現時点では筆者はこの問題点を十全に克服する準備はできていないのだが、以下、この点について考える手がかりとすべく、下層労働者に注目して若干の補足を試みたい。

もともとは東京の在来の寺社参詣に馴染んでいなかったものの、明治神宮創建を契機として参拝の群衆に参入するようになった層として、本章では知識人に注目している。しかし、同様のことは、戦間期の加速度的な都市化の進行のなかで増加し続けた地方出身の下層労働者にもあてはまることだったのではないか。一口に「庶民」と言っても、東京の「下町」の地縁共同体をベイスにした生活を営み、近世以来の寺社参詣に居心地よく参加していた旧住民層と、彼らの生活空間から疎外されていた地方出身の下層労働者とのあいだでは、相当な隔絶があったのではないか。このことについて、東京市社会局の調査をまとめた『日傭労働者の日記』『同　二』を素材としてささやかな検討を試みたい（以下、便宜的に前者を①、後者を②として示す）[1]。

この調査は、昭和二(一九二七)年〈①〉と翌三年〈②〉の二度にわたって、市内の労働宿泊所や木賃宿で暮らす日雇労働者たちに日記の記録を依頼し、その結果を収載したものである。調査対象となった日雇労働者たちは二〇―四〇代が中心で、近代の小学校教育をうけた世代である。なかには高等小学校あるいは中学校レベルの学歴を有していると思われる、インテリ志向の片鱗すらうかがわせる文章もみられる。それだけに、自分が社会のなかで立身出世を果たせず下層に甘んじているという現実を前に「此の儘一生を終りたくはない。否俺は終らない。必ず人間に成る」〈四三歳、①二七頁〉といったように切々たる承認願望を吐露する者も少なくない。(2)

そのような彼らがしばしば心の支えとしていたのが、ほかでもない天皇であったことが、日記の随所からうかがえる。たとえば、「仕事により面白くない事があるけれど、明治天皇陛下の御製を心に思ひて、いやしい仕事でも心尽てやれとの御製を思いて其日を完全に勤めてまいりました」〈三八歳、①三二頁〉といった具合である。とりわけ②の調査期間は昭和三年の一一月四日から一〇日であったため、「御大典の佳辰を含んでゐたのであつて、この盛儀に対する労働者の感激や木賃宿街の奉祝気分が溢れ出てゐるのを随所に見出す」〈②「はしがき」〉ことができる。一一月一〇日、京都における即位の礼の挙行を期して、午後三時に国民がいっせいに「万歳」を唱えたが、そのときの感慨についてある者は次のように記す。

午後浅草へ、三時万歳を唱へた時は感極り涙が溢れ出た。陛下の赤子だといふことが労働者の一人としても誇らしく感じた。〈三三歳、②二〇頁〉

もちろん、この感激は単純で無邪気なものなどではなく、苦渋や屈折に満ちたものであった。別の者〈同じく三三歳〉も、「ラヂオで、首総〈相〉万歳有り、我等も〈宿泊所の―引用者〉所長の発声にて『天皇陛下万歳皇后陛下万歳』を三〈唱〉した」が〈②一三九頁〉、その前日、「明日は愈々御大礼の最もかしこき日だ」と記した直後に彼が書きつけているのは、「国元の父」に対する切々たる詫びの言葉である。

父が情けで学ばした学問も利用が出来ず自由労働者となつて居るが是れも父に知らせる事が出来ず、尚其上に居所さへ知らせず父は此の目出度い寿きの日を迎へるに不幸な子の事を考へて居るだろー。そして又心配して居るだろー。嗚呼何んと私は罪な人間かと憾〔感〕ずると、実に此の世に居たくないと迄思つた。（②一三八―一三九頁）

生まれ育った故郷とも東京の地縁共同体とも隔絶し、深い孤立感とともに、道行く人々から「如何にも人間扱にせず〔中略―引用者〕別〔蔑〕視せられ」（②一三六頁）る日々を暮らしていた彼らは、この午後三時の「万歳」三唱の瞬間、「一君万民」的な想像の共同体のなかでささやかなぬくもりを感じとろうとしていた。あるいは、「社会のドン底にウコメキ僅かに其日と露命をつなぐ俺も臣民の端くれだ」（四八歳、②一五二頁）と、すがるような思いで自身の存在価値を確かめようとしていた。

もっとも、このようなことは、東京に限らず大阪など他の大都市の下層労働者でも同様であったであろう。だが、「帝都」東京では、宮城の存在が彼らにさらに複雑な感情をいだかせることになる。

京都での即位の礼と同時に、東京の宮城や日比谷公園でも祝賀が行われた。東京に暮らす彼らは「二重橋日比谷方面に行き参拝」し、「東京に居ればこそ御目出度き祝ひが拝めますと思ひ、外地へ行くことはいやになります」（五二歳、②八四頁）などと、「帝都」に住まうがゆえの天皇との近さを誇りに思った。(3) ところが、それは同時に、「帝都」に集住する多数の「位勲者」の栄えある姿を目の当たりにする機会でもあった。

十一月十日〔中略―引用者〕二重橋へ着いたら礼砲が天地を轟かした。万歳の声が潮の様に湧き上つた。〔中略―引用者〕位勲者は三々五々と雑踏の中を押し分けて二重橋を渡つて行く。日本広しと雖も二重橋を渡り得る人は暁星の如くであつた。〔中略―引用者〕彼も人である我も人である。彼には為し得る事が我に於いて出来ぬ筈はない。私は彼の位勲者を今日見て焔火の如く向上心に焼〔炎〕ゆるのだつた。何時迄も労働者にとゞまるべきでな

いと思ふのだつた。（三五歳、②九―一〇頁）

立身出世主義を信奉しながらも目標を実現できずに落伍者意識に苛まれ続ける彼らにとって、二重橋を渡って宮城のなかへと参内できる「位勲者」たちの姿は、ひるがえって、否が応でも惨めな自身の現状を痛感させ、そこからの脱却への焦燥感を駆り立てるものだった。

さて、残念ながら、この日記史料には、年末年始の時期が含まれていない。そのため、彼ら日雇労働者層が明治神宮に初詣に行ったのかどうかをこの史料から直接知ることはできない。しかしながら、この史料から、彼らのなかに明治神宮の初詣に参加した者が少なからずいたであろうと推測することは、あながち無理なことではないだろう。別の史料では大正一五（一九二六）年の明治神宮の初詣の光景について「家族づれの参拝者が年々多くなつて行くやうに見られる事と、礼装いかめしい人に交つて粗服の労働者風を多く見受けるに至つたのは、一層の喜びである」と記されているが[4]、この「粗服の労働者風」は、右にみた日雇労働者層とある程度重なっていたのではないかと思われる。

おそらく、ほとんどすべての業種がいっせいに休んで「家庭の娯楽日」[5]となる正月三が日というのは、生まれ故郷とも東京の地縁共同体とももつながりをもたない「根無し草」的な単身の男性日雇労働者たちにとって、一年で最も孤独感や疎外感を感じる機会だったのではないか。同宿の労働者仲間で安酒を酌み交わすだけではあまりにもわびしく、せめて敬慕する明治天皇が祀られている神社に参拝する「赤子」たちの群衆に混じって「一君万民」のかすかなぬくもりを感じとりたいと思った者がいたとしても不思議ではない。しかも、ふだんは「人間扱」されず「別〔蔑〕視」されている彼らも、明治神宮の境内の参拝者となれば、天皇に対する「感情美」を共通項として、エリートや下町の庶民たちに対する心理的劣位を多少なりともケアできるであろう[6]。小学校に通っていたころには児童として参加することができた三大節（明治節制定後は四大節）の公的な祝賀行事も、日雇労働者の身分となった今となってはもはや参加がかなわないが、明治神宮の初詣であれば参加資格で排除されることもない[7]。彼らのなかには、参拝の瞬間、

「此の儘一生を終りたくはない。否俺は終らない。必ず人間に成る」「俺も臣民の端くれだ」といった思いを胸に、祭神である明治天皇に切々と祈った者もいたであろう。また、これ見よがしに自動車でこの神社に乗りつける「礼装いかめしい人」たちを目にして、「何時迄も労働者にとゞまるべきでない」とあらためて「焰火の如く向上心に炎ゆる」者もいたであろう。

もっとも、たとえ参拝者のなかにそのような人々が混じっていたとしても、彼らにはそのような感懐をメディア上に発表する機会を与えられるはずもなかった。それゆえ、結局のところ知識人の言説においては、上流層も下町庶民も日雇労働者も、「社会のあらゆる階級が同列になつて同じことをする」などと一括される。とあるエリートは、参拝客の集合体について「実に国民の勤王の志顕れて嬉しく有かたかりけり」とあっさりと一括りにして賞賛したうえで、「自動車にて首尾よく帰宅」した。[8] 自動車を乗りまわすことができる富裕層と、先にみたような日雇労働者たちが、まったく同じ思いで明治神宮に初詣をしたはずはないのだが、[9] しかし、知識人の言説では、そのようなことにはおかまいなく、境内の群衆は「明治聖帝への追慕と初詣での清浄な祈願とに統一されてゐる」[10]などと一括りにされて語られ続けることになる（このことについては第七章であらためて論じたい）。

本書全体として、初詣の浸透過程について「知識人」が明治神宮の誕生を契機として「庶民」の参詣共同体のなかへ参入していくという構図をとっているが、より正確に言えば、この新たな参入層のなかには、右にみた日雇労働者のような人々も含まれていたと考えられる。この点を考えただけでも、「知識人」と「庶民」という二項対立のとらえ方については検討の余地があることがわかるのだが、現時点ではさしあたり以上の補足をする程度にとどめざるをえない。

（1）①『日傭労働者の日記』（東京市社会局（編・刊）、昭和三年）、②『同　二』（同、昭和四年）（復刻、『日本近代都市社会

調査資料集成1　東京市社会局調査報告書［大正九年─昭和十四年］20　昭和三年』『同　同22　昭和四年（2）』、いずれもSBB出版会、一九九五年）。以下、頁については原著に記された頁に準拠して「①一二三頁」のように示す。また、この史料については、［　］による注記はことわりがない場合はすべて編者（東京市社会局）によるものである。

（2）　一九二〇年代の東京における日雇い男性労働者たちの「遊蕩的で無頼的な生活実践」を対象として、明治期に浸透した「通俗道徳」の欺瞞性に対する「対抗文化」を析出した藤野裕子「戦前日雇い男性の対抗文化」（『歴史評論』七三七、二〇一一年）は、彼らが「強烈な上昇欲を内に秘めていた」ことを指摘している（九頁）。

（3）　もちろんこのとき天皇は京都に行幸していたので、生身の天皇という意味ではないが、生身の天皇が不在であるはずの宮城であっても、その近くに行って「参拝」したいという感覚を、あえて「天皇との近さ」と表現している。少なくともこの労働者にとっては、生身の天皇が不在で遠く離れた京都にいるとしても、宮城は何らかの精神的求心力を感じさせる場所であった。

（4）　福島春浦「回転椅子」（『婦女新聞』大正一五年一月一〇日）。筆者の福島は「元旦、私は嘉例によつて、児女数人を伴ひ明治神宮に参拝した。愛犬ヂユリーもお供の数に入つた」という。

（5）　第四章注(101)参照。

（6）　第四章第三節⑵参照。

（7）　日雇労働者は、毎日の稼ぎの有無が生活に直結する。そのため、「屋外労働の妨げらる、雨を恐れる事は甚だし」（①「はしがき」）かった。②をみると、国家的な祝賀行事である「御大典」当日に、名誉ある公式行事への参加は叶わないとしても、せめて「臣民」「赤子」の一人としてなんとしても仕事を休んで「奉祝」したいと願い、次のように記した者がいる。「嗚呼天の神よ、十日の御大礼迄雨を降らせず我等自由労働者にも国民として最も寿ふく可き日を祝はせて呉れ給へ」（三三歳、②一三七頁）。奉祝当日に仕事を休んでも生活に支障が生じないように、その前日までに少しでも稼いでおきたい、という切実な願いである。幸い天気に恵まれ、彼はなんとか「御大典」当日に仕事を休んで「奉祝」することができたものの、同宿の者たちの状況について次のように慨嘆している。「今日も無一文の人が四分通り有つた。此人等は切角祝意を表し度くも宿泊及食事に頭を痛めて居る。何と云ふ事でせう」（②一三九頁）。彼らにとって、「御大典」のような国家的祝賀行事の当日に仕事を休んで「奉祝」に加わることは、せめてその瞬間だけでも〝人並み〟になるということを意味していた。戦前日本の国家的祝祭については、ややもすれば研究者によって「動員・強制」のイメージで語られがちである。しかし、とくに日清・

日露戦争を通じて天皇崇敬を核とした「臣民」としての規範意識が国民のあいだに広範に定着してからは、右のような切実な「参加」の願望を抱く人々、裏返して言えば、「動員」されないことに疎外感を感じる人々が下層社会に少なからず存在したことを見落としてはならないだろう。これに関連して、松本清張の自伝のなかの有名な一節を引用しておく。「当時〔昭和一〇年代〕の朝日新聞は、身分制で、それによって待遇が異った。〔中略〕紀元節や天長節または社の祝日の集りには社員、準社員だけが講堂に呼ばれ、雇員は参加の資格がない。これが雇員たちの劣等感をどれほど煽ったかしれなかった」（松本清張『半生の記』新潮文庫、一九七〇年、八五頁）。

（8）『跡見花蹊日記』四（跡見学園、二〇〇五年）七六七頁、大正一四年一月一日条。

（9）前掲藤野「戦前日雇い男性の対抗文化」は、当時の下層労働者たちの次のような一面を指摘している。「洋服を着た身なりのよい紳士が下層社会に踏み込むと、「ヤイ何を見に来たのだ馬鹿にするな」と怒鳴りつけ、車を乗り回す者を見ると、「金のあるのを自慢して、俺れは金が有るんだと言はぬ許りに自働車なんかで乗り廻して居やがるんだ。馬鹿野郎共が……」と吐き捨てる」（一五頁）。このような人々にとって、正月の明治神宮前における「自動車の洪水」の光景（第四章図4-3）が何の感情も生じさせなかったとは考えにくい。

（10）「明治神宮の初まうで」（『婦女新聞』昭和六年一月一一日）。「婦人記者」という筆名が記されている。

第三部　初詣の展開——都市の娯楽とナショナリズム

第五章　関西私鉄・国鉄と「聖地」

はじめに

本章は、大正期以降、皇室ゆかりの「聖地」への初詣が娯楽とナショナリズムの絡みあいのなかで活発化していく過程を、関西私鉄と国鉄の競争／協同の関係に注目して検討する。ここで言う「聖地」とは、天皇陵および皇室と関わりの深い神社を総称する言葉としてとくに大正期以降に頻用されるようになった用語である。

第四章でみたように、都市の娯楽行事として成立した初詣は、明治から大正への天皇の代替りを契機としてナショナリズムと接合していく。ただし、これによって初詣の娯楽性が縮小したわけではなく、ナショナリズムと娯楽の両側面が増幅していくことになる。そもそも、娯楽とナショナリズムは二者択一とは限らず、混在や相乗の関係もありうる。とくに、雑多な人々が多数集住する大都市では「氏神＝地域社会」単位での統一的儀礼は（総力戦体制下は別として）平時は容易ではなく、人々が〝自発的〟に楽しみながら「国民」として統合されていく回路として、個人または家庭単位の娯楽がナショナリズムと接合する領域に注目する必要があるのではないだろうか。

この点で示唆に富むのが、戦間期において都市モダニズムと適合した「新しいナショナリズム」が国家よりもむしろ資本によって娯楽性を伴いながら社会に浸透していったという指摘である。ただし、そこでは「資本――すなわちマス・メディア」と限定されており、私鉄資本は視野に入ってこなかった。[1] 一方、鉄道も視野に入れて娯楽とナショナリズムの領域を扱ったものとしては高岡裕之による研究があるが、[2] 検討対象が一九三〇年代以降の戦時下ツーリズムにほぼ限定されているうえに、そこでとりあげられている鉄道は「国家装置」と性格づけられた国鉄である。[3] つまり、戦間期都市モダニズムの主要な牽引役がマスメディア資本と私鉄資本であったことは周知のことであるにもかかわらず、[4]「娯楽とナショナリズム」というテーマになったとたんに私鉄資本が対象から抜け落ちてしまうという傾向が従来の研究ではみられるのである。

その大きな原因として考えられるのが、都市モダニズムをテーマとした諸研究における小林一三率いる阪急への関心の集中である。小林が私鉄の多角化経営モデルの先駆者として重要であることには筆者もまったく異論はない。しかしながら注意すべきは、阪急は沿線に皇室ゆかりの「聖地」を含むめぼしい名所旧跡がないという点では関西私鉄のなかでむしろ例外的であったということである。[5] それゆえ、私鉄の娯楽経営戦略を「小林＝阪急」で代表させて論じると、少女歌劇や百貨店などいかにもモダンでナショナリズムとは関わりがなさそうな「洋風」の事物ばかりが目立ち、娯楽とナショナリズムの関連は知らず知らずのうちに後景に退いてしまう。実際、「小林＝阪急」は、モダニズムとナショナリズムを切り離したイメージを基調とする研究では必ずと言っていいほど言及されるのとは対照的に、両者の関連性に注目する研究にはほとんど登場しないのである。[6]

本書は、資本による娯楽の商業化とナショナリズムとの関連を検討するという点では後者の研究と親和的である。ただし、「小林＝阪急」ではなく、「聖地」を沿線に抱えていた私鉄（大軌）に注目することによって、昭和戦時期ではなくすでに大正期から私鉄資本が積極的に「聖地」への参拝を促進し、さらにはこれに国鉄も触発されて、両者の競争／協同の関係によって、娯楽とナショナリズムの相乗関係のなかで「聖地」参拝が活性化していったことを明らかにしたい。なお、あらかじめ記しておくと、第七章では本章および次章の検討内容をふまえて、「聖地」参拝が鉄道の集客戦略によって娯楽色を強めていくにもかかわらず、結果としてナショナリズムの言説とも深く関わっていくことについて論じる。

ところで、本章で論じる「聖地」はいわゆる国家神道と深く関わるものである。従来の国家神道研究のほとんどは制度・言説・思想に関心が集中しており、国民生活との関わりという点では、「氏神＝地域社会」を回路とした「上から」の教化という枠内におおむねとどまってきた。(7) 近年は畔上直樹によって、国家神道が大正デモクラシーの趨勢と関わりながら「下から」活性化していったとする興味深い論点が提示されているが、(8) 検討対象はやはり「氏神＝地域社会」である。一方で、戦間期都市における国家神道の問題を扱った先駆的な研究として赤澤史朗の研究があるが、(9) 同書では別の章で娯楽の問題も論じているものの、(10) 両者は別個に論じられ、相互にリンクしていない。つまり、大正期以降の都市部において、「氏神＝地域社会」とは別に、個人・家庭単位の娯楽を回路として人々が国家神道と関わっていくという点については、先行研究はまったくと言っていいほど検討してこなかったのである。

本書は国家神道研究を専門とする立場からの研究ではないものの、鉄道による集客戦略が皇室ゆかりの「聖地」と密接に関わったことを明らかにすることによって、従来注目されてこなかった大正期以降の都市部における娯楽と国家神道との関わりという問題領域を提示できるのではないかと考える。

一 「聖地」への鉄路

第四章でみたように、明治から大正への代替りを契機として初詣はナショナリズムと接合していくが、関西圏では時恰も急速に路線網を拡大しつつあった私鉄資本が代替りを契機に積極的に「聖地」をＰＲしていく。一方、国鉄もそれなりに「聖地」へのアクセス改善を図っていたが、私鉄の攻勢をうけてにわかにサービス改善を本格化させていく。以下、その過程を具体的にみていきたい。

(1) 京阪電鉄と桃山御陵

いちはやく代替りによる恩恵に浴したのが京阪電鉄である。明治天皇の死後まもなくしてその陵墓が同電鉄の沿線である伏見桃山に設けられることになり、大正元(一九一二)年九月一八日から一一月三日まで一般参拝が許されると約四〇〇万人もの参拝者が訪れ、同電鉄は多数の乗客を輸送して思わぬ収益をあげた。[11] 京阪はさらに集客を図るべく、御陵が設けられて初めての正月を迎えるにあたって次のような広告を出した。

諒闇中の新年には伏見桃山御陵参拝　新玉の年の始に謹で伏見桃山御陵に参拝せんとするは想ふに国民一般の至情なり　御陵の正面南門の前においてまのあたり御須屋を拝し得るは蓋し国民の本懐とするところなり[12]

これ以前の鉄道による参詣広告はもっぱら現世利益の文句ばかりで、「国民一般の至情」「国民の本懐」といったナショナリズムの名目を掲げる広告は従来にはないものであった。そして迎えた正月は京阪の宣伝や大増発の効果もあって「一般参拝者約十万」、「御陵一般参拝を許可され居たる当時に較べて一層夥しき人出」となった。[13] その後も桃山御陵への参拝は衰えることはなく、京阪電鉄は「一般経済界不振ノ時期ナルニ不拘幸ニ相応ノ成績ヲ挙[14]」げることになる。

このような京阪電鉄による桃山御陵への参拝客輸送は、皇室ゆかりの「聖地」が鉄道にとって有力な収益資源になりうるということを示す先駆けとなったと言える。

(2) 国鉄と伊勢神宮

伊勢への鉄路を拓いたのは明治二六(一八九三)年一二月三一日に開業した参宮鉄道である。[15] この日、参宮鉄道は津

―宮川（伊勢）間を開業し、(16)関西鉄道と津で連絡して亀山―宮川間の直通運転を開始した。一年後の新聞記事をみると、この時点ですでに大阪からも（かなり早起きをすれば）日帰り参詣をすることが可能となったことがわかる。(17)

その後、明治二八（一八九五）年一一月に関西鉄道の名古屋―草津間が全通、明治三〇（一八九七）年一一月には参宮鉄道が神宮の外宮から至近の位置にある山田（現、伊勢市）駅まで路線を延長、翌三一年には関西鉄道の名古屋―網島（大阪）間が全通して、関西・中京両方面からの参宮アクセスは飛躍的に向上することとなった。そして、参宮鉄道と関西鉄道が連携して「年越及び新年伊勢参宮」を宣伝したこともあって、(18)正月の神宮は大阪など関西・中京圏を中心とする各地から汽車で訪れる参詣客で賑わうようになった。(19)その後も両鉄道は関係各私鉄と提携して積極的に参宮客の勧誘に努めたが、(20)ともに明治四〇（一九〇七）年に国有化された。

伊勢初詣客および年間参宮客は第四章で述べた天皇の代替りの影響もあって大正期以降増加していく。初詣客数についてはまとまったデータがなく断片的な数字しかわからないが（図5-1）、年間参宮客をみるとともに大正六（一九一七）年以降の増加が顕著である（図5-2）。これは一つには、第七章で後述するように、同年のロシア革命、翌年の米騒動、さらには大戦後の「思想動揺」といった相次ぐ変動のなかで国民統合の危機を感じた人々が自ら積極的に伊勢神宮に参拝するようになったり、あるいはそれを奨励するようになったという背景があった。ただし、この時期には右のような政治思想的背景とは直接関係のない単なる行楽地でも軒並み人出が増加しており、(21)戦間期の日本全体において進行した旅行・行楽の大衆化という趨勢がより直接的な要因であったと考えた方がよいだろう。

さて、このように参宮客が増加するなかで国鉄はそれなりに輸送改善を図った。たとえば元日の大阪（湊町）からの参宮臨時列車は、大正五（一九一六）年には一便だったが、九（一九二〇）年は三便、一一（一九二二）年は五便と年々増便された。(22)東京からの直通臨時列車も運行されるようになった。(23)しかし、参宮客増加は国鉄の改善を上回るペースで進行したため、とくに正月のような多客時には利用客の不満をもたらすことになった。大正八（一九一九）年に伊勢神

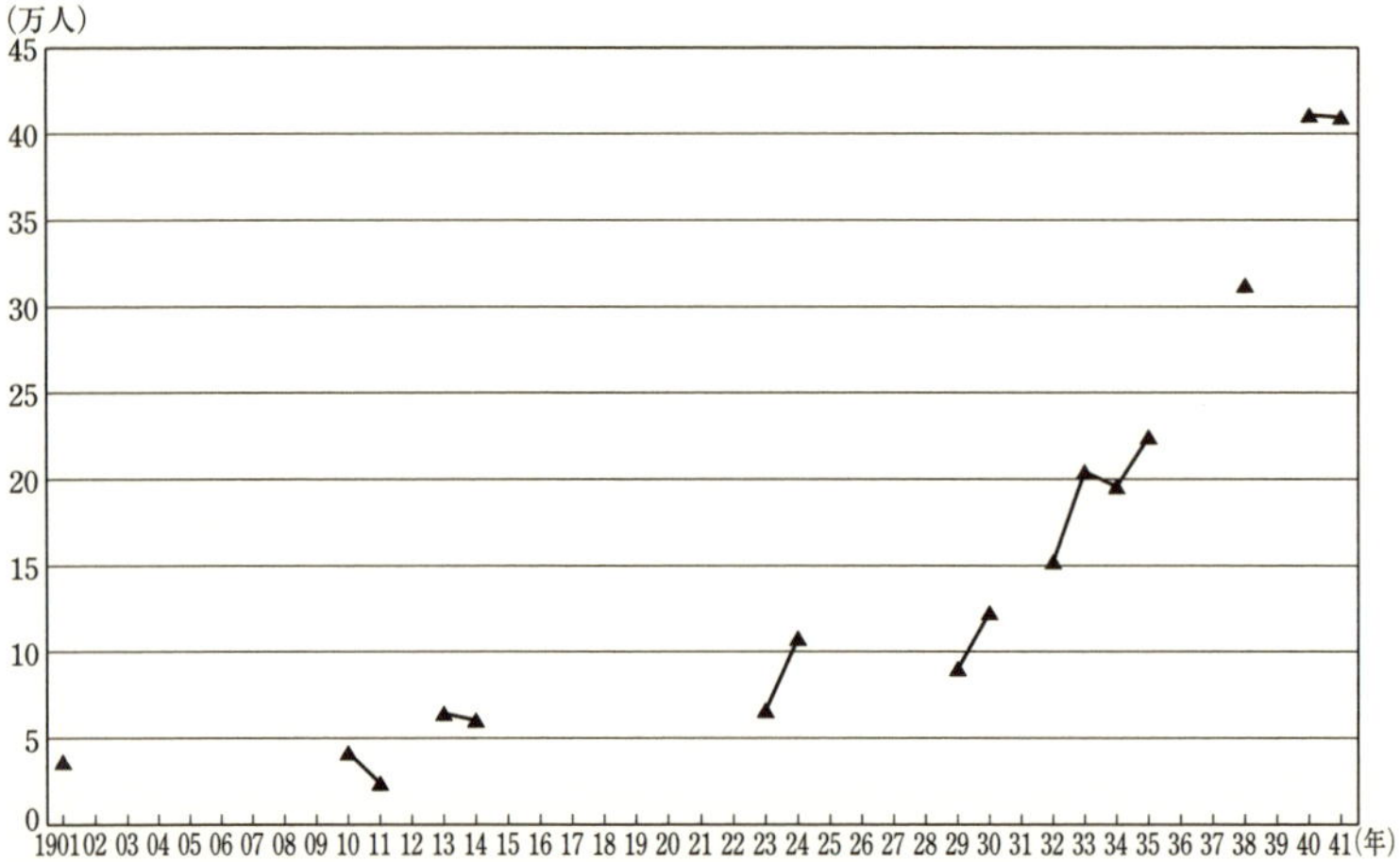

図 5-1　伊勢神宮初詣客数（戦前／三が日合計）

出所）『読売』（1910 年 1 月 10 日「三ヶ日の参宮人」），『伊勢新聞』（1901 年 1 月 8 日「神宮の三日」，1911 年 1 月 7 日「山田雑信」，1914 年 1 月 9 日「三ヶ日の神都旅客」，1924 年 1 月 3 日「神宮参拝で賑ふ　神都の新年」，同 5 日「二三両日の神宮参拝者」，1930 年 1 月 5 日「三ヶ日の神宮参拝者十二万人　駅も電車も満員々々」，1940 年 1 月 5 日「参宮五十万人　年越から正月三日迄」，1941 年 1 月 3 日「翼賛誓ひの拍手　大御前に額く廿万人」，同 4 日「渦巻く参宮客」，同 5 日「正月三日間の参宮客　実に五十万人に及ぶ」），神宮神部署発行『瑞垣』（3 号［1932 年 3 月］「彙報」，6 号［1933 年 2 月］「彙報」，9 号［1934 年 3 月］「新年の奉賽」，13 号［1935 年 3 月］「彙報」，24 号［1938 年 5 月］「彙報」）．

注）内宮と外宮の参拝者数を合算した数．

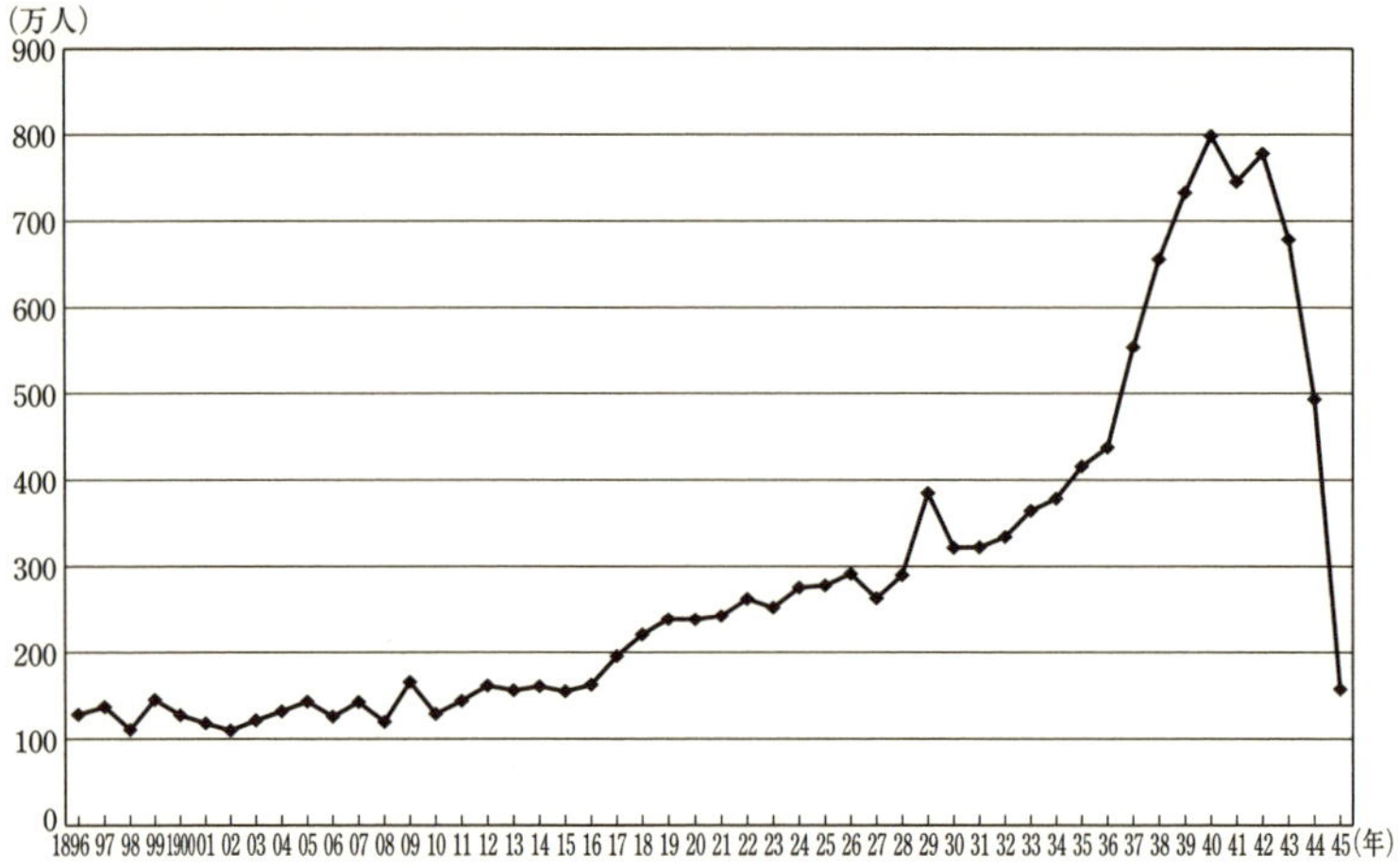

図 5-2　伊勢神宮年間参拝客数（戦前）

出所）伊勢市観光企画課提供の記録による．

注）内宮と外宮の参拝者数を合算した数．

宮初詣を体験したある新聞記者は、大晦日の参宮線について次のように不満気に記している。

伊勢へ伊勢へと行く客は夥しく、亀山からは殆んど動きが取れない。而も一駅毎にドシドシと車内に突入する、どの駅でも殆んど無制限に客をぶち込む。四十人乗りの小さな客車に七十人も詰め込むのだから乗る時は丸で命がけである。火花を散らす程の凄じさである。客は重なりあつて車内は宛然《さながら》芋を洗ふやうである。然も駅員は之れを見ぬふりして居る。車台を増しもせず臨時列車を増発もしない。斯くの如きは「毎年同様」であると知らん顔をして居る。(24)

なかには、ただ不満を覚えるだけにとどまらず、このような状況を「国民敬神の念」という観点から憂慮する者もいた。大正九（一九二〇）年の正月、当時陸軍大学校校長であった宇垣一成は伊勢神宮・橿原神宮・畝傍御陵をめぐる旅行に出かけたが、参宮客の多さに感心しながらも、国鉄の対応について次のように強い危惧の念を抱いた。

国民敬神の念の旺盛なる実に感激に堪へざる所なり。夫れと同時に鉄道当局は乗降客の便宜を図り毫末だも国民の此美点を冷却せしむるが如きことなきを切要とす。汽車の不便混雑の如き以て国民の信仰を冷却する恐なし、往昔の徒歩道中の困難を考ふれば多少の不便混雑何かあらん、と考へて居ては間違ひである。人心の機微は些末の不便混雑も偉大の刺戟を与ふることがある。〔中略〕如此して果して尚克く信仰冷却の種子たらずと楽観し居るは間違ひなり。眼識ある鉄道当局は斯の如き緊要時機に此渦中に投じ実況を探明して所要の施設を図らざるべからず。〔中略〕鉄道当局の猛省を促すこと肝要なり。(25)

(3)　大軌系列と「聖地」

宇垣はこのような状況を改善するために「鉄道当局の猛省」が必要と考えたが、実際に「聖地」へのアクセス改善を主導したのは国鉄ではなく私鉄であった。現在の近鉄の前身である大阪電気軌道（大軌）とその系列の参宮急行電気鉄道（参急）[26]である。

(a)　伊勢神宮

昭和五（一九三〇）年一二月、参急の全通に伴って大軌上本町駅（大阪）と参急山田駅間に所要二時間三〇分の直通急行電車が一時間毎に運行されるようになり、七（一九三二）年にはさらにスピードアップした特急「神風号」が登場して所要二時間一分となった。国鉄（湊町—山田）が約三時間一〇分であったから相当な時間短縮である。最高時速一一〇キロという異例のスピードのみならず、車両も国鉄二等車並みで、老幼・婦人客のための特別室を設けるなど、実に至れり尽くせりであった。[27]

このようなサービス満点の私鉄の登場によって伊勢への乗客を奪われる危機に直面した国鉄は、にわかにサービス改善を本格化させ、両者のあいだに激しい競争が勃発した。参急全通の一年後の初詣客争奪戦の模様をみてみよう。

おし迫る歳末とともに年末から新春への人々を「わが沿線へ」とさし招いて汽車や電車が乗客争奪戦の火蓋を切つた。鉄道〔国鉄〕では〔中略〕殊に大阪からのお伊勢参りには、これまでのお役所らしい理窟をさらりと棄て、猛然参急電車に挑戦し、三等往復四円、二等八円といふ特別割引で旅客吸収に大童である。電車の方では〔中略〕年末年始の神詣では、まづ参急電車が汽車の特別サーヴイスに対抗して二十五日から大阪、山田間往復三円七十銭を発表し露骨な争奪陣を張つた。[28]

国鉄が「往復四円」と奮発すれば、参急はそれよりもさらに安い「往復三円七十銭」で応戦するという、ほとんどダンピングとも言うべき割引競争である。運賃だけではなくスピードでもなんとか参急に対抗しようと、国鉄は大阪—山田間に平均時速が東海道線の特急富士号並みという「超特急列車」を運転し、「暖かい汽車で楽にお詣りいたしませう」と宣伝した。[29]実に私鉄と見紛うばかりのなりふり構わぬ対抗策である。

(b)　橿原神宮・畝傍御陵

時期は前後するが、大軌は橿原神宮・畝傍御陵（神武天皇陵）への路線開拓も実現した。

橿原への鉄路は、明治二六（一八九三）年五月、大阪鉄道（大正以降の大阪鉄道とは別）が王子―高田―桜井間を全通させ、畝傍駅を設けたことに始まる。開業後初めての正月を迎えるにあたって同社は橿原神宮を含む沿線の社寺への参詣を宣伝したが、[30]神武天皇を祀るこの新設の官幣大社はいっこうに人気が振るわなかった。[31]『大朝』をみても正月の参詣について報じる記事にこの神社が登場することは明治期を通じて皆無である。鉄道会社としては、集客が望めないとなると関心が薄くならざるをえない。その後同鉄道が橿原神宮を年末年始広告に掲載することは二度となく、これを買収した関西鉄道も同様であった。しかも、関西鉄道は明治四〇（一九〇七）年に国有化されたが、国鉄でさえも同様の姿勢であった。国鉄は、確実に収益が見込める天理教のための運賃割引サービスはしっかり行っておきながら、[32]集客が見込めない橿原神宮の正月参詣には関心をもたなかったのである。

このように明治期の鉄道が橿原神宮への集客に消極的であったのに対して、大軌は大正大礼が行われた翌年の大正五（一九一六）年から、西大寺より分岐して橿原に至る新路線の計画を進め、大正一二（一九二三）年三月に全線開業させた。これによって「始めて大阪から聖地に到る直通列車が二十分間隔に一時間二十分で運転」されることになり、[33]大軌は初詣や紀元節に際して橿原・畝傍への参拝を盛んに宣伝するようになる。その広告文句は「神武天皇ヲ奉祀セルうねび橿原神宮参拝ハ国民ノ本分」「「元日や神代のことも思はるゝ」といふのは正しく橿原神宮の延寿祭に参拝して、はじめて体験し得らるゝことである」「紀元節　神武天皇御即位の霊地　橿原神宮　国民こぞつて挙行する建国祭当日最も意義ある御参拝！」[34]などと、しばしば「国民」としての参詣をうたうものであった。[35]

(c)　「聖地巡拝」

昭和三（一九二八）年、昭和大礼にあわせて京都―桃山御陵―西大寺（現、大和西大寺）を結ぶ奈良電鉄（現、近鉄京都線）が開業した。この電鉄は、大軌と京阪の合弁によって設立され、開業当初から大軌に乗り入れがされるなど、大軌との関係が深い電鉄であった[36]。

奈良電鉄開業と参急全通によって、関西の主要な「聖地」を巡拝できる電車路線が完成し、大軌系列は初詣や紀元節の際に「三聖地」巡拝を宣伝するようになった。「三聖地」には橿原と畝傍を二つに数えて「橿原・畝傍・桃山」とする場合と、橿原のみを含めて「桃山・橿原・伊勢」とする場合とが見られる。「橿原・畝傍・桃山・伊勢」で「四聖地」とすると縁起が悪いと感じられたのであろう。さらに大軌は昭和一三(一九三八)年に子会社の関西急行電鉄(関急)によって大阪―名古屋間を全通させ、熱田神宮をも含めて関西・中京圏の主要な「聖地」を一手に抱えることになった。同時に「伊勢・熱田・橿原」という「三聖地」の新たなヴァリエイションも生まれた。

大軌はこのような「聖地巡拝」ルートの形成を大正期から構想していた。大正六(一九一七)年に大軌が橿原路線建設について政府に提出した陳情書は次のような内容である。畝傍御陵と橿原神宮は「伊勢大廟ニ亜グ護国ノ霊廟」であるが、「交通ノ便否ハ敬神思想ノ消長ニ大ナル関係ヲ有」するものであり、現在の国鉄は十分ではないので「軽便ナル電気軌道ヲ敷設」すれば「畝傍及神宮参拝者ノ増加スルハ期シテ俟ツベク、時間ノ経済ナルハ勿論、国民ノ思想上ニ及ボス影響ハ更ニ大ナル利益アルベキヲ信ゼントス[37]」。

注意したいのは、このような主張が自社事業を政府に認めさせるための単なる方便とは言い切れないということである。というのも、「交通ノ便否ハ敬神思想ノ消長ニ大ナル関係ヲ有」するという論法は、「汽車の不便混雑」が「国民の信仰を冷却」しかねないという前述の宇垣の認識と期せずして一致しているのである。宇垣は国鉄の「猛省」が必要と考えたのだったが、それを待つまでもなく、いちはやく私鉄が「聖地」へのアクセス向上による「敬神思想」の発展を主張して新路線実現へ動き始めていたのだった。

さらに、大正一五(一九二六)年に大軌が政府に提出した伊勢延長線計画に関する陳情書は、右と酷似した論法となっているうえに、「従来殆ト不可能ナリシ伊勢大廟・橿原神宮・桃山御陵ノ三霊所ヲ一日間ニ参拝セムトスルモノノ冀望ヲ茲ニ実現スルヲ得」とあり、「三聖地」巡拝の構想が明確に打ち出されている。きわめつけは「本線ヲ除外シテハ敬神家ノ冀望ヲ満足セシムル捷路無之ト愚考罷在候」[38]という文言である。

前述したように桃山御陵の誕生によって京阪電鉄は大幅な増収をあげており、さらに大正四(一九一五)年の即位大礼の際には天皇が伊勢神宮・畝傍御陵・桃山御陵を参拝したために[39]、その後しばらくの間、京都の大礼式場とこれらの「聖地」をあわせて巡る旅行がブームになった[40]。また、桃山御陵参拝ブームが契機となって、関西圏を中心に数多く散在する天皇陵に参拝する「皇陵巡拝」が大阪を中心とする知識人・実業家たちのあいだで流行するようにもなった[41]。このように天皇の代替りによって「聖地」の集客資源としての可能性がにわかに浮上したことが、大軌の「聖地」巡拝路線網構想の背景にあったと考えられる。

(d)　関西私鉄と国鉄の競争／協同

注意したいのは、近距離旅客についてはしばしば競争関係となった大軌系列と国鉄が、関西圏以外からの「聖地」巡拝客の輸送についてはむしろ協同関係になったということである。

たとえば、満鉄理事や貴族院議員などを歴任し、戦後は日本交通公社会長となった大蔵公望は、大晦日に東京駅を出発、元日朝までに山田入りして伊勢神宮初詣をすませ、その日のうちに参急に乗車して橿原神宮に巡拝するというパターンを昭和一一(一九三六)年、一二年、一三年、一五年と繰り返している。一二年には桃山御陵にも巡拝しているが、元日朝九時九分山田着、「直ちに」内宮・外宮に参拝。一一時一〇分山田発の参急電車にて橿原神宮へ赴き、参拝。続いて午後二時一〇分橿原神宮駅発奈良電車で桃山御陵へ移動して参拝、四時一五分発京阪電車にて大阪へ向かうという行程で、国鉄と大軌系列の路線網をフルに活用して一日のうちに主要な「聖地」の巡拝をすませている[42]。先に引用した大軌の陳情書が想定した通りの行動をとっているのである。これほどまでに精力的な事例ばかりではないにしても、参急全通後は、関西圏外から国鉄で伊勢に乗り込み、その後参急で他の「聖地」へ向かうという巡拝パターンが日記や参拝体験記の類で目立つようになる。つまり、国鉄が関西圏外から中長距離参宮客を運んでくればくるほど大軌系列はその恩恵に浴することになったわけである。大軌と国鉄に限らず、従来国鉄と私鉄といえば対抗関係が強調されることが多かったが、「近距離旅客＝競争／中長距離旅客＝協同」という両側面をとらえることが必要であろう。

このように、大軌系列による関西圏内の「聖地」巡拝ルートの形成と、国鉄による関西圏外からの「聖地」巡拝客輸送があいまって、関西圏の人々にとっても、それ以外の地域の人々にとっても、「聖地」巡拝は以前よりはるかに手軽に行うことができるようになっていった。

二　関西私鉄と国鉄の多角的娯楽戦略

(1) 娯楽とナショナリズムの共存

第四章でみたように、初詣は明治から大正の天皇の代替りを契機としてナショナリズムと接合していくが、これによって娯楽性が縮小したわけではない。たとえば先にみた大正二(一九一三)年正月の桃山御陵参拝であるが、このなかには「午の日の元旦とて大阪方面よりは御陵拝を兼ねて稲荷詣でを為す者」や「京都方面よりは山陵が恵方に当るを以て参拝する者」も数多く混じっていた[43]。明治天皇への敬慕の念による「国民」としての参拝と明治期以来の庶民の娯楽的参詣は、とくに摩擦を生ずることもなく共存していたのである[44]。

そもそも人々は娯楽的行動をとるからといってナショナリズムから切り離されるわけではない。むしろ、娯楽をつうじて楽しむというプロセスこそが人々とナショナリズムの結びつきを強めるという側面を考える必要がある。とくに、小学校・官公庁・軍隊といった公的で義務的な儀礼の場ではなく、私的生活の領域を通じてナショナリズムが浸透していくためには、楽しみながら自発的に参加するという形をとることがきわめて重要な条件となるのではないだろうか[45]。

ここで注目したいのが、鉄道による娯楽とナショナリズムを織り交ぜた集客戦略である。鉄道にとっては、「国民」として参詣する客も、娯楽として参詣する客も、その中間の客も、運賃を支払う以上客は客である。それゆえ、「聖地」を抱える関西私鉄は、娯楽とナショナリズムの双方を盛んに集客に利用した。

たとえば大軌系列は、一方では「聖地」参拝を「国民ノ本分」などとナショナリズムの名目で宣伝しながら、他方では「開運の初詣　橿原神宮　春日神社　奈良七福神めぐり　生駒聖天　桃山御陵」[46]などと他の社寺と一緒くたにした現世利益祈願の場としても大々的に宣伝した。満州事変以降もこの傾向はまったく変わらず、ときには「遊覧挙国一致」[47]などとあけすけに並列することさえあった。大軌・参急のたくましい商魂を示す広告をいくつかあげておこう。

お伊勢へ特急‼　正月中大割引　大型ローマンスカー　三輌乃至六輌を連結　車内の暖房装置　あたゝかいこと春の如く　便所もあり煙草も御自由　雑煮券進呈　三十一日夜十時から元旦午前六時まで　参宮御乗客に列車内でお雑煮券を呈上、宇治山田直営食堂で差上げます（直営食堂終夜営業）[48]

大福運付の初詣！　伊勢大神宮　橿原神宮　奈良春日神社　信貴山　生駒聖天　上記聖地霊場のうち三ヶ所以上を御巡拝の上、所定用紙に其下車駅のスタンプの押捺をうけて御郵送ください。抽選により白米一俵（四斗入）を始めスバラシイ景品を進呈いたします。[49]

お伊勢まゐりはアベックで‼　新春伊勢参宮御同伴《アベック》クーポン券　大人二人分往復乗車券・外宮参拝内宮送りタクシー一台・中食券二人分・お土産引換券・記念撮影券付[50]

家族や「アベック」で打ち連れて、快適な「ローマンスカー」に乗って手軽に「聖地」を訪れ、様々なオマケやサービスがつき、「国民」として意義深い（ように感じられる）参拝もできる。しかも、運がよければ豪華景品までついてくるのである。これほど種々の魅力がぶら下がっていて、大勢の人々が反応しないはずがない[51]。

このような娯楽的集客戦略は、私鉄特有のものというわけではない。程度の差はあれ、「聖地」参拝を娯楽的に演出したのは国鉄も同様であった。たとえば昭和七（一九三二）年の正月、「旅客誘致に血眼」の国鉄は東京・名古屋・大阪から運行する伊勢参宮臨時列車に「食堂車を連結し車内にはしめかざりをして雑煮、屠蘇、数の子などのお献立で元旦気分を出すといふくだけたサービス振り」であった[52]。昭和一一（一九三六）年には、国鉄の外郭団体である日本旅行協会[53]の浜松支部の主催で、「参宮線最初の試み「漫談列車」」なる伊勢初詣を兼ねた団体列車が運転された。「二等車六輛編成の豪華な参宮列車――車内に拡声器を備へつけ昨秋「伊勢の夕」以来、更に読者の耳に馴染深い漫談家西村楽天氏が沿線の名所、旧蹟の車内アナウンスを承はる」というもので「車内又爆笑、哄笑の渦」であったという[54]。

（2）戦時体制下の娯楽自粛――初詣と節分の明暗

日中戦争開戦後しばらくのあいだは娯楽自粛ムードがひろがり、「戦勝祈願」を名目にできる社寺参詣は、許容される数少ない娯楽行事となった。そのため、日中開戦の年（昭和一二（一九三七）年）は全国各地の主要行楽地が軒並み前年よりも人出を減じるなかで、伊勢神宮は逆に前年比一二九％の増加となった[55]。

もっとも、一口に社寺参詣と言っても、季節や社寺により様々な参詣行事がある。そのなかには、非国家的な現世利益祈願の性格が強いために「国威宣揚」「戦勝祈願」といった国家的な名目とは馴染みにくい参詣行事も多かった。また、何らかの物資を使用する慣習を伴う参詣行事の場合は、総力戦体制下の統制のなかで物資調達に支障を来し、従来通りの形で行うことが困難になることも珍しくなかった。かつてない規模で国民生活の隅々まで戦争遂行の影響が染み渡った総力戦体制のもとで、多くの参詣行事が新たな対応を迫られることになったのである。その最たるものが節分であった。メディア（新聞社や映画会社）と鉄道会社とのコラボレイションによって著しい享楽化の様相を呈していたこの行事は[56]、すでに日中戦争開戦前から当局による「粛正」が行われるようになっていたが[57]、豆を撒くという物資の消費を伴うことから日中戦争下ではさらに厳しい目にさらされるようになる。それでもなんとか「時局」に適合させようと「外敵膺懲《おにはそと》　挙国一致《ふくはうち》」（京阪電鉄の広告[58]）と宣伝文句をこじつけてみたり、挙句の果てには「大豆は今日戦時下では軍需物資ですから、単なる風習のために一粒でも無駄にしてはなりません。戦時下の節分を迎へるには神社へ参詣して国運の隆昌を祈るとともに災害追放と一家健康を祈願すればよろしい。それで気のすまない人は豆が〝マメ〟に通ずるやうに拳骨は〝堅固〟に通ずるから、豆を撒く代りに武士道の気合をもつて積極的に拳骨で鬼を追つ払うやうにして〝鬼は外、福は内〟といつてもよ」いなどと、神社関係者がダジャレともこじつけともつかない説を大真面目に主張する有様となった[59]。

　ところが初詣は、第一部でみたように〝正月にどこかの社寺にお参りする〟という程度の中身の曖昧なスタイルとして成立したため、非国家的な現世利益祈願のための娯楽行事という印象が拭いきれない節分とは対照的に、容易に「国威宣揚」「戦勝祈願」の名目を冠することができ[60]、また何らかの物資の消費を必須とすることもないために、まことに柔軟に「時局」に即応できた。それゆえ、日中戦争勃発後初めての正月に際して、国鉄は「時局を反映させて戦勝祈願を目的とする神詣を主とし、体位向上を目的とするスキー、スケートを従とすることにな」り、ジャパン・ツーリスト・ビューローも「年末から年始にかけては「国威宣揚、尽忠英霊供養神仏参り」とスローガンをかけて団体を募集」し、「年末年始の温泉行きの旅行は時局柄積極的にすゝめない心算です」と表明した[61]。温泉地などへの行楽的な旅行客に対しては「自粛の帝都から逃避する不心得者」と厳しい目が向けられる一方で、初詣に赴く人々は「殊勝な人」と称賛されることになったのである[62]。

当然のことながら、このような状況のなかで、「聖地」を抱える関西私鉄は以前にもまして積極的に宣伝に努めた。ただし、ちゃっかりと「橿原神宮・大軌奈良・桃山御陵前　廻遊」[63]と宣伝する、一年前の「アベック券」を名称だけ「家族同伴券」とあらためて実質的なサービスはそのままとする[64]、あるいは伊勢・橿原への乗客に「参拝記念品」「延寿箸」を贈呈するなど[65]、娯楽とナショナリズムを織り交ぜる集客手法に変わりはなかった。むしろ娯楽自粛のなかで残された数少ない正月行事としてかえって娯楽気分が初詣に集中した感すらある。迎えた翌昭和一三（一九三八）年正月の「聖地」の初詣は「伊勢神宮、橿原神宮を控へた参宮急行、大軌では三ケ日の間一日平均約十五万の渦巻く神詣客を呑吐[66]」するなど、自粛を吹き飛ばす空前の賑わいとなったのであった。

(3)　多角的な集客戦略

このような戦前における「聖地」参拝のピークの到来が日中戦争開戦後の「時局」の影響によるものであることは間違いない。しかしながら、ここであらためて確認しておきたいのは、鉄道による「聖地」参拝の活性化は、「時局」に便乗して新たに始まったものではなく、戦間期を通じて展開した私鉄と国鉄双方の多角的な集客戦略のなかに位置づけられるということである。

大軌の重役に名を連ねた五島慶太は、参急によって「一日の内に伊勢大廟、畝傍御陵、桃山御陵の三聖地参拝を済ませることが出来る」ようになったことについて、「大軌コンチエルンの多年の理想であつた」、「大軌は此の点に於て国体明徴運動に関し、二十年の先覚者であつた」と述べている[67]。たしかに、大軌系列は大正期から「聖地」巡拝を視野に入れて路線網を形成し、「国民ノ本分」などといった名目を用いて「聖地」参拝をPRした。東京では鉄道の参詣広告にナショナリスティックな文句が登場するのはようやく満州事変以後であり、前述の京阪とあわせてみると、大正期からナショナリズムの名目で「聖地」をPRしたのは関西私鉄の際立った特徴である。

ただし、五島の発言は日中戦争開戦後ナショナリズムの高揚が極まりつつあった昭和一三（一九三八）年のものである。この発言を根拠に関西私鉄が国家神道の教化装置であったなどと一面的な評価を下すのは控えるべきであろう。言うまでもなく、関西私鉄は「聖地」のみに専心していたわけではない。「聖地」参拝があくまでも関西私鉄の多角的な集客戦略の一環であったということをふまえておくべきである。

関西私鉄が年間の「聖地」参拝のなかで重点的に宣伝したのは初詣であったが、これには冬季減収対策という経営上の理由があった。近代日本の鉄道は行楽シーズンである春・秋の行楽客が多いのに対して、夏・冬は旅客が減少し、「年内ある季節の溢れるような乗客のために、用意せられた設備が半季は遊んでいる(68)」という問題を抱える傾向にあった。大軌も例外ではなく、ある座談会で大軌の運輸部次長は次のように述べている。

御承知の如く私の方は名所旧跡の遊覧地は恐らくどの線より恵まれてゐる関係で、春と秋はお客が多いですが、夏と冬が薩張りあかんので、之を緩和する意味でラグビーを初めました。外国の模様を見ると、猛烈な勢でファンが殖えつゝある。アメリカの本場でも野球のそれよりも遥かにファアンの数が殖えてゐるといふことですから、物真似上手な日本のことだ、或はさうなつて来るのぢやないかといふ訳でラグビーを初めました(69)。

この発言ではラグビーのみに触れているが、初詣や紀元節といった冬季の「聖地」参拝客輸送もラグビーに劣らず冬季旅客吸収策の一翼を担っていたことは、「お伊勢さんと花園のラグビーを沿線に持つ大軌、参急では元旦の伊勢参宮客一万五千、ラグビー客七千、それに橿原神宮、石切、生駒各神社詣で客らすべて合して正味十二万といったところ(70)」という元日の輸送概況が端的に示している。また、この史料からもわかるように大軌は国家神道とは関係のない寺院への集客にも積極的であった(71)。ありていに言えば、大軌の経営にとっては、皇室ゆかりの「聖地」も、寺院も、はたまたアメリカの「物真似」ではじめたスポーツも、冬季増収のための集客資源という点では変わりなかったのである。図5-3の広告はそのことをよくあらわしていると言えよう。

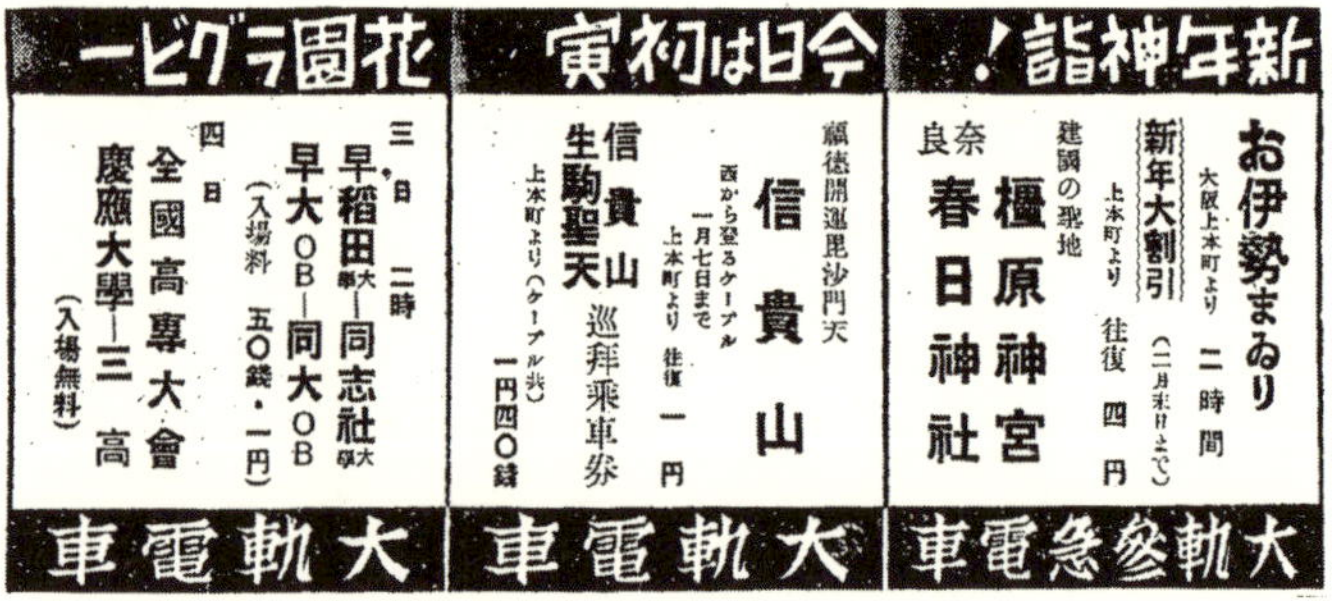

図 5-3　大軌・参急広告（『大朝』昭和 12 年 1 月 3 日）

社寺参詣を冬季減収対策のために利用するという点では、国鉄もおおむね同様であった。初めての東京からの参宮回遊列車が「平生より比較的旅客の少き期間」(72)である正月に仕立てられたことからもわかるように、伊勢初詣客輸送が冬季減収対策であることは明治以来のことであった。

とくに昭和に入ると、国鉄は全国各地で参宮団体旅行を多数企画するようになるが、その実施時期は一月から三月に集中している。たとえば昭和七（一九三二）年の場合、東京鉄道局運輸事務所は一月から三月にかけて二〇回にわたって参宮団体を組織している。「各団体は何れも五百乃至六百」であったというから、単純に計算すれば一万から一万二千人もの参宮客を伊勢に送り込んだことになる。(73)

また、昭和九（一九三四）年の伊勢神宮における「大々御神楽奉奏者」の記録をみると、年頭三ヶ月（一月から三月）の個人・団体あわせて一六七の奉奏者のうち、「〇〇駅主催参宮団」「〇〇運輸事務所主催参宮団」という名称から国鉄主催のものであるとわかる団体が一二一（七二・五％）を占めている。ところが残りの九ヶ月（四月から一二月）についてみると、合計一九四のうちわずか一四（七・二％）と、顕著な対照をなしている。(74)明らかにこれは農閑期と関連している。(75)つまり、冬季減収対策という国鉄側の目論見が農閑期の旅行需要と合致し、一月から三月に集中的に全国各地から国鉄によって参宮団体が伊勢に送り込まれることになったと考えられる。

国鉄は、大正後期から続く不況下の増収対策として旅客誘致とサービス向上に努め、不況が深刻化した昭和五（一九三〇）年ごろからはさらにこれを本格化させた。(76)その低姿勢ぶりは、鉄道次官が国民に向けて次のように丁重に挨拶したほどである。

皆様平素我が国有鉄道御愛顧の程は〔中略〕誠に感謝に堪へない次第でございます。従つて大切なお華客様《きやくさま》の御満足を得ることに就ては日夜研究実行に努めて居る処でありまして〔中略〕国有鉄道は官庁事業たることに於て一般国の行政と同一の形を致して居りますが、其の企業たることに於て会社の仕事と何等異る処がなく、国の一般行政から独立して商事的経営を行ふべき一個の産業であり〔以下略〕(77)

「商事的経営を行ふべき一個の産業」である国鉄が、増収に利用できるものは何でも利用しようとしたのは言うまでもない。都市近郊輸送では私鉄に押されがちな国鉄も、全国の路線網を活用した中長距離輸送ができるという強みがあり、たとえばその重要な〝お得意様〟となったのが天理教である。

お正月三ヶ日の素晴らしい人出に有卦に入つた国鉄は引続き天理教の大祭に百万円を弾き出さうと全国の鉄道局では早くも準備に大童だ。〔中略〕〆めて四十八万人余の団参客に四百人以上の団体は六割引、小口でも四割乃至五割といふ大勉強をしてなほかつ国鉄は百二万円といふ篦棒《べらぼう》な運賃をあげるといふのだから天理教様々である。〔中略〕北海道や九州あたりからはる〴〵と馳せ参ずる団体客はお参りがすむと解散して関西地方遊覧のお上りさんと化し、これには鉄道も割引なしで正味稼せげると抜け目なく遊覧宣伝につとめてゐる。(78)

前述の通り、国鉄の伊勢参宮客輸送は、大正期から改善が図られ、昭和に入ると大軌系列との競争のなかでその改善が加速され、前項でみたように日中戦争開戦後の戦時体制下では伊勢神宮参拝が未曾有の盛況をみるにいたった。この動向だけを取り出してみれば、国鉄が国家神道による国民統合の装置としての性格を強めていったように見えるかもしれない。結果としてそのような役割を果たしたのはたしかだが、それは国鉄が「官」であるがゆえにナショナリズムに傾斜したというわけではなく、「聖地」であろうが天理教であろうが増収に利用できるものは何でも利用するという「商事的経営を行ふべき一個の産業」としての国鉄の姿勢によるものと考えた方が適切であろう。

（4）国家神道における〝同床異夢〟

さて、多くの人々が「聖地」をはじめとする神社に参拝するようになるということ自体は、神社神道のプレゼンス向上を目指す神社界にとっても好都合であった。それゆえ、神社参拝客増加を目指すという方向性では神社界と交通・旅行業界は基本的に協同歩調をとることになる。

たとえば、国鉄は全国の主要神社を網羅した『神まうで』というガイドブックを編纂した。これは「初詣での用意に　鉄道省の神まうでを！」[79]などと大々的に宣伝されたこともあって、今日でも古書店で容易に入手できるほど広く普及したものであるが、その内容の充実ぶりゆえ、神社界でも盛んに推奨された。昭和二（一九二七）年の『神社協会雑誌』をみると、「質疑欄」において、「それを読ばその神社に参拝したる如く感ぜらる〔、〕もの有や」との読者からの質問に対して、編集側は「『神もう《ママ》で』なるものあり。大正八年鉄道省編纂博文館より発行する」と推奨している[80]。また、昭和九（一九三四）年には書籍紹介の欄で「神まうで　鉄道省編」がとりあげられ、「編者の周到なる用意を窺はせる」「神まうでを志す人は勿論、神社に関心を有する人には必携の書」などと絶賛されている[81]。

しかしながら、神社神道のプレゼンス向上に専心する神社界と、集客による増収を至上命題とする交通・旅行業界とでは、おのずと思惑が食い違うことも生じることになる。

関西私鉄や国鉄に限らず、戦間期の大衆向け娯楽戦略に共通していたのは、「Aも！　Bも！　Cも！」と多角的な集客戦略を展開することによって、むしろ「A」の活性化をもたらすという傾向である。実際、右でとりあげた『神まうで』は、『お寺まゐり』『温泉案内』『スキー案内』『登山案内』といった国鉄による一連のガイドブックシリーズの一環であり[82]、国鉄がことさらに神社だけを重視したわけではなかった。交通・旅行業界にとっては、集客に利用できるものであれば何でも利用し、その一つとして神社があったにすぎなかったのである。

これに対して、神社界は神社神道のプレゼンスを高めるべく様々な運動を行ったが、たとえば日中戦争開戦後に戦死者公葬を神式に統一することを目指す運動が仏教界のみならず政府部内からも異論が出て結局挫折してしまうように、[83]彼らの行動や発言の様式はあえて単純化すれば「Aを！　Aを！　Aを！」であった。つまり、神社神道のプレゼンス向上に専心するあまり、往々にして原理主義的な主張に走り、結局は社会の広汎な支持を得られないという傾向である。

このような神社界の原理主義的な姿勢は、娯楽戦略を手広く展開する国鉄とも齟齬を来すことがあった。たとえば、昭和一一（一九三六）年、国鉄は前年に始めた「観光祭」をより一層「賑々しく」全国的に展開したが、[84]これに対して神道学者加藤玄智は「当事者の知識能力の貧弱を曝露してをる〔中略〕苟も祭と云ふ以上、神道の厳重な祭式がそれに伴はなければならない。それなくして、どこに祭がある乎。世人及当局の注意を特に此処に喚起したい」と噛み付いた。[85]国鉄からすればこれは難癖以外の何物でもない。実際、国鉄はこのような非難にはいっこうにかまうことなく、この年も翌年も大々的に「観光祭」を展開したのだった。日比谷公会堂でのイベントに「ブルースの女王」淡谷のり子までもが登場したこの賑々しい「祭」を、[86]加藤たち神社界の人々はどのような思いで受け止めたであろうか。

このような齟齬があったためか、旅行雑誌『旅』をみると、満州事変以降戦勝祈願などで神社参拝がかつてないほど盛んになっていく傾向のなかにあっても、神社界からのメッセージはほとんど登場していない。昭和一〇（一九三五）年と翌昭和一一年の新年号には、珍しく、加藤玄智が初詣の意義について述べる文章が掲載されているのだが、前者は全二頁の文章のなかで「物見遊山の行楽だと思つたら大間違ひである」「京見物をしに行くのと同様に思つてをつたら、それこそ大変な間違ひである」「物見遊山の旅行で無い事は勿論である」と、しつこいくらいに物見遊山としての側面を否定している。[87]読者にとっては〝堅苦しいお説教〟以外の何物でもない。翌年は、この説教くささをなんとか緩和しようと編集側が要請したのであろうか、文体が敬体（ですます調）に変わっている。ところが内容自体はやはり「物見遊山と同様に考ふべきものではないのです」「神詣ではお祭り騒ぎではないのです」などと前年とまったく変わるところはない。しかも、小学生に「神域の霊気に触れさせて魂の浄化を行ひ、とかく不足勝ちな精神教育の補充をしよう」としても、「夜行列車で睡眠不足」の状態で参拝すると「所期の効果は挙りますまい」と、これまた細かい注文をつけてくるのであった(88)。

神社神道や国粋主義の系統の雑誌であればともかく、『旅』は旅行のための情報雑誌である。その雑誌に、旅行気分に真っ向から冷水を浴びせるような文章を載せて、読者に歓迎されるはずはない。この昭和一一年は、先にみたように加藤が国鉄の「観光祭」に難癖をつけた年でもあり、おそらくはこのような経緯があったために、国鉄は娯楽・観光を真っ向から否定する神道学者とは距離を置くようになったのではないかと推測される。実際、その後、神社神道の識者たちが正月や初詣に関して述べた文章がこの旅行雑誌に登場することは二度となかった。結局彼らは、『皇国時報』のような国家神道の〝内輪〟向けの媒体で、彼らなりの〝正しい正月の過ごし方〟についてひたすら「〜べき」調で自閉的に語り続けるほかなかったのである(89)。国鉄がその後も神社界の細かい主張に頓着することなく、神社への「物見遊山」がてらの参拝を盛り上げていったことは言うまでもない。

小括すれば、私鉄資本や国鉄当局はことさらにナショナリズムや国家神道に専心したわけではない。むしろ、「Aを！　Aを！　Aを！」と原理主義的な主張を繰り返して社会の広範な支持が得られず、交通・旅行業界とも不協和音を生じた神社界とは対照的に、「Aも！　Bも！　Cも！」と多角的な集客戦略を展開する一環として「聖地」参拝を促進することによって、かえって「聖地」の人気を高めるという効果をもたらしたと言える。意図は分散していても、効果は絶大であったのである。

おわりに

明治期に庶民の娯楽行事として生まれた初詣は、明治から大正への代替りをきっかけにナショナリズムと結びつくようになったが、その後関西圏において娯楽とナショナリズムを絡めながら初詣を盛んにしていったのが関西私鉄と国鉄であった。

「聖地」を沿線にもたなかった阪急だけをみていると気づきにくいことであるが、関西私鉄資本は、郊外住宅地や百貨店といったこれまでモダニズムの象徴とされてきた装置だけではなく、ナショナリズムも娯楽資源として積極的に活用し、「時局」に便乗するどころかむしろ先駆的に「聖地」へのアクセス改善や集客を推進した。つまり、私鉄資本の娯楽戦略は、ナショナリズムともきわめて親和的なものであったと言える。

このような関西私鉄の動向は本章の冒頭でとりあげた「新しいナショナリズム」のなかに位置づけることができよう。ただし、関西私鉄がことさらにナショナリズムや国家神道を優先したわけではないことに注意したい。「Aも！Bも！　Cも！」と多角的に旅客需要資源を開発・活用していくのが関西私鉄の基本戦略であり、「聖地」もその一環として活用されたのである。端的に言えば、小林＝阪急と大軌系列との違いは、沿線の「聖地」の有無によるものであり、基本的な娯楽戦略自体は多分に共通していたと言える。

一方、国鉄も「聖地」への初詣を促進していくが、それは「官」としての性格を強めたからではなく、むしろ増収のために貪欲に多角的娯楽集客戦略を展開するという「商事的経営」の姿勢によるものであった。このような側面を十分に考慮せずに「国鉄＝ナショナリズム装置／関西私鉄＝モダニズム装置」という図式を前提とすることについては、再考の余地があろう(90)。また、国鉄と私鉄については従来対抗関係が強調されてきたが、「近距離旅客＝競争／中長距離旅客＝協同」という両側面があったことも確認しておきたい。まとめれば、国鉄と私鉄双方ともに、ナショナリズムとモダニズムが重なり合う共通の基盤のうえで、競争と協同の両側面をあわせもった関係で「聖地」参拝を活性化させていったということになる。

ところで、本章の検討は、これまで看過されがちであった娯楽を回路とした国家神道と国民の関わりについて考える一助にもなるのではないだろうか。

国家神道をめぐる研究が基本的前提としてきた「氏神＝地域社会」という国民統合回路は、都市化が加速して住民の多様化と流動化が顕著となっていく戦間期都市においては、その影響力が限定的とならざるをえない。実際、社会における神社神道のプレゼンスが戦前におけるピークとも言えるレベルになりつつあった昭和一〇年代ですら、『神社協会雑誌』では次のような指摘がなされていた。

　氏神様と云ふと私等も何故か非常に親しみを感じます。自分の故郷を思ひ出す時に一番先に頭の中に浮ぶのは村の鎮守様（氏神様）の森です。処が都会生活者で、而も時時転任する父兄を持つ児童は不幸にしてこの感じが薄く、時には知らない様な児童もあります。(91)

このように、都市部において氏神が必ずしも十分に統合・教化の機能を果たせていないことは神社界でもはっきりと認識されていた。さらに、このような実態面での動向にくわえて、国家神道は理論方面でも政府や神社界内で統一がとれずに延々と迷走が続いていた。(92)

このような事実のみをみると、国家神道の国民への影響力が限定的であったようにも見える。(93)ところが、同時代の娯楽の領域に目を転じれば、そのような細かい理屈などには頓着しない（それゆえ、神道学者に原理主義的な文句を言われても相手にしない）交通・旅行業界勢力が、娯楽とナショナリズムを織り交ぜて大勢の人々を「聖地」参拝へ誘い出し、これに反応した人々が〝自発的に〟楽しみながら「聖地」参拝を「体験」していた。しかも、その「体験」がたとえ多かれ少なかれ娯楽を含むものであっても、参拝を「体験」する人々の集合体は、言説上では国家神道を支える直感的な言説の根拠として機能していくのである（第七章）。

このようにみてくると、大正期以降における国家神道の一般国民への浸透は、内務省神社局や神社界といった勢力による理屈や形式にとらわれた教化・動員よりも、むしろ交通・旅行業界の集客戦略による多分に娯楽的な「体験」という回路によって進行したのではないかと考えられるのである。

(1) 山野晴雄・成田龍一「民衆文化とナショナリズム」(歴史学研究会・日本史研究会編『講座日本歴史9　近代3』東京大学出版会、一九八五年)。引用は二七七頁。「新しいナショナリズム」というキーワードを前面に出してはいないが同様の構図を雑誌『キング』の詳細な分析から描き出した佐藤卓己『『キング』の時代　国民大衆雑誌の公共性』(岩波書店、二〇〇二年)についても同じことが指摘できる。

(2) 高岡裕之「観光・厚生・旅行——ファシズム期のツーリズム」(赤澤史朗・北河賢三編『文化とファシズム』日本経済評論社、一九九三年)。

(3) 戦時期の娯楽とナショナリズムの関わりをテーマとした研究としては、高岡の論文のほかにケネス・ルオフ(木村剛久訳)『紀元二千六百年　消費と観光のナショナリズム』(朝日新聞出版、二〇一〇年)があるが、対象時期が高岡論文よりもさらに狭く昭和一五(一九四〇)年前後に限定されているうえに、当該期の「暗い谷間」というイメージを払拭するためにこの短い時期の「戦時観光」の隆盛を克明に描きすぎるあまり、これ以前の時代とのつながりが見えにくくなっている。

(4) 南博編『大正文化』(勁草書房、一九六五年)一一八—一四九頁など。

(5) 昭和七(一九三二)年の雑誌『旅』に掲載された「大阪郊外発展座談会」は、関西の主要私鉄および国鉄の運輸・営業関係者が一堂に会して座談したという大変珍しく興味深い記事であるが、このなかで阪急の営業部長は「南海さんでも京阪さんでも乃至は大軌さんにしても、沿線各地に名所旧跡が非常に多いが、私の方は唯一つ箕面があるだけです」と述べている(『旅』九—一〇、昭和七年、六一頁)。

(6) 前者は前掲南編『大正文化』、石川弘義編『娯楽の戦前史』(東書選書、一九八一年)、津金澤聰廣『宝塚戦略』(講談社現代新書、一九九一年)、竹村民郎『笑楽の系譜』(同文舘出版、一九九六年)、原武史『「民都」大阪対「帝都」東京』(講談社選書メチエ、一九九八年)など。後者は前掲山野・成田「民衆文化とナショナリズム」、前掲高岡「観光・厚生・旅行」のほか、吉見俊哉らの「モダニティ」論(小森陽一ほか編『岩波講座　近代日本の文化史6　拡大するモダニティ』岩波書店、二〇〇二年)、など。
(7) 国家神道をめぐる先行研究については、齊藤智朗「解題Ⅱ　『国家神道とは何だったのか』と国家神道研究史」(葦津珍彦著・阪本是丸註『新版　国家神道とは何だったのか』神社新報社、二〇〇六年)、昆野伸幸「近代日本における祭と政――国民の主体化をめぐって」(『日本史研究』五七一、二〇一〇年)一一七―一一八頁、などを参照。
(8) 畔上直樹『「村の鎮守」と戦前日本　「国家神道」の地域社会史』(有志舎、二〇〇九年)。
(9) 赤澤史朗『近代日本の思想動員と宗教統制』(校倉書房、一九八五年)第二章「大正デモクラシーと神社」、第五章「日本ファシズムと神社」。
(10) 同右第六章「宣伝と娯楽」。
(11) 『京阪七〇年のあゆみ』(京阪電気鉄道、一九八〇年)一三―一四頁。
(12) 『大朝』大正元年一二月二五日。
(13) 『大朝』大正二年一月二日「新年第一の御陵参拝」。
(14) 『第拾四回営業報告書』(大正二年上半期)(京阪電気鉄道、大正二年)一頁。
(15) 近代の伊勢参宮と鉄道の関わりについては、宇田正「鉄道経営の成立・展開と「巡礼」文化」(山本弘文編『近代交通成立史の研究』法政大学出版局、一九九四年)、山本光正「旅から旅行へ――近世及び近現代の伊勢・西国巡りを中心に」(丸山雍成編『近世交通の史的研究』文献出版、一九九八年)があるが、これらはおおむね近世以来の「巡礼」や「旅」との連続性に注目して、ある程度の日数を費やす参宮について検討しており、本書が問題関心としている大正期以降あるいは戦間期における都市住民の行楽としての日帰り程度の参宮についてはほとんど検討対象となっていない。
(16) 以下、参宮鉄道・関西鉄道の路線開業については『日本国有鉄道百年史』四(日本国有鉄道、一九七二年)四六一―四六八頁、五〇一―五〇三頁を参照。
(17) 「関西鉄道にては来る三十一日の年越と一月一日より三日迄新年祭参詣人の便を計り、草津、桑名より津迄、参宮鉄道にては津より宮川に至る間の各等乗車賃を何れも三割減ずるよし。但し梅田午前四時の一番列車に乗れば一日に往復するを得」(『大朝』明治二七年一二月二八日「汽車賃割引」)。
(18) 『大朝』明治二七年一二月二七日、関西鉄道参宮鉄道連名広告。両鉄道はこのような連名による正月参宮の新聞広告を国有化されるまで毎年掲載している。

(19)　参宮鉄道開通からまもなくして『大朝』紙上に伊勢神宮の正月（新暦）の参詣を報じる記事が初出し（明治二九年一月五日「伊勢の新年」）、以後頻出するようになる。

(20)　たとえば明治三八（一九〇五）年の正月にあたって奈良鉄道七條（現、京都）駅では「伊勢参宮客の為め七條駅より山田行の賃金を半減」してみたところ、「昨年は山田行一人もなかりしに、本年は去月三十一日二十一人、一月一日四十八人、二日九十一人、三日四十七人、四日十七人、去五日二十九人」となった（『鉄道時報』明治三八年一月一四日「奈良線七條駅の乗客」）。一年前は皆無だった参宮客が割引をしたとたんに一気に約二五〇名になったわけである。戦勝祈願や祝勝という動機の人もいただろうが（とくに二日の乗客数が突出しているのは旅順陥落の報が原因と考えられる）、やはり運賃半額が効いたのであろう。

(21)　たとえば浜寺（大阪）や房総半島における海水浴客の増加について、以下を参照。前掲竹村『笑楽の系譜』一二九頁、拙稿「両国駅の近代史」（『東京都江戸東京博物館調査報告書』二四、二〇一一年）一一〇頁、一一四―一一五頁。

(22)　『大朝』大正四年一二月二六日広告、大正八年一二月二五日「伊勢参宮臨時列車　此正月は例年より多い」、大正一〇年一二月二六日「初参宮　大阪より臨時列車」。大正一一年元日の五便は、前日（大晦日）午後一一時三〇分湊町発の臨時列車も含めている。

(23)　管見の限りでは年末年始の東京―伊勢間直通臨時列車は明治三六（一九〇三）年が最初であるが、二日に新橋発、五日に帰路につく「回遊列車」であり、臨時列車というよりは団体旅行列車であった（『読売』明治三六年一月七日「伊勢参宮回遊列車」）。単なる臨時列車については、大久保邦彦ほか編『鉄道運輸年表　最新版』（『旅』一九九九年一月号別冊付録、ＪＴＢ）をみる限りでは大正七（一九一八）年一二月新設の不定期一往復（東京―山田）が最初で、一五（一九二六）年からは定期一往復（東京―鳥羽）も設けられた。

(24)　『読売』大正八年一月四日「混雑極まる伊勢詣で　車台が足らぬ　宿屋の不待遇」。

(25)　『宇垣一成日記Ｉ』（みすず書房、一九六八年）二三八―二三九頁。このときの汽車内の混雑はよほど宇垣を辟易させたようで、「如斯新年などには内に寝て居るが一番宜しい。帽子を飛ばされ下駄を落しても混乱中之れを拾ふことも出来ぬ。足や袖を踏まれて困難した。乗車が出来ずして二列車も待たされた。挙げ来れば限りなし」（二三九頁）と散々愚痴を書き連ねている。もっとも、従来から社寺参詣に親しんでいる庶民からすれば、人ごみのなかで揉みくちゃにされるというのは毎度のことであり、宇垣の苦言はこのような経験に慣れていないエリートゆえの感想であるとも言えよう。実際、宇垣自身も

「平生殿様旅行に慣れたる報償なるべし。波風荒き社会の中に健闘するには尚大に蛮的鍛錬の必要存す」（二三九頁）と自戒している。

(26) 大軌は、明治四三（一九一〇）年九月に設立された奈良軌道が同年一〇月に大阪電気軌道と改称したのがはじまりで、大正三（一九一四）年四月に上本町（大阪）—奈良間を開業した。さらに大軌は大正一四（一九二五）年に大和鉄道を傘下に収め、昭和二（一九二七）年に姉妹会社の参宮急行電鉄とした。大軌系列については、武知京三『近代日本と地域交通』（臨川書店、一九九四年）、『近畿日本鉄道　100年の歩み』（近畿日本鉄道、二〇一〇年）に多くを教えられた。

(27) 以上、前掲武知『近代日本と地域交通』八二頁、九七—九八頁、『参宮急行電鉄編』（後掲『大軌三十年史』に付属）九五頁、九七頁。大軌系列の乗客へのサービスの充実ぶりは、大正三年に大阪—奈良間を開業した当初から「心地良サ、他ノ電鉄ノ企及スルトコロニアラズ」（『平生釟三郎日記』一、甲南学園、二〇一〇年、九四頁。大正三年五月三日条）などと利用客の好評を博していた。

(28) 『大朝』昭和六年一二月二六日「年末と新春は　列車か、電車か、船旅か　『わが沿線へ』と慌だしく招く　乗客争奪の手」。

(29) 前掲武知『近代日本と地域交通』九七頁、『大朝』昭和五年一二月二三日夕刊「大阪山田間超特急試運転」。

(30) 『大朝』明治二六年一二月二六日。

(31) 橿原神宮に限らず、社格が高いからといって参拝者が多いとは限らないということは、明治期・大正期を通じて様々な史料で指摘されている（たとえば、松本愛重「大阪府下神社視察談」『神社協会雑誌』八—三、明治四二年、二五頁）。

(32) 『大朝』明治四五年一月八日「天理教の節会」。

(33) 『大阪電気軌道株式会社三十年史』（以下『大軌三十年史』と略記）（大阪電気軌道、昭和一五年）二〇一頁。昭和二（一九二七）年七月には布施—八木（現、八木西口）間全通により大阪（上本町）から橿原神宮までの短絡線が完成し、上本町—橿原神宮間はさらに二五分短縮して所要時間五五分となった（同二〇二頁）。

(34) 『大朝』大正一四年二月九日夕刊、同大正一五年一月三日、同二月一一日。

(35) 昭和四（一九二九）年には大阪鉄道（明治期の大阪鉄道とは別）も橿原への路線（大和延長線）を開業した。しかし、橿原神宮の集客力はまだ十分でなく大軌橿原線との競争もあったため、同線は「財務を破綻に瀕せしめ、経営の行詰りを招来」し、営業好転は皇紀二六〇〇年（昭和一五年＝一九四〇年）を待たねばならなかった（『大鉄全史』近畿日本鉄道、一九五二

年、一二二頁、一四八頁、二七一頁、二七五頁）。
(36) 奈良電鉄は大正一四(一九二五)年五月設立。昭和三年一一月に京都で昭和大礼が行われることになったため、予定工事を前倒しして実施し、同年一一月に全線を開業。戦後は近鉄に合併され、現在の近鉄京都線となった。
(37) 前掲『大軌三十年史』八九―九一頁。
(38) 以上、前掲『参宮急行電鉄編』二一―四頁。
(39) 原武史『可視化された帝国』（みすず書房、二〇〇一年）二二二頁、二二八頁。
(40) たとえば国鉄によって「伊勢大廟初詣　大典式場拝観」（『万朝報』大正四年一二月二六日）、新聞社によって「京都、奈良、伊勢へ」（『都新聞』大正四年一二月二五日。桃山御陵を含む）といった巡拝旅行が企画されている。
(41) すでに近世から考証のために天皇陵を実地に訪れる動きが見られるようになったが、明治になると考証というよりも拝礼・巡拝に関心が移る。ただし、明治期には単独または少数の巡拝が主であったが、明治天皇死去後の桃山御陵の誕生と代替り儀式を転換点として、大人数による巡拝が盛んに行われるようになった（船越幹央「明治・大正期における皇陵巡拝」『大阪市立博物館研究紀要』三三、二〇〇一年）。時期が下って昭和になると、たとえば「神戸ヒヨコ登山会」なるグループによる「歴代皇陵巡拝」のように（「旅行団消息」『旅』一〇―一、昭和八年、一六二頁）、ハイキングあるいは旅行のサークルがその活動の一環として「皇陵巡拝」を実施するという事例も数多く見られるようになる。
(42) 以上、『大蔵公望日記』二―四（内政史研究会・日本近代史料研究会、一九七三―一九七五年）各年元日条（年は元日基準）。昭和一四(一九三九)年は橿原へは向かわず、伊勢周辺の観光などを行っている。一六年の正月は東京・鎌倉・大阪で過ごし、珍しく「聖地」には赴いていない。一七年は、伊勢神宮で初詣をすませたあと参急で橿原まで行ってはみたものの「橿原神宮の参拝は降雨の為不果」。なお、東京から山田までの移動は、昭和一三年までは国鉄の直通列車を利用し、関急開業後は名古屋で関急に乗り換えている。
(43) 注(13)の記事。
(44) 高木博志は、庶民にとって天皇陵が現世利益と崇敬が共存した行楽の場となっていたことを示す近世および明治期の事例を紹介している（高木『陵墓と文化財の近代』山川出版社、二〇一〇年、五二―五五頁）。
(45) たとえば、前述したように関西圏では桃山御陵参拝ブームや天皇の代替り儀式を契機として「皇陵巡拝」を行う団体が数多く結成されるようになったが、そのなかのとある皇陵巡拝団体では、「堅苦しい黄坡氏〔漢学者の藤沢黄坡〕が予備将校といふ格で有志者を御陵前に列ばせ、「最敬礼ッ」「直れッ」「右向け」「前へッ」といつたやうな号令的でやつた、めに（中略）段々に衰へた」という（『大阪毎日新聞』大正七年三月二五日「膝栗毛汽車栗毛　大阪に於ける旅行団体（六）」）。天皇陵をめぐって「皇国」の歴史に対する認識を深めることが目的とはいえ、日常の多忙から解放されるはずの余暇を費やしてわざわざこのように堅苦しい儀礼を行おうとする者は稀であったのである。

(46)『大朝』昭和四年一二月二八日、大軌広告。

(47)『大朝』昭和八年一二月二七日、大軌・参急広告。

(48)『大朝』昭和六年一二月三〇日、大軌・参急広告。

(49)『大朝』昭和一〇年一二月二八日夕刊、大軌・参急広告。中山太陽堂との共催で、他の景品はクラブ化粧品とクラブ歯磨となっている。

(50)『大朝』昭和一一年一二月二六日夕刊、大軌・参急広告。

(51)初詣以外でも、たとえば紀元節に際して「お伊勢参りがタダになる　電車賃払戻抽選券進呈　宇治山田行往復乗車券お求めの方に」（『大朝』昭和七年二月一〇日、大軌・参急広告）といった宣伝が行われている。

(52)『読売』昭和六年一〇月二〇日「車内にしめ飾りの信仰列車」。

(53)大正一三（一九二四）年、鉄道省の支援をうけて設立された日本旅行文化協会が、昭和九（一九三四）年にジャパン・ツーリスト・ビューローと合併して、ジャパン・ツーリスト・ビューローおよび日本旅行協会の和英二本立ての社名となった（『日本国有鉄道百年史』八、日本国有鉄道、一九七一年、三四二―三四三頁）。

(54)『伊勢新聞』昭和一一年一月五日「春は〝漫談列車〟にのつて　爆笑の伴奏入りで　賑やかな初参宮　お馴染みの楽天氏が頑張つて」。

(55)前掲高岡「観光・厚生・旅行」二四―二五頁。

(56)住吉神社と西宮神社の社務日誌をみると、昭和に入ってから節分の際に鉄道会社と新聞社の企画によるイベントが持ち込まれ、相当に賑わった様子がうかがえる。たとえば西宮神社では、昭和五（一九三〇）年の節分に際して阪神電鉄・大阪日日新聞社・映画会社（市川右太衛門プロダクション）の共催で映画俳優による豆まきを目玉にしたイベントが行われたが、あまりの混雑のために「絵馬殿南ノ石灯籠」が倒れて負傷者が出る騒ぎとなり、神社関係者は「映画俳優ノ人気全ク想像ノ外ナリ」と舌を巻くほかはなかった（『社務日誌』西宮神社所蔵、昭和五年二月三日条）。

(57)『東朝』昭和一一年一月二五日「芸妓や映画女優の豆撒き罷成らぬ　豪華な年中行事狂騒曲に文部省の「宗教粛正」」。
(58)『大朝』昭和一四年二月二日夕刊。
(59)『大朝』昭和一六年二月二日「豆なし節分　拳骨で〝鬼は外〟新体制の〝福は内〟」。
(60)近世以来の参詣行事には方角や日取りに関する縁起があり、これにもとづいて参詣することで攘災招福が叶うと信じられていた。しかし、第一部でみたように初詣はそのような細かい縁起にこだわらずに参詣するという中身が曖昧な形として成立したため、平時は「家内安全」、戦時は「戦勝祈願」、交通事故が急増すれば「交通安全祈願」、受験競争が激化すれば「合格祈願」等々、時世に応じてどんな名目も冠することができるのである。
(61)『東朝』昭和一二年一二月一一日「事変下のお正月をどうするか⑬　団体旅行の取扱ひ　神詣でを主にした鉄道計画」。ただし、事変勃発直後に萎縮した各種の娯楽や行楽はその後まもなくして回復していく（前掲高岡「観光・厚生・旅行」二四一―二五頁）。
(62)『東日』昭和一五年一月六日「正月五日間〝興亜景気〟の激流」。
(63)『大朝』昭和一二年一二月二〇日夕刊、大軌・参急広告。
(64)『大朝』昭和一二年一二月二七日「戦捷調の新春へ　百貨店、電鉄も大童」。
(65)『大朝』昭和一二年一二月二一日、大軌・参急・クラブ歯磨（中山太陽堂）合同広告。中山太陽堂とのコラボレイションも事変前と変わりない。
(66)『大朝』昭和一三年一月四日「記録を破つた三ケ日の人出」。
(67)「金森翁追懐録」（高梨光司『金森又一郎翁伝』金森又一郎翁伝記編纂会、昭和一四年所収）一六七―一六八頁。
(68)柳田國男『明治大正史世相篇　新装版』（講談社学術文庫、一九九三年。原著昭和六年）二一二頁。
(69)前掲「大阪郊外発展座談会」六八頁。
(70)『大朝』昭和一二年一月三日「大阪駅は日本一　元旦の乗降客三十六万人！」。神社ではない生駒聖天（宝山寺）も一緒くたにして「各神社詣で」と記している。
(71)大軌による生駒聖天周辺の娯楽開発については鈴木勇一郎「生駒山宝山寺門前町の形成と大阪電気軌道の郊外開発」（『ヒストリア』二〇五、二〇〇七年）を参照。
(72)注(23)の記事。

(73)「彙報」（『瑞垣』四、昭和七年七月）四一頁。
(74)『瑞垣』九―一二号（昭和九年三月―一〇年一月）の各号巻末に記載された奉奏者名一覧より集計。
(75)このことは参宮客を受け入れる地元の商工業者にも認識されており、「伊勢参宮を語る座談会」という座談会で宇治山田商工会議所副会頭が「山田では二月が一番忙しいのです。これは二月が農閑期だからでせう」と述べている（『家の光』一四―七、昭和一三年、一六二頁）。なお、伊勢参宮が農閑期に活発に行われるというのは近世以来の傾向である（原淳一郎『近世寺社参詣の研究』思文閣出版、二〇〇七年、九八―九九頁）。おそらくこの傾向は高度経済成長期まではある程度存続したのではないかと思われる。
(76)『日本国有鉄道百年史　通史』（日本国有鉄道、一九七四年）二四七―二五八頁。
(77)久保田敬一「年頭に際して皆様へ」（『旅』一〇―一、昭和八年）二―三頁。
(78)『大朝』昭和一一年一月五日「景気は丹波市から」。
(79)『東朝』昭和四年一二月二九日、博文館広告。
(80)『神社協会雑誌』二六―八、昭和二年、四九―五〇頁。
(81)『神社協会雑誌』三三―二、昭和九年、六二頁。
(82)前掲『日本国有鉄道百年史』八、三四五―三四六頁。
(83)白川哲夫「一九三〇～五〇年代「戦没者慰霊」の動向」（『日本史研究』五七一、二〇一〇年）一四七―一四九頁。
(84)『読売』昭和一一年三月三日「観光祭　今年から本腰　賑々しく」。
(85)加藤玄智「鉄道省主催の観光祭に関する質疑に答へて」（『皇国時報』五九七、昭和一一年四月）二―三頁。
(86)『読売』昭和一二年四月二〇日夕刊「観光祭り　日比谷の催し」。
(87)加藤玄智「元日の神詣」（『旅』一二―一、昭和一〇年）一〇―一一頁。
(88)同「神社初詣での気分」（『旅』一三―一、昭和一一年）二―三頁。
(89)その典型的な例として、佐伯有義（國學院大學教授）による「神国日本の新年」と題した文章の一部を引用しておこう。
「元日は氏神詣の外は家にありて神棚並に祖霊を懇に祀り、屠蘇を飲み雑煮を祝ひて、何事も思はず清くすが〳〵しく、直く正しき心で、一日を暮らすべきである。〔中略〕一年三百六十五日の中で正月元日のみは、職業の如何にかゝはらず何人も業を休んで元旦気分で居るのであるから、新聞社も郵便局も悉く休業し、元日発刊の新聞は之を二日に繰延べ元日配達の郵便は之を二日の朝に延ばし、元旦だけは日本全国一般に富者も貧者も農民も商工者も悉く休業して、清くすが〳〵しい神代のまゝの心で暮らすやうに致したいものである」（佐伯有義「神国日本の新年（下）」『皇国時報』五八七、昭和一一年一月、五頁）。佐伯の言う形の「神国日本の新年」がその後国民レベルで実現しなかったのは言うまでもない。

(90)　この図式を強調した論考として前掲原武史『「民都」大阪対「帝都」東京』がある。同書の問題点としては、沿線に皇室ゆかりの「聖地」をもたないという点では関西私鉄のなかで例外的な存在であった阪急で関西私鉄を代表させていることにくわえて、「国家」的価値（皇室など）をめぐって「官」と「民」が競合するという近代日本を通底する構図がふまえられていない（換言すれば、「国家」と「官」が混同されている）ということがある（この点については次の論考を参照。塩出浩之「議会政治の形成過程における「民」と「国家」」、三谷博編『東アジアの公論形成』東京大学出版会、二〇〇四年、五四―五七頁）。阪急を含む「民」の諸勢力が対抗しようとしたのは「帝国」だったのではなく、「帝国」の威信を独占しようとする「官」であったということをふまえる必要があるだろう（この点に関連して第四章注(42)の史料を参照のこと）。

(91)　落合政利「小学校教育と神社」（『神社協会雑誌』三五―一、昭和一一年）三五頁。

(92)　阪本是丸『国家神道形成過程の研究』（岩波書店、一九九四年）第九章・第十章、前掲昆野「近代日本における祭と政」、藤田大誠「大正・昭和戦前期における祭政一致観の相克――八神殿奉斎問題をめぐつて」（『明治聖徳記念学会紀要』復刊四三、二〇〇六年）など。

(93)　このような見方は神道史研究者による論考で強調される傾向にある（たとえば前掲阪本『国家神道形成過程の研究』）。

［付記］　本書脱稿後、ジョン・ブリーン『神都物語　伊勢神宮の近現代史』（吉川弘文館、二〇一五年）の刊行をみた。同書は、近代日本における国民と伊勢神宮とのかかわりについて、昭和四(一九二九)年の遷宮を重要な画期としている。この遷宮の重要性については筆者も同意するが、また一方で、本書の前章・本章において我々がみてきた明治から大正への代替りという契機については同書は十分にとらえきれていない。この双方の視点をバランスよく組み合わせることが今後の課題となろう。いずれにせよ、同書は伊勢神宮の近現代史を政治思想の文脈だけに閉じ込めず、地域社会、教育、ツーリズムとの関わりも視野に入れて論じており、本書が十分に目配りできなかった論点も豊富である（とりわけ、本書第七章との関連で言えば、大正期以降の小学校での教育内容と伊勢神宮参拝の活性化の関連に関する指摘が重要である）。同書への応答は筆者にとって今後の重要な課題である。

第六章　戦間期東京の初詣
――現代型初詣の確立

はじめに

今日の首都圏の初詣をみると、明治神宮と郊外有名寺院（成田山・川崎大師）が突出した賑わいを見せている（第一章表1-1）。また、明治期には初詣よりも優勢であった恵方詣は現在ではほぼ完全に消滅している。このような現代の初詣の基本形が確立したのが戦間期である。

第四章で明らかにしたように、初詣の歴史において明治神宮の創建は一つの重要な転換点となった。ただし、この神社が誕生したからといって成田山や川崎大師の賑わいが縮小したわけではなく、それどころかむしろかつてないほど賑わいを増していった。このことからもわかるように、戦間期東京の初詣の動向は明治神宮とナショナリズムだけで説明できるわけではない。

第四章では明治神宮に特化して論じたが、本章では視野を東京という都市全体に広げたうえで、明治神宮の誕生と戦間期（とりわけ関東大震災後）の都市化の趨勢があいまって初詣が現代の原型を確立していく過程を明らかにしたい。

一　明治神宮の誕生による恵方詣と初詣の関係の変化

第二章でみたように、東京・大阪ともにすでに明治末期から鉄道会社の集客策によって恵方の重要性が低下していく傾向が生じていたが、東京でこの流れを決定的にしたのが明治神宮創建だった。

表6-1は、戦前の東京の新聞三紙を対象に、正月元日の景況を伝える新聞記事のなかで川崎大師・成田山・明治神宮の三つの社寺の正月参詣がどのような行事名称で報じられているのかを調べた結果である。この表を見ると、川崎大師と成田山は、時代が下るにつれて（とくに昭和に入って）ABよりもCが優勢になる傾向が看取できる。ただしABの用例がただちに消滅したわけでもなく、しばらくはABとCが併存し続けていることがわかる。両寺院の正月参詣には、明治期以来の恵方詣の感覚が昭和に至るまで根強く残り続けたと言えよう。

ところがこれとは対照的に、明治神宮についてはは創建当初から一貫してABの用例はほとんどみられない[1]。つまり、明治神宮の新年参拝は、「初詣」ととらえられることはあっても、「恵方」と関連づけられることはほぼ皆無だったのである。

また、第四章で示した図4-4で明治神宮の初詣参拝者数の推移をみても、大幅な増加は、諒闇明け（昭和三（一九二八）年）、ナショナリズム高揚（満州事変翌年の昭和七（一九三二）年、皇紀二六〇〇年にあたる昭和一五（一九四〇）年）、景気高揚（満州事変以降）といった要因によるものと推定され、五年周期である恵方の影響を読み取ることはできない。

第一部で明らかにしたように、近世以来の正月参詣では、同じ正月の寺社参詣であれば、より多くの福を授かるべく恵方に該当する寺社を選んで参詣するという恵方詣が盛んだった。明治末期から郊外鉄道の集客策によって恵方の重要性が低下していく傾向が生じていたが、それでも川崎大師や成田山に恵方詣の感覚で参詣する形は昭和に入って

表 6-1　正月参詣を報じる新聞記事におけるとりあげられ方

年	川崎大師				成田山				明治神宮			
	A	B	C	D	A	B	C	D	A	B	C	D
明治 22				○					—	—	—	—
23	○			○					—	—	—	—
24	○								—	—	—	—
25				●					—	—	—	—
26				◎					—	—	—	—
27				○					—	—	—	—
28									—	—	—	—
29	○		○						—	—	—	—
30				○					—	—	—	—
31	○								—	—	—	—
32									—	—	—	—
33									—	—	—	—
34	○			○					—	—	—	—
35									—	—	—	—
36	○		○						—	—	—	—
37									—	—	—	—
38				○					—	—	—	—
39	◎								—	—	—	—
40			○	○					—	—	—	—
41	◎								—	—	—	—
42					○				—	—	—	—
43	○								—	—	—	—
44	◎								—	—	—	—
45			◎						—	—	—	—
大正 2	○	○							—	—	—	—
3			○						—	—	—	—
4									—	—	—	—
5	◎	○							—	—	—	—
6									—	—	—	—
7	○								—	—	—	—
8									—	—	—	—
9									—	—	—	—
10											●	
11											◎	○
12											◎	○
13					○			○			○	◎
14				○				○	○		○	○
15	○							◎				○
昭和 2			○				◎	○			○	●
3	●				○		●		○			○
4				○	○	○						○
5				○			○					◎
6		○	◎	○			●	○			◎	○
7	○		○				◎				◎	○
8			○			○					◎	
9		○		○	○	◎		○			○	◎
10			○	○			○				●	
11			◎				◎				◎	
12				○			○				◎	○
13				◎			○	○			●	○
14					○	○		○			●	
15				○			◎			○	◎	
16	◎		◎				◎	○			◎	○

出所）『東朝』『東日』『読売』の正月元日景況を報じる記事.

注 1）A—D はそれぞれ，A =「恵方詣」のみ，B =「恵方詣」と「初詣」の両方，C =「初詣」のみ，D =「恵方詣」・「初詣」以外の行事名または行事名なし，を示している（第二章表 2-1，表 2-2 と共通）.

注 2）○：1 紙，◎：2 紙，●：3 紙

も残存し続けた。

これに対して、明治天皇を敬慕する多くの人々にとって、明治神宮はそもそも恵方に当たっているか否かなどということを気にしながら参拝する神社ではなかった。換言すれば、明治神宮は、初詣をするところではあっても、恵方詣をするところとは認識されなかったのである。おそらくは、第二章で引用した京阪電車の広告文句をもじって言えば、多くの人々のあいだで〝恵方以上神威偉大ナル明治神宮（あるいは明治天皇）〟という感覚が共有されていたと考えられる。

前章において、昭和の戦時体制下において、〝正月にどこかの社寺にお参りする〟という程度の曖昧な中身しかない初詣がきわめて柔軟に戦時体制下の「時局」に順応できたことを指摘したが、初詣が有するこの中身の曖昧さは、同じ正月参詣行事のなかでも恵方詣ではなく初詣が明治神宮とスムーズに適合した要因にもなったと考えられる。近世以来の在来の寺社とは別次元の「国民」のためのモダンな神社として誕生した明治神宮と、都市化のなかで恵方や縁日といった近世以来の細かい縁起を脱色して誕生した初詣という参詣スタイルは、きわめて相性が良かったのである。

かくして「帝都」の「中心神社」として誕生した明治神宮には、恵方と関係なく毎年多くの人々が初詣につめかけるようになったが、これによって東京の正月参詣全体にも変化が生じた。

表6-2は、東京の正月参詣を報じる新聞記事のなかでどのような社寺がとりあげられたのかを示したものである。一見してわかるように、明治期には、川崎大師が最も登場頻度が高かったが、それだけに集中していたわけではなく、江戸の名残りを色濃く残す旧市街地の浅草寺や多数の中小寺社も一定の存在感を見せていた。

ところが、明治神宮が創建されると〝顔ぶれ〟が一変する。創建翌年の大正一〇（一九二一）年から三年間は、どの新聞も明治神宮の初詣に関心が集中し、江戸以来の諸寺社は一気に姿を消してしまった（関東大震災後については次節

表 6-2　東京の正月参詣を報じる記事で言及された社寺（明治 22 年—昭和 16 年／主要社寺のみ）

年	亀戸天神	神田明神	水天宮	浅草寺（浅草観音）	日枝神社	深川八幡	深川不動	堀の内祖師	湯島天神	西新井大師	川崎大師	成田山	明治神宮	靖国神社	伊勢神宮	多摩御陵
明治22	○		○	○							○		—			—
23	○				○		○	○			◎		—			—
24	○	○	○	○	○		○	○	○		○		—			—
25	◎	◎	○	○	○		○	○	○	○	●		—			—
26	○	◎	○			◎	◎	○			◎		—			—
27	●			○							○		—			—
28			○		○								—			—
29						○	○				◎		—	○		—
30								○			○		—			—
31											○		—			—
32	◎	○	◎	○		○	○	○	○				—			—
33													—			—
34	●									○	◎		—		◎	—
35							○			○	○		—			—
36	○	○				○					◎		—		○	—
37		○							○				—			—
38											○		—			—
39		○		◎		○			○		◎		—	○		—
40		○	○		○		○			○	◎		—	○	○	—
41	●					○					◎		—			—
42												○	—			—
43	○			○							○		—	○		—
44	○						○		○		◎		—	○		—
45				○		○	○				◎		—			—
大正2		○	○		○		○				◎		—			—
3				○		○					○		—		○	—
4							○						—			—
5						○	○				◎		—			—
6	◎						○			○			—		○	—
7						○	○				○		—		○	—
8													—		◎	—
9			○				○						—			—
10													●		○	—
11													●			—
12													●			—
13												◎	●	○		—
14				○							○	○	●	○	○	—
15											○	◎	○		◎	—
昭和2											○	●	●		○	—
3				○							●	●	◎		○	●
4											○	○	○			
5										○	○	○	◎		◎	
6											●	●	●		●	○
7				○						○	◎	◎	●	◎		○
8				○							○	○	◎		○	○
9											◎	●	●		●	○
10	○									○	◎	○	●	◎	◎	
11										○	◎	◎	◎			
12	○			○	○					◎	○	○	●	○	○	
13										◎	◎	◎	●	◎	◎	
14										○		◎	●	◎	◎	
15											○	◎	●	●	●	
16		○		○	○					○	●	●	●	●	○	

出所）『東朝』『東日』『読売』の各年 1 月 1 日から 10 日の記事.
注 1）その社寺をとりあげた新聞の数を○：1 紙，◎：2 紙，●：3 紙として表した.
注 2）社寺の賑わいそのものではなくその社寺に接続する交通機関（最寄り駅など）の景況を伝える記事も含めた.

で述べる)。東京の正月参詣において明治神宮の登場がいかに大きなインパクトをもたらしたかがわかる。

もっとも、この表はあくまでもメディア上での〝見え方〟について示しているのであり、実態として旧市街地の寺社での正月参詣が明治神宮創建によってただちに消滅したというわけではもちろんない。しかしながら、新聞で毎年必ず明治神宮への初詣が目立つ形で報じられるのが恒例となったことによって、〝正月のお参りといえば明治神宮の初詣〟という印象が広まっていったのはたしかである。(2)

そして、おそらくはこの変化が影響したものと思われるが、明治神宮以外の寺社についても、恵方に当たっているにもかかわらず「初詣」と称して「恵方」が付随的に扱われる傾向が強まっていく。たとえば、第二章表2-1で説明したように、京浜電鉄の広告では、もともと川崎大師が東京からの恵方に当たっているとされる年には「恵方(詣)」(A)、そうでない年には「初詣」(C)という厳密な使い分けをしていたのだが、明治神宮創建後の大正一〇年以降はそのような使い分けが崩れ、恵方に当たっていても「初詣」を用いる(B)ことが多くなった。

以上を小括すると、明治神宮は創建当初から恵方詣ではなく初詣とスムーズに適合した。そして、明治神宮の初詣が賑わう模様が毎年メディアで報じられて〝正月のお参りといえば明治神宮の初詣〟という感覚が広まっていくなかで、他の寺社も含めた東京の正月参詣全体において恵方詣よりも初詣の方が優勢になっていったと考えられる。

第二章をふまえて東京と大阪の比較をすると、両都市ともに、すでに明治末期から鉄道会社の集客宣伝において「初詣」が活用されて恵方の価値が低下し始めていたという点では共通していた。この傾向が決定的になるのが戦間期であるが、大阪では、東京よりも激しい私鉄の乗客誘致競争のなかで恵方が乱用されるようになったことが恵方詣の埋没の主要因となった。これに対して東京では、なによりも明治神宮の創建が明確な転換点となって、恵方詣に対する初詣の優位が決定的となった。端的に言えば、前者は資本主義、後者はナショナリズムが決定的な要因になったということになるが、いずれにしても「初詣」が優位になるという結果については変わりがなかったのである。

二　関東大震災後

明治神宮創建とならんで東京の現代型初詣の確立の重要な契機となったのが、大正一二(一九二三)年九月の関東大震災である。

震災後、国家の総力をあげて帝都復興が目指されたが、「復興」とは言いながらも、「あの大震火災で、大部分の旧東京は失はれてしまつた」「この震災はたゞに名所や旧蹟の一部を消滅させて一部を新生せしめたといふだけのものではなくて、全東京の持つ性質を根本的に一変させて了つた」(3)とすら言われたように、東京が震災前の姿そのままに戻ることはなかった。

たとえば、盛り場の変化についてみてみると、明治期以来の上野・浅草・銀座が震災後いっそうの隆盛を見せるようになるとともに、震災後はこれらとは別に新興ターミナルが台頭する。とくに、震災から二年後の大正一四(一九二五)年一一月に東京―上野間の高架線が開通して現在と同様の山手線環状運転が開始されると、この山手線と郊外電車が接続する駅の周辺に盛り場が形成されるようになる。そのなかでもとりわけ成長著しかったのが新宿であった。このように、震災後は東京の主要盛り場の顔ぶれが今日に近いものとなっていく。

ここまで明らかにしてきた初詣の歴史的過程をみてわかるように、初詣は近代都市の形成と軌を一にして生まれ育った参詣行事であった。したがって、関東大震災後に東京という都市が現代の原型を確立していくのと密接に連動して、初詣もまた現代の基本形を確立させていくことになる。

(1)「明治神宮＋郊外寺院」

まずは震災翌年（大正一三（一九二四）年）の正月にどのような変化が生じたのかをみてみよう。

京成電鉄が開通するまでは、東京からの成田山参詣の玄関口は上野駅と両国橋駅（昭和六（一九三一）年に両国駅に改称）の二駅であったが、震災翌年の正月は両駅ともに成田山初詣客で異常なほどの混雑を見せた。当時の両国橋駅の駅員は「震災の翌年の正月一日成田参りのお客でバラック出札がつぶされました。何しろ多くて、さばき切れず遂に憲兵の騎馬隊が出動整理した程でした」(4)と後に回想している。

なぜこれほど成田山に初詣客が殺到したのだろうか。やや長くなるが、このときの新聞記事をみてみよう。

◇初詣で　明治神宮の賑ひ

震災で灰となつた市内の神社や寺院の大部分はまだ復興難でバラック建てさへ覚束ない有様で、元旦の初詣でも大部分は山の手方面の焼けないお宮へすひとられてしまつた。靖国神社や明治神宮はくらいうちから大雑沓〔中略〕一方焼けた神田明神には人足もまばらで札売る神官も生あくびを嚙み殺しながら「参詣人は昨年の半分もありません。それでもお札は十時迄に五百枚程売りました」とせめてもの痩我慢をいふ。

◇上野駅　近年にない雑沓

「近年にこんな雑沓を見たことはありません。〔中略〕」と上野駅長はいふ。〔中略〕多くは近距離の乗客で成田詣でが大部分〔中略〕「毎年見るスキーや避寒に行く客は殆ど見当たらないね」とおどろいてゐた。

◇伊勢へ　臨時列車満々員

大晦日の夜東京駅発の参宮列車は二等五十八人、三等百六十人の定員のところ第一回の列車は定員の約二倍の乗客でまるで寿司詰の有様で出発した。元旦の午後八時廿五分の第二回は前日以上の申し込みがあるので車輛を増結せねばば収容しきれぬ始末で吉田東京駅長も元旦早々この好景気に幸先よしと悦に入つてゐる。(5)

要約すると、旧市街地の中小寺社が震災後の復興に手間取ったため、初詣は明治神宮をはじめとする山の手方面の神社や郊外の成田山などが例年にない人気を集め、時間とお金に余裕がある者は伊勢神宮へむかった。先にみた両国橋駅での成田山初詣客の異常なほどの混雑はこのためだったのである。

ここで重要なことは、このような傾向が震災直後の一過性のものではなく不可逆的なものだったということである。昭和に入っても、たとえば水天宮は「震災に消失してしまつたため、大分信者が減つてしまつたらしい」、再建された神田明神も「祭礼は震災以前のそれと形ばかりは同じでも、魂が抜けたお祭騒ぎに過ぎない」、「下町で焼けた寺は復興の市区改正に追はれて続々と中央線などの郊外に移転したので、大寺院以外の末寺の存在はだん〴〵影が薄くなつてゆく」といったように、旧市街地の中小寺社はおおむね寂しい状況のままであった(6)。

これに対して、明治神宮と郊外の有名寺院の人気は、震災直後だけで終わることはなく、むしろ右肩上がりで高まり続けていく。後者については鉄道による郊外行楽への乗客誘引が大きく作用したが、これについては次節で詳述したい。両者に共通していた要因としては、震災後の都市化の加速によって郊外での「脱都市」気分のレクリエイションの需要が高まったことが考えられる。もっとも、明治神宮は郊外ではなかったが、全国からの献木によって誕生した広大な森の「森厳」さゆえに(7)、「参道の両側に青々とした樹木がズツと遠く迄生ひ茂る。一体の風色がまるで深山に入つた様な感じだ。東京にこんな所があるんだなと今更乍ら疑はせる(8)」などと評され、市街地に隣接していながら郊外と類似した（あるいは郊外ですら味わえないほどの）「脱都市」の気分を満喫できる場であった(9)。とりわけ郊外に行く暇やお金すらないという人々にとっては、時間的にも費用的にも手軽にアクセスできる明治神宮の「脱都市」空間はきわめて魅力的なものであったであろう。

小括しておくと、旧市街地に散在する江戸以来の中小寺社は、まず明治神宮の出現によって影が薄くなり始め、さらにその後発生した関東大震災によって容易に復興できないほどのダメージを蒙った。これに対して、「明治神宮＋

郊外寺院」は震災以前よりも賑わいを増していくことになった。新聞の正月参詣の報じ方をみても、大正一〇年から三年間は新登場の明治神宮に関心が集中していたが、震災後は突出した賑わいを見せる「明治神宮＋郊外寺院」に注目が集まるようになったことが看取できる（表6-2）。

(2) 西部方面の発展と明治神宮

関東大震災後の東京では、かつてない規模で都市拡大と人口移動が進行したが、実は、これによって大きな恩恵をこうむることになったのが、明治神宮である。

震災後、東京の旧市街地から郊外への人口移動が進んだが、この移動は均等に同心円状には広がらず、西部方面へ偏るという現象が起こった(10)。図6-1が示すように、一九二〇年代は郊外鉄道路線網拡大のピークであり、しかもその発展は多分に西部方面に偏ったものであった。人口が急増した地域は主としてこの郊外鉄道路線の沿線地域であり、殊に目黒蒲田電鉄沿線の荏原郡荏原町は大正一四（一九二五）年国勢調査で府内最高の人口増加率（七四七・九％）を示した(11)。このようなかたちで人口移動と都市域拡大が進行したことによって、東京の重心は大幅に西方へと移動することになる。

その象徴とも言える新興ターミナルとしてこの時期に急速に台頭し、現在に至るまで東京の代表的繁華街として賑わい続けているのが、新宿である。すでに本章でたびたび引用している今和次郎編『新版大東京案内』は新宿について次のように記している。

今の新宿は、全然新しく出来た街であり、出来つゝある街であると言つてもいゝ。それは震災を機縁として俄然変貌した。郊外軌道の朝宗に起因する郊外住民の購買力がヂリ〱と集中膨張しつゝあるところへ口火を切つたのがあの震災だつたのである(12)。

「朝宗」とは多くの河川がみな海に流れ入る様を表す言葉であるが、図6-1を見ても、たしかに昭和に入ってからの新宿は「郊外軌道の朝宗」という表現が大げさではないほどの場所になったことがわかる。また、この本では渋谷の道玄坂についても「震災後急に発展した場所(13)」としてとりあげられている。

さて問題は、明治神宮がこのような震災後の西部方面の急速な発展とどのように関係したかである。成田山や川崎大師と異なり、この神社の参拝者の輸送を主目的として鉄道が敷設されたことはこれまで一度もない。しかし、鎮座

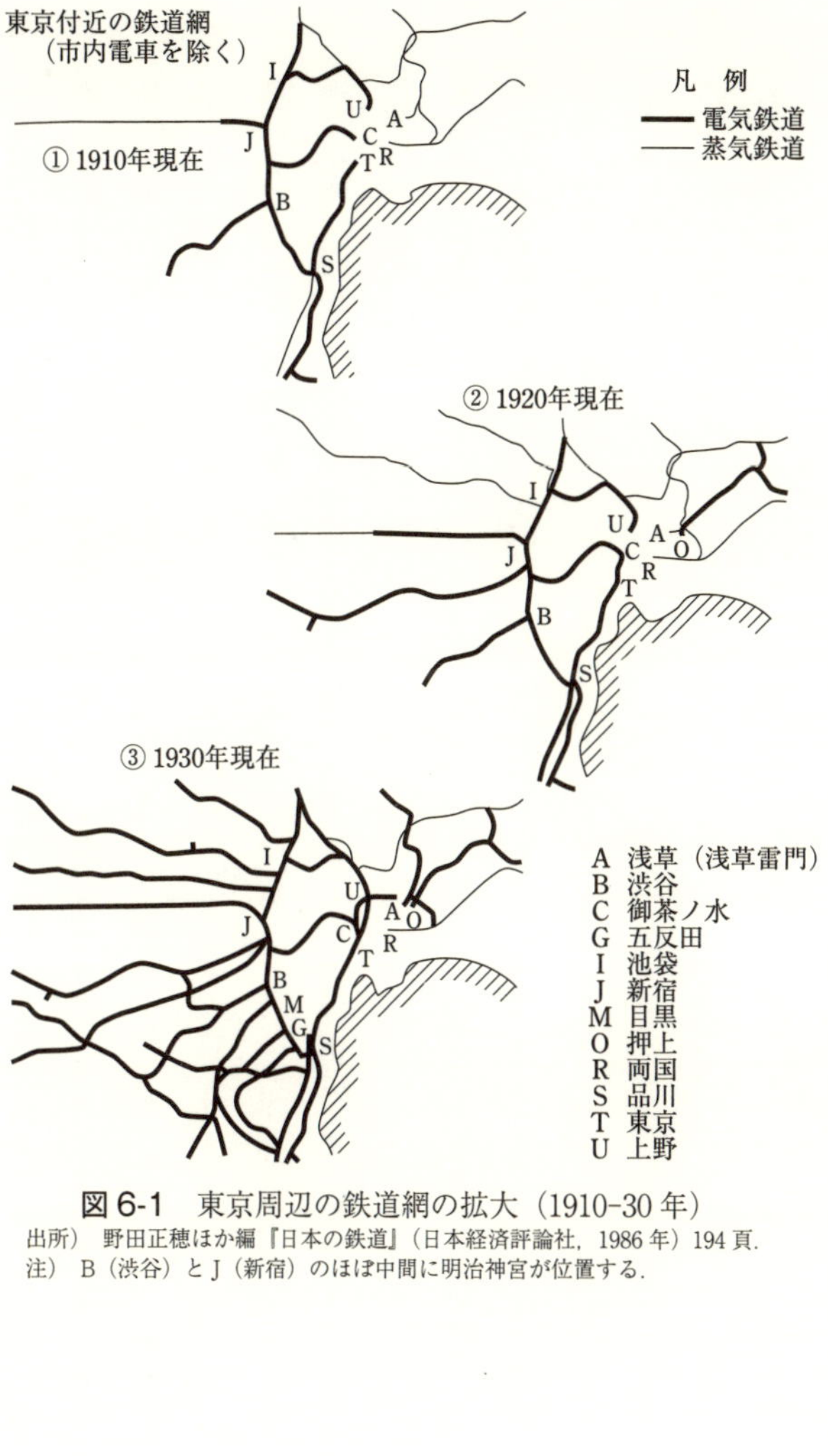

図 6-1　東京周辺の鉄道網の拡大（1910-30 年）

出所）野田正穂ほか編『日本の鉄道』（日本経済評論社，1986 年）194 頁.
注）B（渋谷）と J（新宿）のほぼ中間に明治神宮が位置する.

地として選ばれた代々木が、新宿と渋谷という震災後発展著しい新興ターミナルの中間に位置していたとともに、西郊方面と都心の中間点でもあったことが、結果的にこの神社に比類のないアクセスの良さをもたらすことになった。具体的にみると、創建当初から市電、国鉄山手線、京王電軌[14]（現、京王電鉄）、玉川電鉄（現、東急田園都市線の一部）が接続しており、前二者を利用して市内各所の繁華街と容易にはしごすることができた[15]。後二者は西部方面の郊外地域にアクセスする路線であるが、震災後はさらに昭和二（一九二七）年四月に小田急が新宿—小田原間を開業して西参道に接続、同年八月には東京横浜電鉄（現、東急東横線）の路線が渋谷まで延伸して南西郊外および横浜方面からの参拝が便利になった。

このほか、昭和一三（一九三八）年には渋谷—虎ノ門間の地下鉄（現在の東京メトロ銀座線の一部）開業とともに青山六丁目駅（のちに神宮前駅と改称[16]）が設けられ、市内各所（とくに上野・浅草・銀座）からのアクセスがさらに良くなった。誕生からまだまもない当時の地下鉄は、上京して東京見物をする地方人はもちろん東京在住の人々にとってすら普段なかなか乗る機会のないハレの乗り物であった[17]。第一章をふまえると、目新しいハレの乗り物に乗る楽しさと「脱都市」の雰囲気をあわせて堪能できるという点で、明治神宮は明治期の川崎大師と似たような魅力をもつようになったと言えよう。

かくして震災後の都市拡大に伴う鉄道網拡大の結果として、明治神宮は、上野・浅草・銀座といった明治期以来の繁華街からも、新宿と渋谷という発展著しいターミナル繁華街からも、さらには、人口が急増した西部・南西部方面からも、きわめてアクセスしやすい神社となった[18]。その後も現在に至るまで明治神宮の鉄道アクセス向上は続いている[19]。箱根や富士山などといった様々な候補地があがりながら、東京の、しかもこの代々木という地に創建されることになったことが[20]、明治神宮の今日にまで至る発展にとって決定的な要因となったことは間違いない。

以上のことをふまえたうえで、あらためて明治神宮初詣客数（正月七日間）の推移を確認してみよう[21]。大正一二

（一九二三）年には二三万五七四五人であったが、その一年後、つまり震災からまもない大正一三年の正月には三四万三八二六人と一気に一〇万人以上もの激増を見せた。しかも、これは一過性のものに終わることはなかった。その後この数字を割り込むことは戦前・戦中を通じて一度もなく、大正一四（一九二五）―昭和六（一九三一）年にはだいたい四〇万人台、満州事変後七〇万人台、昭和九（一九三四）年から一九（一九四四）年までは百万人台（皇紀二六〇〇年の昭和一五年には二百万人を突破）と、おおむね右肩上がりであった。戦局と交通事情の悪化が顕著となった昭和二〇（一九四五）年には急落したが、それでも三四万九四三〇人であり、震災翌年の数を割り込んではいない。このようなデータからも、震災以降の変動による明治神宮初詣客の劇的な増加が一過性のものではなく不可逆的なものとして進行したことがわかる。

「明治神宮が御鎮座になつて、果して国民が十分明治神宮に崇敬の誠を捧げ、多くの参拝者があるだらうかどうかと云ふことは、当事者一同も当時に在つては、確とした見当が付かなかつた」(22)と後に回想されているように、創建前の時点では明治神宮に十分な数の参拝者が集まるのかどうか不安視する向きもあった。しかしながら、実際に明治神宮が「出現」すると、祭神の明治天皇に対する多くの国民の崇敬心のみならずその後の東京の都市化からのプラスの作用もあって、明治神宮の初詣は近代の創建神社のなかでは類を見ない圧倒的な人気行事として定着することになった。明治神宮造営関係者たちの不安はまったくの杞憂に終わったのである。

三　鉄道による郊外行楽の活性化

戦間期は、娯楽・行楽の大衆化が進行して、家族連れで手ごろな費用で楽しめる郊外行楽地が新中間層を中心に人気を集めるようになる時期である(23)。この時期は第一次世界大戦後の反動恐慌、震災恐慌、金融恐慌と不景気が続き、昭和四(一九二九)年にはこれに世界恐慌がとどめをさすという時代でもあったが、このような打ち続く不景気が単純にレジャーを縮小したと速断してはならない。たとえば、昭和二(一九二七)年正月の国鉄主要駅の状況をみてみよう。

上野駅と両国駅は昨年より多少収入が増加してゐるが、肝心の東京駅のお正月は寂しく、その上新宿駅も減収となつてゐる。これは不景気のため初旅や恵方参りのお客さんが遠出をやめて何れも近い処で成田山や明治神宮で我慢する様になつたからで、お蔭で郊外私設電車鉄道は大喜びで何れもホク〳〵ものであつた。(24)

不景気になると、当然贅沢な遊びや中長距離の旅行は縮小する。しかし、平たく言えば、いくら経済的に苦しいときでも、たまには息抜きをしなければ人々はやっていられない。そこで、不景気時には近場で安価に楽しむことができる行楽が人気を集めることになり、明治神宮や郊外寺院への参詣はかえって盛んになる現象が生じたのである。先に述べた震災翌年の成田詣の異常な賑わいもその一例であると言えよう。

この傾向を増幅させたのが鉄道による集客競争である。図6-1が示すように、一九二〇年代は今日の首都圏主要鉄道路線網の原型が形成された時期であり、並行する路線同士でサービス合戦を繰り広げて乗客=参詣客が激増するということが郊外各方面でしばしば見られるようになった。とりわけ激しかったのが成田山をめぐる国鉄と京成電鉄の競争である。

第一章でも述べたように、成田山をめぐってはすでに明治期に成田鉄道と総武鉄道のあいだで競争が生じたが、総武鉄道は明治四〇(一九〇七)年に、成田鉄道も大正九(一九二〇)年に国有化されたため、東京―成田間の鉄道はすべて国鉄線となって競争は消滅した。このため、成田山参詣客輸送はしばらくのあいだ沈滞期に入る。たとえば、成田鉄道国有化直後の我孫子経由の上野―成田間直通列車は下り五本、上り四本で、明治三五(一九〇二)年に同じルートの直通列車が設定されたときの本数より下りが一本多いだけだった。(25) 初詣の際の臨時列車についても、大正末の時点ですら、上野駅・両国駅からそれぞれ一日あたり二―四往復程度が運行されるだけであった（表6-3）。

ところが、昭和になるとにわかに国鉄の成田山参詣客輸送が変化し始める。その原因は大正一五（一九二六）年に開通した京成電気軌道（現在の京成電鉄）成田線であった[26]。この路線は国鉄の二つの成田参詣ルート（上野から我孫子経由、両国から佐倉経由）よりも短い路線を走って運賃が安いうえに、電車運転ゆえに便数の多い運転（フリークエントサービス）を行った。成田山参詣客にとって大いに便利になったのは言うまでもなく、早速翌年の正月には京成成田駅の元日乗降客数が一万六〇〇〇人という成果をあげた（表6-4）。

表6-3　国鉄の成田山初詣臨時列車の本数（下りのみ）

<table>
<tr><th rowspan="2">年</th><th colspan="3">上野発</th><th colspan="3">両国（橋）発</th></tr>
<tr><th>12月31日</th><th>元日</th><th>2・3日</th><th>12月31日</th><th>元日</th><th>2・3日</th></tr>
<tr><td>大正14</td><td>0</td><td>2</td><td>2</td><td>0</td><td>3</td><td>3</td></tr>
<tr><td>15</td><td>0</td><td>2</td><td>2</td><td>0</td><td>4</td><td>3</td></tr>
<tr><td>昭和 2</td><td>0</td><td>4</td><td>4</td><td>0</td><td>5</td><td>4</td></tr>
<tr><td>3</td><td>0</td><td>6</td><td>5</td><td>1</td><td>5</td><td>4</td></tr>
<tr><td>4</td><td></td><td>5</td><td>5</td><td></td><td>5</td><td>5</td></tr>
<tr><td>7</td><td>5</td><td></td><td></td><td>6</td><td></td><td></td></tr>
<tr><td>9</td><td colspan="2">27</td><td></td><td colspan="2">25</td><td></td></tr>
<tr><td>11</td><td colspan="2">30</td><td>12</td><td colspan="2">24</td><td>8</td></tr>
<tr><td>12</td><td colspan="2">31</td><td>12</td><td colspan="2">24</td><td>8</td></tr>
<tr><td>13</td><td colspan="2">22</td><td>7</td><td colspan="2">15</td><td>4</td></tr>
</table>

出所）『千葉鉄道管理局史』（千葉鉄道管理局，1963年）297頁，年末年始の新聞および『鉄道時報』記載の記事．

注）年は元日基準．元日未明の列車は12月31日に含めた．「2・3日」は1日あたりの本数．空欄は不明．

表6-4　京成成田駅・国鉄成田駅の元日乗降客数

年	京成成田駅	国鉄成田駅	合計
大正15	――	24,400	24,400
昭和 2	16,000	27,000	43,000
6	35,000	16,000	51,000
15	141,000	102,000	243,000

出所）『東朝』の以下の記事．昭和2年1月3日「成田詣の人出」，同6年1月5日「成田初詣は二割の減少」，同15年1月2日「成田山に三十万人」．

　こうなると国鉄側も黙ってはいられない。国鉄は正月三が日の成田臨時列車を例年より増便して京成に対抗したが（表6-3）、その結果が興味深い。すなわち、京成が新規参入して国鉄の取り分が減ったのかといえば、結果はその逆で、国鉄成田駅の元日乗降客数は前年より二六〇〇人増加して二万七〇〇〇人となったのである。つまり、この国鉄の増加分と新規参入の京成の数をあわせて考えると、元日の成田乗降客数はわずか一年で一万八六〇〇人も増加したことになる（表6-4）。当時は東京から成田への交通手段がほとんど鉄道に限定されていたことを考えれば、この鉄道利用者数の増加は、ほとんどそのまま東京からの成田山初詣客の増加をあらわすと考えてよいだろう。この初詣客の急増によって、成田は「この数年来にない景気」に沸きたった[27]。並行する新規路線の参入によって乗客＝参詣客のマーケットが拡大するという本書で何度もみてきたパターンがここでも生じている。

このときは京成成田線開通直後ということもあって、乗降客数は国鉄の方が多かったが、翌年からは京成の攻勢が本格化する。まず、京成は、『東朝』『東日』『読売』といった主要新聞のほとんどに単独で初詣広告を掲載し、さらに『東朝』では二度にわたって集合広告欄に初詣広告を掲載した。一つの鉄道会社がこれほど多数の初詣広告を掲載したのは、東京ではこれが嚆矢である。さらに京成は正月三が日に押上―成田間を一五分間隔で運転するという大胆なフリークエントサービスを実施し[28]、国鉄に電車の有利を見せつけた。このような企業努力の甲斐あって、一二月三〇日から元日までの成田乗降客数は、国鉄が前年と大差なかったのに対して、京成は一万二二七七人もの増加となった[29]。これ以降も京成の利用客は増え続け、昭和六（一九三一）年には元日の京成成田駅乗降客数が三万五〇〇〇人に達した（表6-4）。わずか四年のあいだに倍以上に増えたことになる。

対する国鉄も、京成のような電車によるフリークエントサービスはかなわないものの、対抗して臨時列車を年々増便していった（表6-3）。注目したいのは、昭和三（一九二八）年の正月を迎えるにあたって、新しい試みとしてまだ年があらたまらない大晦日のうちに両国橋駅を出発する深夜臨時列車一便を運行したことである（表6-3）。言うなればライヴァルを出し抜くためのフライングである。この試みは功を奏し、翌年以降も継続され、「卅一日午後十一時卅分両国〔橋〕発、一日午前一時十五分成田着の初急行列車は、約三百名の初詣客を満載して出発といふ大景気[30]」と報じられるほどの人気を博した。

このような国鉄の攻勢に対して京成がおとなしく黙っているはずはなく、国鉄の初の試みの一年後から京成が実施するようになったのが、今日では当たり前となっている大晦日から元日未明にかけての終夜運転だった(31)。国鉄もまたこれに対抗して年越し深夜臨時列車を年々増便していったため(表6-3)、結局こちらも終夜運転に近い状態になっていった。かくして、両者の激しい競争は、ついにそれまで初詣客輸送が行われていなかった時間帯にまで拡大することになったのである。恵方詣や初詣は、もともとは元日の早朝以降に行うのが当たり前だったが、京成と国鉄の競争の激化のなかで始められた大晦日終夜運転が他の郊外鉄道路線にも波及していき(32)、大晦日の夜から元日未明にかけて社寺に赴く「二年参り」の形がまたたくまに定着していくことになった。

国鉄の対抗策は深夜の臨時列車だけにとどまらなかった。昭和四(一九二九)年には、さらに新しい試みとして、両国・上野から臨時の特別急行列車を運行した。

毎年正月成田詣りのお客は十五分間毎に運転されて居る京成電車に取られて居たので、其為め客を奪ふため東京鉄道局では正月三日間両国〔橋〕、上野両駅から成田まで特別急行列車を運転する〔中略〕所要時間は普通片道二時間廿分であるが此列車は片道一時間半で賃銀は二割引の大人往復二円となつて居る(33)。

所要時間が通常より五〇分も短縮されるというのであるから、国鉄も相当頑張ったものである。利用客のあいだでは〝国鉄もやればできるじゃないか〟といった感想が囁かれたかもしれない。政府の鉄道が私鉄を相手に喧嘩するのは大人気ないなどという批判も一部にはあったようだが(34)、当事者はそのような悠長なことは言っていられなかったのであろう。

昭和六(一九三一)年、京成が念願の日暮里駅乗入れを果たして山手線と接続するようになると、両者の競争はいよいよピークを迎えた。

成田山の初詣客を当て込んで早くも成田行を持つ省線〔国鉄〕、私鉄は火の出るやうな旅客争奪合戦をはじめた。

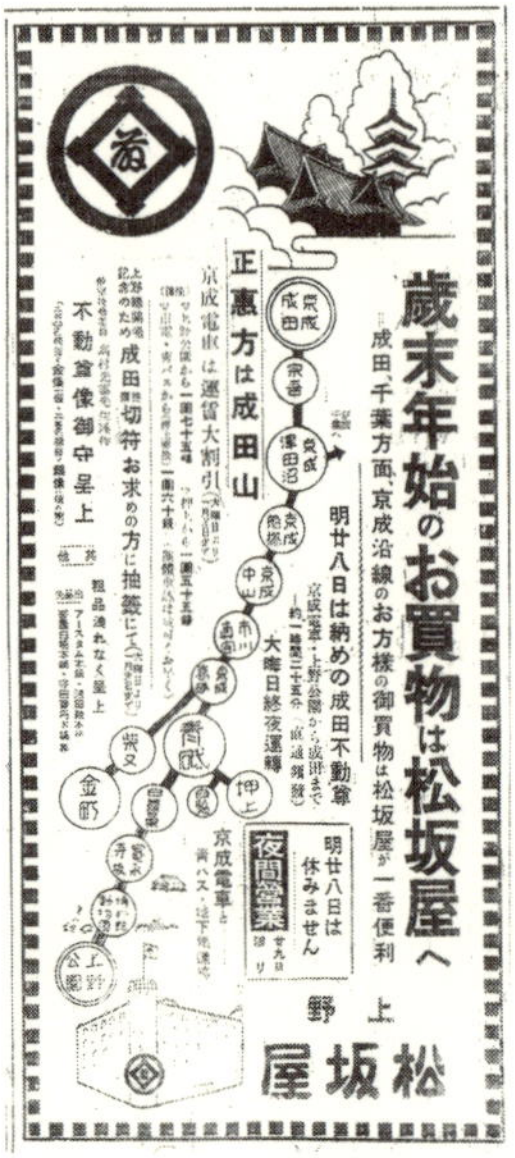

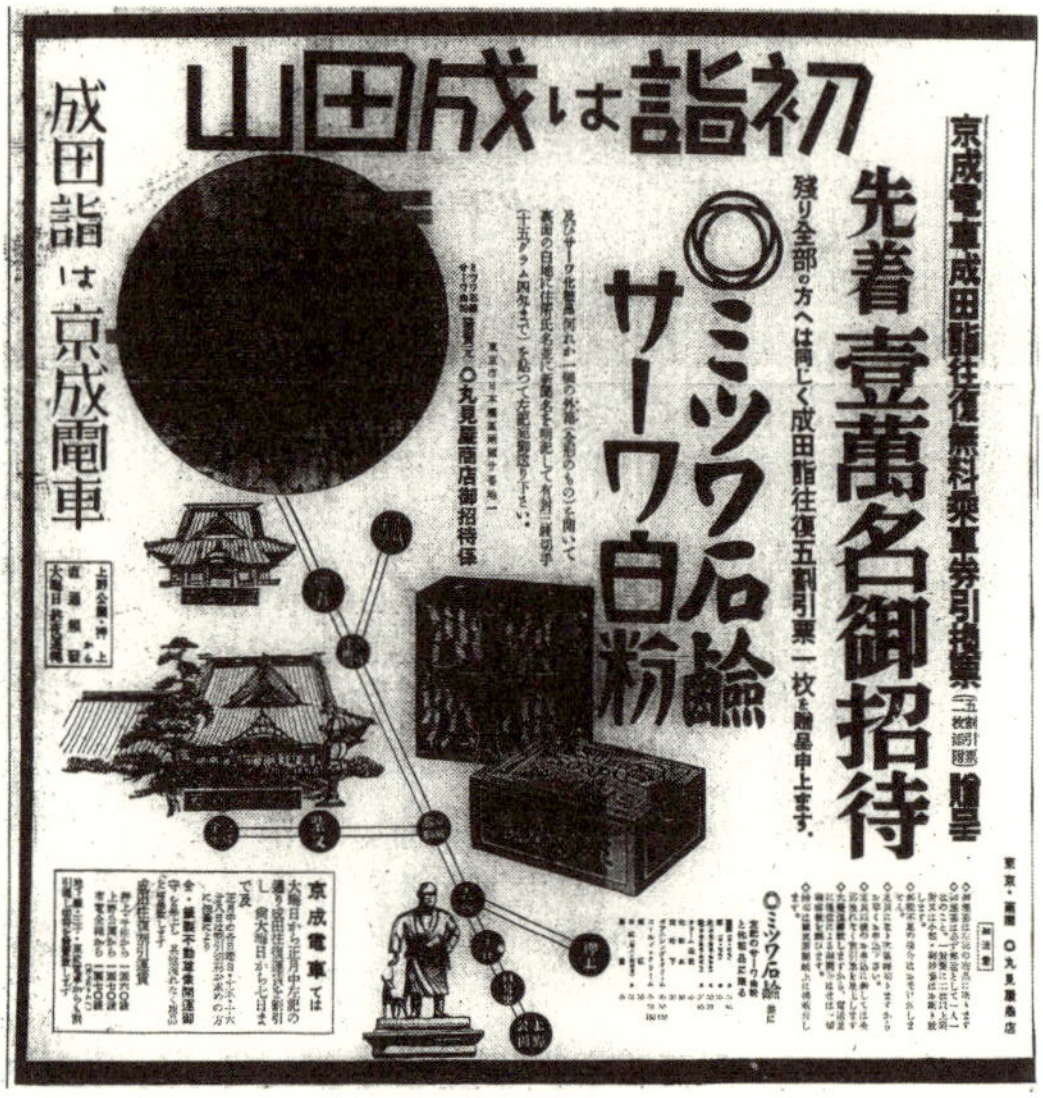

図6-2　京成電車と上野松坂屋・ミツワ石鹸の協同広告
出所）左：『東日』昭和8年12月27日，右：『東日』昭和9年12月21日．

まづ省線は東京、中山の各駅から成田山まで往復賃金一円五十銭と奮発すれば、これに並行線をもつ京成電車は東武、地下鉄、王子の各社を味方に引き込んでいはゞ電車の連合軍を組織。押上、日暮里及び中山駅までどこから乗つても往復賃金一円卅銭、省線よりも廿銭安いといふところで、省線には一人の客も渡さぬといふ寸法。〔中略〕それでもまだ足りないとあつて当世流行の「純金」と「純銀」の不動尊像開運御守りを乗客に抽選で出さうといふ計画、更に大晦日の終夜運転等、等、省線をペシヤンコにしようと文字通りの大馬力とある。(35)

両者のこのような熾烈なサービス競争によって、人々にとって成田山は時間的にも運賃的にも格段に行きやすくなり、昭和一五（一九四〇）年には元日の京成・国鉄両成田駅乗降客数は実に二四万三〇〇〇人となった。わずか一四年のあいだに約十倍にまで膨れ上がったことになる（表6-4）。

このような激しい競争のなかで鉄道による初詣のマーケティング戦略が展開されていくが、その主なターゲットとなったのは当時急速に増大しつつあった新中間層であった。そのことを端的に示しているのが、百貨店や石鹼メーカーといった、同じく新中間層を主なターゲットとする資本とのコラボレイション広告である（図6-2）。戦間期の都市モダン文化の形成過程において、メディア（新聞）・鉄道・百貨店系の資本がその先導役となったことは周知のことであるが、既存の諸研究(36)では、スポーツ、少女歌劇、ターミナルデパート、あるいは洋装や洋食など、近代的で目新しい事物の「誕生」に関心が集中する傾向があった。しかし、近世からの連続性をもち、一見するとモダンというイメージから程遠いように見える社寺参詣も、実はこのような新事物とまったく同じく、資本によって現代都市に適合した形へと再編されていったのである。

おわりに

初詣は、天皇の代替りおよびその延長上の明治神宮創建を転換点としてナショナリズムと結びつくようになったが、その後の東京の初詣がナショナリズムの文脈のなかだけで発展したわけではなく、本章でみてきたように都市化が作用した面もきわめて大きかった。とりわけ関東大震災を大きな転換点として東京の不可逆的な現代都市化が加速するなかで、「明治神宮＋郊外有名寺院」が突出した賑わいを見せるという現代の初詣の原型が確立していく。

ここで確認しておきたいのは、戦間期における初詣の変容過程からは、不思議なほどに明治神宮が都市化と類似した影響をもたらしたことが看取できるということである。たとえば、東京の正月参詣において江戸以来の旧市街地の中小寺社の存在感が低下する最初の明確な契機となったのは明治神宮の「出現」であり、これに決定打を与えたのが関東大震災後に加速した都市化であった。また、関西では私鉄の競争激化のなかで「恵方」が乱用されたことによって結果的に初詣が優勢となっていったが、鉄道網がまだ関西ほど充実していなかった同時期の東京で同様の影響をもたらしたのが、明治神宮の初詣であった。あえて単純化すれば、明治神宮は、都市化がもたらす影響を先取りした側面があったと言えるのではないだろうか。そして、明治神宮が「国民による国民のための神社」[37]という画期性をもって誕生したことをふまえれば、戦間期東京の初詣の変容過程は、初詣がナショナリズムと都市化の相乗効果によって現代の原型を確立させたものととらえられよう。

以上みてきたような過程を経て戦間期に現代の原型を確立させた初詣は、終戦直後はいったんしばらく停滞したものの、まもなくして、軍国主義的色合いを払拭した以外には戦前とほぼ変わらない形で復活した。東京では、他の私鉄ほど空襲の被害をうけなかった京成電鉄が昭和二四(一九四九)年ごろから成田山初詣客誘致を再び活発化させ、国鉄との競争も再燃した。

東鉄〔国鉄〕では新春を期して大々的に私鉄〔京成〕に挑戦〔中略〕その第一着手としてサービス付の成田行除夜初詣列車をはじめ〔中略〕露骨だがハッキリした前垂れ商法を発揮している。十年ぶりの復活と銘打って大晦日と正月三ヶ日に成田行列車を一時間半のスピード運転で次の如く実施、暖房附優秀車を使い、車内で護摩を売るほか御神酒や正月料理を廉価販売し、特に大晦日と元日の列車には車内でくじ引による参拝記念の不動尊記念塔、護摩木箸を進呈する。運賃割引も十年ぶりで復活〔以下略〕[38]

輸送事情による制限はあったであろうが、本章でみた戦前期の京成対国鉄の初詣客争奪競争と基本的に変わらない状況が復活したことがわかる。この成田山をめぐる京成対国鉄の競争を先駆けとして、他の私鉄も初詣客のための増発などを徐々に再開し、昭和二七(一九五二)年末の大晦日には一二年ぶりに国鉄・京急・小田急・東武が終夜運転を再開した[39]。初詣がほぼ戦前の姿にもどったのはこのあたりであるとみてよい。翌二八年の正月には明治神宮で戦後初めて初詣の人出が日中戦争開戦前後の水準に回復し〔第四章図4-3〕、他の主要社寺でも初詣客が前年よりも激増したことを新聞が報じている[40]。

敗戦を経て政治体制は大転換を遂げたが、初詣はわずかな中断を経て、再びほぼ戦前のままの姿で復活し、人々は明治神宮や成田山・川崎大師へとつめかけるようになった。テレビによる正月イメージの形成（大晦日＝寺院の除夜の鐘／元日＝神社の初詣、というステレオタイプなど）などの新たな変化も見られるものの、初詣は基本的には戦間期に成立した原型を維持しつつ、今日に至っている。もっぱらナショナリズムの力だけで成立した行事ではなく、ナショナリズムと都市化の相乗作用によって確立した娯楽行事だったからこそ、戦後も強固な持続性をもち続けるようになったと言えよう。

（1）筆者が調査した三紙の範囲内では以下の三例のみである（理由は不明だが、すべて『東日』の記事である）。(ア)「〔明治神宮は〕本年の恵方に当たるところから花柳界方面の参拝も多く」（『東日』大正一四年一月二日「明治神宮は五万の人出」）。(イ)「恵方参りは明治神宮を筆頭に遠く成田山、川崎大師等いづれも大繁昌」（同昭和三年一月三日「正月二日の夥しい人出」）。(ウ)「明治神宮は今年の恵方にも当るため参拝者の群は快晴に恵まれた大晦日の午後二時頃から早くも踵を接し」（同昭和一五年一月一日「夥しい初詣　明治神宮と靖国神社」）。(ア)(イ)はAの用法であるが、前者は、縁起かつぎを重視する花柳界の人々という限定つきである。後者は、この年の恵方は巳午なのだが、東京の明治神宮だけではなく郊外の（しかも東京からの方角がまったく異なる）成田山と川崎大師も一緒くたにとりあげており、どこを起点として「恵方参り」と称しているのか判然としない。たいして深く考えずになんとなく「恵方参り」と表記しただけなのかもしれない。(ウ)は、見出しで「夥しい初詣」としたうえで本文に「恵方にも当る」と書いているので、Bの用法である。ただし、この記事もどこを起点として恵方に当たるとしているのか判然としない。

（2）たとえば、昭和三（一九二八）年、当時『中央公論』編集長だった木佐木勝は、正月の日記に「今年も寝正月をきめ込んで、何処へも出かけなかった」「自分には神社もお寺も無縁だった」と、自身が正月参詣とは「無縁」であることを記しながらも、「元朝の明治神宮に参拝者六十万人、玉砂利をふむ音も高く」「多摩御陵へ未明から押し出した三万の参拝者」「初詣で成田の賑い」といった明治神宮をはじめとする東京の正月参詣の新聞報道を丁寧に書きとめている（『木佐木日記』三、現代史出版会、一九七五年、九頁）。

（3）今和次郎編『新版大東京案内　上』（ちくま学芸文庫、二〇〇一年。原著は昭和四年）三六頁、三〇九頁。

(4)『千葉鉄道管理局史』（千葉鉄道管理局、一九六三年）五七五頁。

(5)『東日』大正一三年一月二日「すばらしい景気で蘇る　新東京のお正月　神まうでは山の手大繁昌　各停車場の大混雑」。

(6) 前掲今『新版大東京案内　上』二四〇頁、三一二頁、三一四頁。

(7) 明治神宮（内苑）の森の造営過程については、今泉宜子『明治神宮　「伝統」を創った大プロジェクト』（新潮選書、二〇一三年）第二章を参照。なお、この「森厳」という言葉は今日に至るまで明治神宮（内苑）を形容する言葉として頻用され続けているが、ただ単にその境内を形容するだけではなく、たとえば「泉岳寺の閑寂と丸ビルの雑閙《ざっとう》、明治神宮の森厳と浅草六区に渦巻くヂヤッズ——それ等のものが、もの丶一時間も隔てずに同一の遊子の眼前に展開されて来るのが今日の東京遊覧である」（前掲今『新版大東京案内　上』三一〇頁）といったように、東京の都市空間のなかで渦巻くモダニズムとは対極的な雰囲気の空間として明治神宮（の森）を印象づける文脈で使われることが多い。

(8) 礫川生「神仏混淆めぐりの記」（『太陽』三〇―一、大正一三年）二二五頁。なお、第四章注(120)で引用した昭和八（一九三三）年生まれの女性の回想記には「子どもの頃、この（明治神宮の）森は大昔からあったものとばかり思っていました」と記されている（家城定子「むかしの原宿（6）　明治神宮と表参道」『東郷』一八二、一九九一年、三五頁）。

(9) さらに言えば、「自然の暴威も一指だに染めることが出来なかつたことを思ふと、今更乍ら明治大帝の御聖徳のいやが上にも高いことをしのばしめる」（前掲「神仏混淆めぐりの記」二二五頁）と、震災による被害が僅少であったことによってさらに崇敬が高まった面もあったようである。

(10) 以下、東京の都市化・都市拡大については、石塚裕道・成田龍一『東京都の百年』（山川出版社、一九八六年）第五章「〝大東京〟の成立」、原田勝正「東京の市街地拡大と鉄道網(1)」「同(2)」（同・塩崎文雄編『東京・関東大震災前後』日本経済評論社、一九九七年）を参照。

(11) 前掲原田「東京の市街地拡大と鉄道網(1)」一四頁。ちなみに、第四章でとりあげた上田貞次郎も昭和六（一九三一）年に雑司が谷から中央線沿線の中野へと転居している（「上田貞次郎年譜」、『上田貞次郎日記　大正八年―昭和十五年』上田貞次郎日記刊行会、一九六三年、三九二頁）。

(12) 前掲今『新版大東京案内　上』二二二頁。

(13) 同右二四五頁。

(14) 京王電気軌道の後身にあたる京王電鉄は、現在では初詣ＰＲの重点を明治神宮ではなく高尾山・大国魂神社・高幡不動など郊外方面の社寺に移しているが、戦前には「神宮裏」という名の停車場を有し、社史でも明治神宮を沿線の名所として写真つきでアピールしていた（『京王電気軌道株式会社三十年史』京王電気軌道、昭和一六年、巻頭）。

(15)「文江、静江、敏雄を連れて明治神宮に参拝後、日比谷の山水楼にて昼食す。其後、敏雄を独り帰へし、娘二人は帝劇に活動見物」（『大蔵公望日記』一、内政史研究会・日本近代史料研究会、一九七三年、三一四頁、昭和九年一一月三日条）。大蔵は一高・東京帝大工科を卒業、鉄道官僚・満鉄理事などを経て当時は財団法人東洋協会専務理事。

(16) 現在はさらに改称されて表参道駅となっている。

(17) 日本初の地下鉄は昭和二（一九二七）年に上野―浅草間に開業したが（現在の東京メトロ銀座線の一部）、それから二年後に発行された前掲『新版大東京案内』には次のように記されている。「地下鉄！　地下鉄とはどんなものか、君、地下鉄に乗つたか？……《ママ》乗りに行つたか等々の会話は昭和二年の暮から数ヶ月に亘つて東京市中のそこゝ、にきかれた。〔中略〕一般東京人にとつては、地下鉄の存在価値は玩具のそれだ、科学的玩具としてのそれである。〔中略〕上京地方人にとつても亦、多大にしてそしてやはりそれだけの興味を彼地下鉄はかけさしてゐる」（前掲今『新版大東京案内　上』七二―七三頁）。また、鉄道史研究家和久田康雄は誕生まもないころの東京の地下鉄を「いわば交通機関というよりは、戦後の東京タワーのような東京名所の一つといった存在だった」と表現している（和久田康雄『日本の地下鉄』岩波新書、一九八七年、二四頁）。

(18) なかでも明治神宮と新宿または渋谷をはしごして過ごす事例は様々な日記史料で確認できる。その類の記述が豊富な日記としては、たとえば齋藤茂吉の戦前・戦中の日記がある（『齋藤茂吉全集』二九―三二（日記一―三）、岩波書店、一九七三―七四年）。なお、明治神宮のすぐそばにある原宿が昭和四〇年代以降に若者の町として人気を集めるようになると、次の冴木杏奈（タンゴ歌手）のインタビューにもあるように、「明治神宮～原宿」というルートで散策するのも一つの定番となる。「明治神宮は神域が広くて、緑が多いところが好き。お詣りしたあと、ぶらりと歩くのにも、原宿が近いから行くところに困らないですね」（『東京人』四〇、一九九一年一月、東京都文化振興会、三二―三三頁）。明治神宮と近くの繁華街をはしごして短時間のうちに手軽に「脱都市」と「都市」の両方の雰囲気を味わうことができるという点では、戦前も戦後も変わりがない。

(19) 昭和四七（一九七二）年一〇月、営団地下鉄（現、東京メトロ）千代田線霞ケ関―代々木公園間の開業と同時に明治神宮前駅が開業した。この千代田線は国鉄常磐線と直通運転することになったため、都心だけではなく常磐線沿線からも明治神宮が参拝しやすくなった。それまで営団は他の私鉄各社に比べると初詣客輸送に消極的で、大晦日終夜運転も行っていなかったが、この年の大晦日に戦後初めての終夜運転を実施し、初詣記念回遊切符を発売した（『営団地下鉄五十年史』帝都高速度交通営団、一九九一年、二九四頁、六三〇頁）。平成一二（二〇〇〇）年に筆者が明治神宮前駅の駅員に聞き取りを行ったところ、毎年一〇万人ほどの初詣客がこの駅を利用し、なかでも常磐線沿線から千代田線を利用してくる乗客が多いとのことであった。さらに同年には都営地下鉄大江戸線代々木駅、平成二〇（二〇〇八）年には東京メトロ副都心線明治神宮前駅が開業した。この副都心線は開業時から東武東上線・西武池袋線と直通しているが、平成二五（二〇一三）年には東急東横線・横浜高速鉄道みなとみらい線とも直通運転を開始して、和光・川越方面、所沢・飯能方面、および横浜方面から明治神宮前駅へのアクセスがさらに向上した。

(20) 山口輝臣『明治神宮の出現』（吉川弘文館、二〇〇五年）九八―一六五頁。

(21) グラフは第四章図4-4を参照。以下の数値は『明治神宮五十年誌』（明治神宮、一九七九年）六六二頁による。

(22) 内務官僚として戦前の神社行政に深く関わった吉田茂（戦後首相をつとめた同姓同名の吉田茂とは別人）の回想（神祇院教務局調査課編『神社局時代を語る』昭和一七年、復刻『近代神社行政史研究叢書Ⅴ』神社本庁教学研究所、二〇〇四年、五四頁）。吉田は明治神宮が多くの参拝者で賑わうようになったことについて、「それから後には大蔵省に往つて、神社のことについての予算の談判をするにも、気楽に談判が出来るやうなことになつたのでありました」（五五頁）と述べている。

(23) たとえば房総方面は、上流に人気がある湘南方面に対して、中流向けの大衆的な海水浴・避暑の行楽地として人気を集めるようになった（拙稿「両国駅の近代史」『東京都江戸東京博物館調査報告書』二四、二〇一一年、一一〇―一一五頁）。

(24) 『読売』昭和二年一月四日「お正月三日の省線の実入り」。

(25) 『汽車汽船旅行案内』三一五（庚寅新誌社、大正九年一二月）、中川浩一「成田への鉄路をめぐって〔上〕」（『鉄道ピクトリアル』一八一、一九六六年三月）。

(26) 「京成」という社名が示す通り、京成電軌は明治四二（一九〇九）年の創立当初から東京―成田間の開業を目指していたが、大正一五（一九二六）年一二月になってようやく押上―成田間が全通した。

(27) 『東日』昭和二年一月四日「ホク〳〵の鉄道　初まうでに温泉行に　近年にない景気」。なお、このときの正月は大正天皇の「崩御」（前年一二月二五日）から十日もたっていなかった。つまり、広く国民に対して謹慎が求められた「諒闇」の期間中である。成田山の初詣が「この数年来にない景気」になった直接の要因は京成と国鉄の競争だったと考えられるが、また一方では、居住地周辺では人目を憚って正月祝賀を自粛しながらも、せめて少しくらいは正月気分を味わいたいという欲求から、匿名性が高い郊外の初詣に繰り出した人も少なからずいた可能性も考えられる。このときだけではなく、天皇（明治天皇・大正天皇）死去後の「諒闇」中、関東大震災および虎ノ門事件後、日中戦争勃発後といった娯楽自粛ムードが社会を覆った時期の正月に、娯楽自粛で行き場を失った人々が郊外の初詣に殺到したと思われる現象が生じている（『大朝』大正二年一月一日「元旦の市中」、同大正一三年一月二日「初詣客で大賑ひ」、同昭和二年一月三日「日陰うら、かな昭和の御代の初春」。日中戦争下については第五章第二節(2)で言及した）。

(28)　『東日』昭和三年一月一日（京成電車の広告）。

(29)　『東朝』昭和三年一月三日「初詣で　成田の賑ひ」。

(30)　『東日』昭和四年一月一日「恵方の成田へ　満員の初急行」。

(31)　「成田山　巳歳の恵方と初詣で　大晦日は終夜運転」（『東日』昭和三年一二月三〇日、京成電車広告）。

(32)　大正末期の時点では京浜電鉄ですら大晦日は「平常と少しも変りなく時間延長しない」、つまり終夜運転はおろか終電の繰り下げも実施していなかった（『東日』大正一三年一二月三一日「大晦日の電車」）。川崎大師に大晦日の夜から大勢の参詣客がつめかけるという今日の形は一般的ではなかったのである。ところが、それからわずか約十年後には、京浜電鉄を含めて首都圏のほとんどの郊外電車が終夜運転を実施するようになった（『読売』昭和一一年一二月二九日夕刊「市民の足　暮から正月への交通機関」）。

(33)　『読売』昭和三年一二月二六日「成田行の列車増発　お正月に京電に対抗して」。

(34)　青木槐三『国鉄』（新潮社、一九六四年）一三二頁。

(35)　『読売』昭和七年一二月二八日「成田山初詣　省線と私鉄がサービス較べ　京成電は特に超奉仕」。

(36)　序章注(10)参照。

(37)　前掲山口『明治神宮の出現』二〇一頁。

(38)　『毎日新聞』昭和二四年一二月二二日「車内でお神酒売り　成田詣でに国鉄、私鉄客奪い」。この記事によれば、このとき京成電鉄の大晦日終夜運転が戦後初めて復活した。本数は京成上野発成田行が三本という戦前最盛期と比べ物にならないほどの少なさではあったが、当時の輸送事情を考えれば健闘したものと言えよう。

(39)　『朝日新聞』昭和二七年一二月二〇日「大ミソカは終夜運転　国電十二年ぶりに復活」、同二六日夕刊「私鉄も終夜運転」。

(40)　『朝日新聞』昭和二八年一月五日夕刊「初もうで客激増」、『毎日新聞』同三日「戦後最高の三百万　東京の人出」。

第七章　初詣をめぐる言説の生成と流通
――「上から」のとらえ返し

はじめに

ここまでみてきたように、明治期に庶民の娯楽行事として誕生した初詣は、大正期以降（東京ではとくに明治神宮創建以降）にナショナリズムと接合し、従来は社寺参詣に親しんでいなかった知識人層にも波及し始めたが、だからといってその娯楽性が後退したわけではなく、正月のレクリエイションとしての性格をいっそう強めながら拡大していった。

ところが、そのような実態にもかかわらず、初詣をもっぱらナショナリズムの文脈で解釈するパターン化された言説が知識人によって編み出され、社会に流布するようになる。言い換えれば、「下から」波及した初詣に対して、知識人たちによってナショナリズムの文脈で「上から」のとらえ返しがなされ、それによって生まれた言説が社会に還流していくという「下→上→下」の回路が機能していくのである。

しかも、この回路は、鉄道をはじめとする交通・旅行業界によって娯楽とナショナリズムを織り交ぜた集客戦略のなかで巧みに活用され、再生産され続けることになる。大正期から昭和戦前期という時期はちょうど旅行の大衆化が進行した時期であるが(1)、人々の娯楽欲求をとりこもうとする交通・旅行業界によってこの回路が活用されるようになることで、往々にして無味乾燥で原理主義的になりがちな内務官僚や神道界の人々による「上から」の〝お説教〟にはなかった浸透力をもって、娯楽と結びついた国家神道的なナショナリズムが人々のあいだに広まっていく。

以下、典型的な言説パターンごとにみていくこととしたい。

一　「皇室＝初詣」

靖国神社宮司の賀茂百樹は、昭和九(一九三四)年発行の雑誌において次のように述べている。

正月に執り行はれる数々の行事の中でも初詣は確に意義深いもの、一つと云へる。この民間の初詣は宮中で行はせらるゝ四方拝に比して申すべきもので、四方拝は畏くも　陛下が四方の神祇を遥拝し賜ふ御式であるが、民間に於ける初詣は吾人が自ら足を運んで神社に参拝するのである。(2)

このように初詣を皇室の四方拝と関連づけて語る「皇室＝初詣」型の言説は、昭和期に入ってしばしば見られるようになる。管見の限りこのタイプの言説で最も早いものは、昭和四(一九二九)年の矢部善三『年中事物考』で、「国民の元旦の神拝」について「此の風習は、やはり宮中に於る四方拝に起原を発して居るものらしく」と記している。(3)この史料の存在については高木博志の論考に教えられたが、高木は初詣がナショナリズムの文脈で「上から」広められたことを示す論拠としてこの史料を引用し、「これは当っているだろう」とあっさり認めて立論した。(4)しかしながら、この史料が明治でも大正でもなく昭和四年のものであることを見落としてはならない。本書がここまで明らかにしてきた初詣の成立過程をふまえれば、初詣の起源を皇室と結びつけて語るというこのタイプの言説がこの時期になって出現したこと自体が注目すべきことなのである。

筆者はこれまでこのタイプの言説を探し求めてきたが、現在までのところ右の矢部善三よりも早い時期のものを発見できていない。おそらくはこのあたりが源流となって「皇室＝初詣」型の言説が社会に流布し始めたものと考えられる。実際、これ以降になるとこのタイプの言説は比較的容易に見出すことができる。右の賀茂百樹もその一例であるが、この他にもたとえば、同じ昭和九年に発行された高橋梵仙『新撰日本年中行事講話』なる書籍をみると、「此の風習は宮中四方拝に起源を発してゐるもの、如く、これより見て相当古き時代より行はれた習慣の様である」[5]と記されている。おそらくは矢部の記述を下敷きにしたものと思われるが、こちらではさらに古来から続くものであることを示唆する文言が付け足されている。その四年後の昭和一三（一九三八）年の『読売』には「これ〔元旦詣〕は宮中の四方拝に起原を発し、相当古くから行はれた習慣であるとみられてゐます」[6]という解説記事が掲載されている。この引用箇所の前にある部分も含めて、高橋の受け売りであることは間違いない。『読売』ともなれば相当多くの人の目にとまったであろう。

皇室の四方拝が初詣を生み出したという論法は、寺院が優勢であった明治神宮創建以前の東京の初詣の状況からストレイトに生じえたとは考えにくい。大正九（一九二〇）年に創建された明治神宮が初詣と結びつき、その賑わいが毎年繰り返しメディアで報じられるようになるなかで（第六章）、数年間のタイムラグを経て[7]、知識人層のなかで「皇室＝明治神宮＝初詣」から三段論法的に「皇室＝初詣」と見なす認識が生じたと考えられる。初詣の中身の曖昧さがそのようなもっともらしい解釈の流布を可能にしたという側面もあったであろう。

このタイプの言説は、賀茂百樹のように神社界からも発信されていくが、社会的影響力という点では、交通・旅行業界によって集客に活用されるようになったことの方が重要である。一例として、昭和一〇（一九三五）年発行の安西計太郎『初詣でところ〴〵』[8]をみてみよう。著者の安西は、表紙の肩書きに「東京鉄道局」と記されており、国鉄関係者であったと思われる[9]。「緒言」をみると、まず元日の意義深さを「歴史が示す『時』の距りと、その間に蓄積された人類の文化を、日本は――又その国民は一瞬にして跳躍飛越して、太古の相に返るのである。――これが日本の元旦なのである」などといった仰々しい美文調で延々と書き連ねる。そして、正月の諸々の行事のなかで「我々の祖先が何千年の間に毀つことなく伝へてくれた民族的遺産」を我々に最も「痛感」させるものこそ「元旦」の初詣で、正月新春の神詣でゞある」と述べたあと、宮中の四方拝に次のように言及する。

これ〔宮中の四方拝〕を思へば、我等草莽の身を以て、元旦を空しく家に寝転んで迎へる法はない。〔中略〕宜しく近くの鎮守へなりと詣でて、厳粛なる元旦を迎ふべきである。(10)

このように皇室の四方拝と結びつけて初詣の意義を説くところまでは賀茂百樹と変わるところがない。ところが、そのあとをみてみると、「初春の旅」という観点から初詣についてガイドする内容になっている。要するに鉄道に乗って初詣を兼ねた旅行に行くように読者を勧誘するのが同書の主眼なのである。これはたとえば、百貨店の三越が「雛祭は宮中から発達して民間に及んで来たものと認めることが出来ます」とうたいながら雛人形の販売促進を図ったのとまったく同様の手法である。(11) 初詣や雛祭に限らず、何らかの行事に人々を勧誘して経済的利益を達成しようとする際に、当該行事と皇室との関連性を主張するいわゆる「皇室ブランド」の手法は戦前の日本で広く活用されたものである。(12) ただし、三越の雛人形販売がすでに明治末期からこの手法を用いていたのに対して、(13) 鉄道の宣伝媒体において初詣を宮中の四方拝と結びつける言説が登場するのは前述の矢部善三の書籍以降である。すなわち、明治神宮創建後しばらくして「皇室＝初詣」型の言説が初めて登場すると、これがすかさず交通・旅行業界によって「皇室ブランド」として初詣の集客宣伝に活用されるようになったと考えられる。(14)

かくして、「上から」のとらえ返しによって生まれた「皇室＝初詣」型の言説は、時として初詣の古さを強調するという尾ひれをつけながら、種々のメディアを通じて〝伝言ゲーム〟のように反復され、社会に流通していった。我々はここにおいて、明治期に庶民の娯楽行事として生まれた初詣が、明治から大正への代替りと明治神宮創建を画期として上層に波及し始め、その後ナショナリズムの文脈のなかで「上から」とらえ返され、それによって生まれた言説パターンが社会へと還流していくという「下→上→下」の回路を看取することができよう。

二　「社寺」と「社」

右でみた初詣の語り方は、実際の状況と照らし合わせると、ある大きなギャップを含んでいる。先に引用した賀茂百樹の文章をみてもわかるように、「皇室＝初詣」の語り方では、初詣の対象は神社に限定され、寺院は登場しない。ところが、実際の初詣は神社に限定されたものではなく、「社寺」で行われていた。第六章で述べたように、明治神宮が創建されたからといって寺院の初詣が衰滅したわけではなく、それどころか成田山・川崎大師といった郊外の有名寺院はますます多くの初詣客を集めるようになった。このように「社寺」の初詣が賑わいを増していく様子は毎年新聞で報じられていたから（第六章表6-2）、賀茂のように「皇室＝初詣」型の語り方をする者もこの状況を知らなかったはずはない。それにもかかわらず、言説レベルでは「社寺」をめぐってある種の使い分けがなされるようになったと考えられる。

第五章でも触れた「元日の神詣」と題された神道学者加藤玄智の文章をみてみよう。

我が歴代の天皇は、天照大神の高御座に登らせられ、天津日継嗣せられた神皇に在し、天照大神は太古大昔の神、天皇は今の神、即ち今上、今上陛下に在すからである。爰に日本人が元日何をおいても伊勢参宮に旅立ち、明治神宮に初詣をする真意味が諒解されてくるのである。伊勢参宮や明治神宮詣では、元朝早々物見遊山の行楽だと思つたら大間違ひである。(15)

このように「皇室＝初詣」の語りの際には、「寺」を切り落として「社」のみで語る。先に引用した賀茂の文章もその一例であるが、この語り方で具体的な神社名に言及する場合には、加藤のように「伊勢神宮＋明治神宮」というセットをとりあげるのが典型的なパターンである。

このような「社」のみに限定したナショナリスティックな初詣の語り方は、満州事変後のナショナリズム高揚とともに賀茂や加藤のような神社界関係者たちにとどまらない広がりを見せていく。たとえば、右に引用した加藤の文章とほぼ同時期の新聞のラジオ番組欄をみてみると、「俳句で語り合ふ初詣での感懐　前十時五分、東京・大阪より二元放送で特殊講座」と題して次のような番組が紹介されている。

神国日本の光りを浴びての初詣でを俳界における東西の第一人者〔関東は高浜虚子と富安風生、関西は松瀬青々、塚本虚明〕によつて行ひ、その慶び、その感激をＡＫ、ＢＫの両スタヂオから二元放送によりマイクを通して語り合ふ事になつた。〔中略〕この四人の内ＡＫの二人は一日先づ宮城を拝して明治神宮に詣で東京近郊の神社をめぐり、ＢＫの二人は元日伊勢大神宮に詣でて二見ヶ浦の初日の出を拝み、奈良の春日神社、京都の賀茂神社、大阪の住吉神社等に参拝して各々の感じを作句に表して三日の朝十時から十一時までの一時間を話し合はうといふのである。(16)

このように、「神国日本」というナショナリスティックな初詣の語りのなかでは、空前の賑わいをみせていた成田山や川崎大師は除外されてしまうのである。

しかしながら、必ずしもこの語り方だけが支配的になったわけではなかった。すなわち、同時期にこれと並行して、「社寺」の枠組みで初詣を語る言説も大量に流通していくのである。その主要な発信元となったのはここでもやはり鉄道をはじめとする交通・旅行業界であった。言うまでもなく、神社への初詣客であろうが寺院への初詣客であろうが、この業界を潤してくれることには変わりがなかったからである。たとえば、先に引用した加藤玄智の文章は、国鉄の外郭団体である日本旅行協会が発行していた旅行専門雑誌『旅』に掲載されたものであるが、この同じ媒体上で、正月旅行としての「初まうで」のプランが紹介された記事をみると、次のような「社寺」の枠組みでの内容になっている（史料の引用ではなく箇条書きで要約したもの。神社を●、寺院を○で示す。記号は以下同様）。

東京から……●箱根神社、○成田山新勝寺、○川崎大師
名古屋から……●熱田神宮、●伊勢神宮
大阪から……●出雲大社、○生駒山宝山寺(17)

この雑誌には、加藤の文章や「軍国の春に祈願　明治神宮・靖国神社参拝の旅(18)」といったツアーのようにナショナリズムを前面に出した「社」のみの初詣と、右のような「社寺」の初詣が併存していた。

この雑誌に限らず、交通・旅行業界では「社寺」の枠組みが強固に維持され続けた。この業界としては、なるべく広い客層を相手に営業することが望ましいわけであり、当然といえば当然のことである。この傾向は、満州事変、日中戦争、皇紀二六〇〇年といったナショナリズム高揚の節目を経ても変わることはなかった。

それゆえ、この時期に発行された初詣ガイドブックをみると、総論としては初詣を「皇室＝初詣」という語りで説明しておきながら、具体的な内容に入ると神社だけではなく寺院も含んだ「社寺」の内容になっているというギャップがしばしば見られる。一例として、前節でとりあげた安西計太郎『初詣でところぐ〳〵』を再度みてみたい。繰り返しになるが、同書は冒頭の「緒言」（一―四頁）で初詣を皇室の四方拝と結びつけたうえで「宜しく近くの鎮守へなりと詣でて、厳粛なる元旦を迎ふべきである」と「社」に限定した「皇室＝初詣」型の語りをしていた。ところが、このあと具体的な初詣ガイドへと入っていく前の箇所（四頁）で、次のような断り書きがあることに注意したい。

全国初詣でといつても、各地に鎮座する宮居を一々挙げることは、この小冊子のよくするところではない。茲には、相当著名にして、且つ交通の便もよく、初春の旅と結びつくもののみを挙げることにした。従つて社格も高く国民の信仰篤い神社が洩れて、社格なきも民間の信仰帰依の厚い神祠仏閣などが入つてゐることなどは予め読者諸賢の御諒恕を願つて置きたいと思ふ。

冒頭では初詣の意義を国家神道的な「社」の枠組みで説明しておきながら、具体的な初詣旅行案内に入る段になると、社格のない神社のみならず仏閣も含めるというのである。そしてそれらの選定基準は、国家的な重要性ではなく、「著名にして、且つ交通の便もよく、初春の旅と結びつくもの」というものであった。要するに、旅行客の集客が見込める「社寺」ということになる。実際に収録されている社寺をみてみると、たとえば冒頭の「東京を中心に」の項で列挙されているのは次の通りである（天皇陵を◎で示す）。

●明治神宮、●靖国神社、●日枝神社、◎多摩御陵、●水天宮、〇浅草観音、〇川崎大師、●穴守稲荷、●鎌倉宮、●鶴岡八幡宮、〇成田不動尊

説明文をみてみると、たとえば川崎大師と穴守稲荷について、「この両者に詣でて、春の海でも眺めて帰る行程は、東京からはゆつくりした初春一日の小トリップである[19]」と、たしかに「初春の旅」の観点から説明しており、なんとも楽しげなガイドとなっている。多摩御陵ですら「東京より一日の清遊を兼ねた初詣でとして適当である[20]」という説明になっている。冒頭の仰々しい「諸言」はいったい何だったのかと思えるほどである。

このように、可能な限り最大多数の旅行客の吸引を試みる交通・旅行業界が初詣をＰＲする際には、総論では「社」に限定した「皇室の四方拝＝初詣」という厳粛なイメージを提示しながら、いざ具体的なガイドに入ると「社寺」の枠組みで娯楽・レクリエイションの観点から紹介することが珍しくなかった。この業界なりの「社」と「社寺」の使い分けであったと言えよう[21]。

ただし、初詣を「社寺」で語る言説は、交通・旅行業界だけの専有物であったわけでもない。

初詣といふのは一年中の幸運を祈るため諸事に先立ち、元旦の未明から平素信仰の神仏に参詣するのが大方の慣はしです。初詣は方位に関はりのない参詣で、恵方詣とはその年の吉祥の在る方向の社寺に参詣するのを云ふのです[22]。

この史料は皇紀二六〇〇年をひかえた昭和一四（一九三九）年末のものであるが、この時期にあってもなお初詣を「社寺」で語る言説はまったく健在であった。しかも興味深いのは、この談話が内務省神社局祭務官飯田秀眞によるものということである。満州事変以降になると、賀茂や加藤のように初詣を国家神道の文脈で「社」に限定して解釈する言説だけではなく、はては「ただ恵方だから、家内安全商売繁昌の祈願を籠めるためといふやうな利己的の動機からの神詣ではこれからの子供たちに否定されるに定まつてゐます(23)」などと、ナショナリズムの絶対化によって現世利益祈願そのものを否定する極端な言説までもが登場した。ところが、同じ時期に、政府内で神社神道を管轄する部局の担当官が、「幸運を祈るため」と現世利益祈願であることをふまえて、神社に限定せず「神仏に参詣」するものとして、意外にもかなり正確に初詣を説明していた。客層を狭めるわけにはいかない交通・旅行業界が「寺」を除外しないことは当然としても、神社行政を専管する政府組織ですら「社寺」という枠組みで初詣を国民に説明する場合があったのである。

このように、「社」に限定したナショナリスティックな初詣の語りがいかに勢いを得ようとも、「社寺」という枠組みは決して衰滅することはなかった。換言すれば、「社寺」が賑わう、あるいは「社寺」に参拝客＝乗客を誘引するというプラクティス・レベルでの実態は、決して「社」に限定したナショナリスティックな言説によって塗りつぶされることがないほどに、強固な持続性をもっていたのである。

三　「体験」至上主義

（1）「聖地」参拝の「体験」――伊勢神宮と明治神宮

戦間期には「国体」の尊さや国民の神社崇敬義務などを〝理屈ではない〟と主張する言説が大量に流布するように

なるが、その多くに共通して見られるのが「机上の議論や演壇ではだめだ。宜しく伊勢両宮を始め、明治神宮、桃山御陵、近くは最寄の神社へ参拝せしめて、実地指導するに限る」[24]というように、伊勢神宮などの「聖地」参拝を「実地」で「体験」する（あるいは、させる）ことを重視する姿勢である。

神社参拝をめぐるこのタイプの言説は、まず伊勢神宮をめぐって見られるようになるが、管見の限りその重要な契機となったのは、大逆事件（幸徳事件）である。この事件が当時の支配層に与えた衝撃についてはよく知られているが、たとえばこのとき大審院検事として直接取調べの総指揮にあたった平沼騏一郎は、回顧録で次のように語っている。

私はあの事件〔大逆事件〕でも考えた。どうしても教育が大切である。幸徳は、漢学ができ、国学ができ、フランス語、英語もできた。漢学だけで終っていたらああいうこともなかったであろう。

このように考えた平沼は、欧米由来の学問への不信感を募らせ、漢学重視の傾向をつよめていく[25]。もっとも、これはあくまでも学問の枠内でのリアクションであった。慶応三（一八六七）年生まれという、幼少期に漢学を叩き込まれた共通体験を有する世代に属する平沼にとっては、これが彼なりに最も合理的なリアクションだったのかもしれない。しかしながら、維新後に生まれて漢学教育なしでもっぱら西洋由来の学問を中心に自己形成した新しい世代にとっては、漢学復興を全国民的に達成するというのは容易なことではない。大正一〇（一九二一）年、一一年、一三年と連続して衆議院で漢学復興に関する建議案が全会一致で採択されはしたものの、教育する側にもされる側にも荷が重すぎる漢学振興が国策レベルで実現することは結局なかった。これに限らず、大逆事件の善後策として様々な国民教化策が立案あるいは実施されたものの、目に見える効果をあげることは困難であった[26]。

一方で、この大逆事件の衝撃に対して、学問あるいは理屈そのものを相対化して「体験」という直感的なアプローチによる国民教化を主張し始めた人々がいた。とりわけ目立つのが、国民教化の現場に立つ教育関係者たちである。

たとえば、大逆事件の翌年の『読売』に、大澤正巳という東京のある小学校長による論説が掲載されている。大澤は、前年に初めて「宿願」の伊勢神宮参拝を果たしたときの体験を次のように語る。

　五十鈴川に口を漱ぎ手を清め、進みて神前に額づき拝礼した一瞬間は、満身云ひ知ぬ敬虔の感にうたれ、我知らず皇統無窮！国運長久！と念願し、暫し感涙の落つるを覚えなかつた。〔中略〕軈《やが》て神前を退《ま》かりしに、心も気も澄みわたり、何となく尊く有り難さに去り兼ねて程近い杉の根本に憩ふて居ると、年老いた一人の農夫らしい者が菅笠片手に二人の子を連れて参拝し、合掌再拝何事をか祈念しつゝ、感涙に咽ぶ様子であつた。そこで予は重ねて深く々々感動したのである。敬神てふことは大和民族固有の徳性で、七百余年前の西行も今の農夫も此徳性の発現に外ならぬ。歓ぶべきは此の徳性、頼むべきは此涙である。此涙ありて始めて国家を泰山の安きに置《おく》を得べく、此の涙にして若し涸渇せば国家は甚だ危険である。知らず或種の極端なる思想を懐くの徒、果して此の霊感の涙有りや否〔や〕[27]。

伊勢神宮に参拝するという「体験」を通じて自身が流した「感涙」と、たまたま目にした「農夫らしい者」が流した「感涙」とに精神的一体感を感じ、これを国家維持の基礎として至高視するとともに、前年の大逆事件を計画した（と当時考えられていた）「或種の極端なる思想を懐くの徒」にはこの「感涙」が欠如していると示唆する。身分も学歴も高くないらしい見た目の者が皇室ゆかりの神社で熱誠祈願をする光景に感銘をうけ、その「感涙」を理解できない者を否定的にとらえるという構図は、この翌年の二重橋前平癒祈願のセンセイションとその後の明治神宮創建論争（第三章）を予感させる。そして、この文章の末尾で大澤が結論として主張しているのは、この「感涙」を共有できる国民を育成すべく、教育界において児童・生徒を団体引率して伊勢神宮を参拝させよという提案であった。

周知の通り、大逆事件をはじめとして、日露戦後の日本は、天皇のもとでの国家統合に亀裂が生じかねないと危惧される出来事や思潮が昭和に至るまで幾度となく生じていくが、そのたびごとに伊勢神宮への参拝という「体験」を通じて国民統合をリペアしようとする動きが活発化していく。

たとえば、第一次世界大戦が終結したばかりの大正八(一九一九)年、東京の小学校教員たちによって伊勢参宮旅行が行われた。この直前の大正六・七年(一九一七・一八年)のロシア革命や米騒動といった変動がその後の日本の思潮にもたらしたインパクトの大きさについてはつとに指摘されているところである(28)。実際、この伊勢参宮旅行も、大戦の「余波は延いて各種の方面に及」んで「人心の動揺」の恐れがあるので、「敬神崇祖の思念を一層堅固ならしめん」ために「理窟ではなく国家の歴史の実際に面接して究めやうと云ふのが目的」で実施されたものであった。この史料にある「実際」、本節冒頭の史料にある「実地」、あるいは「現地」(後掲の図7-1参照)といった言葉は、「聖地」参拝の「体験」言説に頻出する常套句である。一行は五泊六日の行程で熱田神宮、伊勢神宮、畝傍御陵、橿原神宮、桃山御陵、乃木神社を次々と巡拝したが、その参加者の感想文のなかには「千早振る神代に返る心地してかたじけなさの涙こぼるる」という歌が記されている。言うまでもなく「何事のおはしますかは知らねども忝けなさに涙こぼるる」という西行の有名な歌をアレンジしたものであるが、この歌は今日に至るまで繰り返し参照され続けており、これもまた参宮の「体験」を語る言説のパターン化をよく象徴するものである。また、この参宮旅行に際しては、国鉄から「『神まうで』といふ美装のブック」が参加者に寄贈され、「ボギー車三輛」が「特別に我が一行の為めに連結せられ」るなど、破格の待遇を受けた(29)。この時期はちょうど国鉄が『神まうで』を発行するなど、伊勢神宮をはじめとする神社参拝ツーリズムを活性化させようとしていた時期である(第五章)。おそらく国鉄としては、将来教育界で生徒を伊勢神宮に参拝させる動きが広まれば相当な規模の団体輸送需要を掘り起こすことができると目論んだうえで、いわば試験的なモニターとしてこの参拝団の一行に便宜をはかったものと思われる。

大正九(一九二〇)年に明治神宮が創建されると、右のような「体験」重視の言説は伊勢神宮だけではなく明治神宮についてもしばしば語られるようになる。「参道を歩いてゐると伊勢大廟の内宮へ詣づる神路山《かみぢやま》を思はしめる(30)」と形容されたように、この神社への参拝はしばしば伊勢神宮のそれと関連づけられたので、伊勢神宮をめぐる「体験」言説はほとんどそっくりそのまま明治神宮にも適用されることになった。本節冒頭で引用した神職の発言のようにこの両者をセットにした言説も多いが、ここでは明治神宮に特化した事例として、大正一二（一九二三）年発行の『明治神宮懺悔物語』(31)なる書籍をみてみたい。この物語（?）は、明治神宮近くに「皇道庵」をかまえる「玄海将軍」が、「煩悶」をかかえて訪れる様々な者たちに教えを授けるという設定になっており、「玄海将軍」は「現代青年の心理状態」「家族制度と社会主義」「労資争議の起る原因」「我国体を破壊するの恐あるを如何せん」などと六〇章にわたって延々と講釈していく。ところが、終章（第六一章）は「明治神宮参拝」と題されており、「玄海将軍」は相談者たちを引き連れて明治神宮に参拝する。境内のなかで参拝をすませた相談者たちは、「私は今日迄実際迷つてゐました。唯今神前に懺悔を致しまして、迷霧が全く晴れた様な気が致しました。私は全く教育勅語を信条とする、真の大和民族に立ち帰りました」「私も全然悔悟致しました。今日迄の私共の様な考へを以て《ママ》ゐましては、我国体と相容れません。私は是から西洋の性的道徳の新傾向なんてものは、スツカリ打棄て、夫唱婦和を信条とする、良妻賢母主義に立ち帰りたいと存じます」(32)などと、次から次へと「懺悔」していく。六〇章にもわたった講釈は、結局明治神宮参拝という一回の「体験」であっさりと総括されてしまうのである。

(2)「体験」言説の広がり

実のところ、「聖地」参拝の「体験」言説は、その中身自体はきわめて陳腐なものである。どの史料をみても、仰々しく、しかつめらしく、そして往々にして延々と講釈を垂れておきながら、肝心なところになると結局〝体験してみればわかる／わかった〟〝体験してみなければわからない〟などと変わり映えのしない文言でとどめを刺す。ここまでくるともはや紋切型どころか金太郎飴型としか言いようがない。しかしながら、このような陳腐なステレオタイプ言説がなぜ戦間期にこれほどまでに氾濫するようになったのかということを我々は考える必要があるだろう。「体験」至上主義の特質は、〝体験してみればわかる〟〝体験してみなければわからない〟というように、いまだ「体験」を経ていない者からの反論をまったく寄せ付けないという点にある。そのため、「体験」者は、容易に未体験者に対して優位に立つことができる（あるいは、できたような気分になれる）。まずはこの単純な性質が「体験」言説を広める一因になったと予想される。

このこと自体は、「聖地」参拝だけに限ったことではなく、「体験」至上主義に広く共通することである。たとえば、同じく戦間期にナショナリズム高揚のなかで一定の流行をみせた「体験」の一つに、「禊」がある。昭和二（一九二七）年六月、「混濁たる社会思想を打破」するために、稜威会などが企てた大祓復興運動に参加した一人は、一同ともに「褌一貫の裸、ザンブとばかり」に「水中に突進」し、「白衣鉢巻姿甲斐〴〵しく、エッサエッサの懸声も地球の底まで聞ゆるかと思はれる程、勇ましく黄昏の大内山へと急いだ」と記したうえで、「この元始《ママ》的な素服をつけた姿をモダン人の眼に如何に映じたことであらう」と優越感をにじませた感想を述べている[33]。あるいはまた、昭和五（一九三〇）年一二月の第二回皇国禊会大会の一参加者は「其の古武士の大音声は今我等に巡り来つて堂々信念を述べ得るを誇とする」と振り返っている[34]。これについては赤澤史朗が次のように分析している。

この感想で見のがせないのは、都会の「モダン人」とは対称《ママ》的な「元始的な素服」や「古武士の大音声」といった、いわば反時代的な風俗の中に価値を見出していく姿勢である。都会のモダニズムの流行と大幅に乖離しているその「時代錯誤」的性格が、逆にむしろ一種の現代批判的なエネルギーを引き出しているのである。禊行の風俗の反時代的性格を強く自覚した彼らの感想には、あたかも仮面をつけて演技することによって感ずるような種類の自己解放感が充ちあふれている。そして、この解放感に裏打ちされて、国体観念は肉体化されるのであった[35]。

見事な分析と言うほかないが、筆者はここでさらに別の側面にも注目してみたい。それは、この禊の参加者たちが自身の「体験」についてやたらと語りたがるというその饒舌さである。この時期の『皇国』『神社協会雑誌』といった神道系の雑誌をみると、ただ単に禊を実施したと報告するだけにとどまらず、右の史料と似たり寄ったりの「体験」談が頻出する。もっとも、このような媒体であれば、行事の盛況ぶりをアピールしたい主催者側の意図によるものであり、体験者自身の饒舌さではないのではないかという疑念が生じるかもしれない。しかしながら、この類の「体験」者たちは、このような媒体上だけではなく、どうやら私生活でも頗る饒舌に自身の「体験」を語っていたらしい。永井荷風は『断腸亭日乗』のなかで、夕食のために立ち寄った店で次のような出来事があったことを書きとめている。

鄰室に某処の病院長なりと称する人元日より三日の間房州館山に赴き身心鍛練のため未明に海水を浴び禊をなしたりと高声に語るを聞く。語調甚高慢なり。余黙然として思へらく寒中水を浴びて行をなすは禊にのみ限られたるにあらず。東京にはむかしより寒参なるものありしが近年漸く衰へ軍人執政の世となりてよりミソギといふもの俄にはやり初めしなり。〔中略〕そもそも精神修養といひ身心鍛練と称するが如きは日常坐臥の間絶えずこれを試み平生の習慣となるに非ざれば功なきもの。時々思ひつきて行ふが如き事は無意味なる遊戯に過ぎず。(36)

前述の赤澤の表現を借りて言えば、寒中の海中に進み入って「身心鍛練」を行うという「時代錯誤」的な「体験」を経たことによる高揚感が、この人物に隣室の永井にまで聞こえるほどの「高声」で得々と語る饒舌さを与えている。ただし、この饒舌さは、「聖地」参拝や「禊」といった神道的な性格を帯びた「体験」だけに限ったことではなく、同時期に流行を見せた様々な反モダニズム的「体験」に広く共通する傾向でもあった。(37)

「体験」言説の饒舌さのもう一つの要因として考えられるのは、「体験」を根拠にすれば専門的な知識がない素人でも堂々と語ることができるというこの言説がもつ魅力である。たとえば、『神社協会雑誌』を明治期から通読してみて目につくのは、戦間期（とくに昭和戦前期）になると、明治期には見られなかった、「体験」言説を前面に出した神道の非専門家による神道論（？）が登場するという変化である。次に引用するのは東京帝国大学教授、その退官後は日本大学商学部の初代学部長を歴任した松波仁一郎による「神前拍手の為否」と題された論説である。松波は冒頭の「前言」で次のように言い切る。

私は平常法律殊に海法を研究する者で、神社のことは殆ど何も知らない。学問上神社の意義如何を知らざるは勿論、甚しきは或神社の祭神の何様なるかを知らずして礼拝す〔る〕ことが多い。又強ひて之を知り尽さうといふ考もない。(38)

神社神道の関係者たちが集う雑誌に掲載された論説の冒頭で、神社の専門的知識はなくまた身に付けようとも思っていないなどと実にあけっぴろげに開き直っている。その後の本文をみると、海商法の専門家らしく松波は神前拍手の可否に関して過去の法令上の根拠を詳細に調べた結果を記しており、「素人ながら少し調べて知り得たるものを示して、識者の訂正を仰ぐこととする」(39)と神道の専門家たちへの配慮もいちおうは見せている。しかしながら、本文の最初と最後で最も強調されているのは、次のような「体験」を根拠にした言説である。

神宮の御祭神のことは知つて居るが、而し実際には西行法師が云つた様に「何ごとのおはしますをばしらねども忝さの涙こぼるゝ」といふ感想と敬虔を以て心拝してゐるのである。他の神社を拝するに際しても亦、稍々之と同様と云ってよい。神社の前に行けば、唯もう尊い有難いといふ念が先きに立ち、尊崇参拝の心が自然に湧き出て、我が身体自ら礼拝の形になるのである。(40)

〔伊勢神宮の〕大御前に拝する際の如きは、万感交々至りて恐懼に堪へない。勿体ない事ながら、殆ど無我無心、無念無想の態にて奉拝し、拝し終りて何時神前を下つたかを知らざる程である。尚又一方にありて、実に神々しさ、勿体なさ、有難い、辱けない、嬉しい、恐ろしい、恐れ多いといふ様な情が、輻輳して万感交々至り、到底言葉の上に表はせない。(41)

定番の西行の歌を引用している点といい、最後の傍線部の言葉の羅列といい、「聖地」参拝の「体験」を語る言説の常套パターンが見事に出揃った史料である。このように「体験」を根拠に持ち出すことによって、専門外の素人も堂々と神社について語ることができるようになるのである。

以上みてきたように、自身で「体験」した者にとって容易に高揚感や優越感を感得できるうえに、素人でありながら専門家に対しても臆さずに一家言を披露できるという、言わば語り手における主体性の増幅とでも言うべき魅力が、「体験」言説の広まりの要因となったと考えられる。ここで想起されるのが、赤澤史朗の次の指摘である。

日本精神論や日本主義を説く図書と論説は一九三三年（昭和八年）以降激増する傾向を見せ、一九三四年（昭和九年）ともなると新聞の「納本書目欄」には「毎日必ず二三冊の『日本精神何々』と云ふ新刊書が発見されると云ふ勢ひ」になる。これらの図書を溝口駒造は、（一）アマチュア系、（二）神道家系、（三）神道学者系に分類しているが、このうち「断然」多いのは荒木貞夫のような軍人、久原房之助のような実業家・政治家を含むアマチュア系の著作であった(42)。

別のところで赤澤が、従来の神職が禊のような実践を「行者」のすることとして軽蔑していたことを指摘していることもあわせて考えれば(43)、国学の古典の訓詁学的知識を拠り所としてきた従来型の神道の専門家たちに対して、神道の素人たち（当然それは国民の大多数に該当する）に広く開かれた「体験」という語り方が台頭してきたのがこの時期だったのではないだろうか。

もっとも、同じ「体験」でも、禊は、実際に実行するとなるとなかなか敷居が高い。前述の事例で言えば、六月という海水浴シーズンまであともう少しの季節に開催された大祓復興運動は別として、一二月に実施された第二回皇国禊会大会や、正月の元日から三日間禊を行った「某処の病院長なりと称する人」などと同じことを、大勢の一般の人々が実行するというのはさすがに無理があろう。ある種エキセントリックで「時代錯誤」的であるのみならず身体的にも負担が大きいこの種の〝荒行〟的な「体験」は、以前より流行するようになったとはいっても、社会全体でみれば、あくまでも一部の人々が行うのを世間が好奇の目で遠巻きに眺めるにとどまった。おそらくは体験者たち自身も、国民一般に広く参加を求めるというよりは、容易には真似できない自分たちのハードな〝荒行〟を「モダン人の眼」に見せつけるショック療法的なデモンストレイションを行うことに高揚感を感じていたのであろう。赤澤は先に引用した一節で「この解放感に裏打ちされて、国体観念は肉体化されるのであった」と記しているが、もちろんこれは禊を実際に「体験」した人々のみについて言えることであり、「禊」を遠巻きに見物していた人々まで「国体観念」が「肉体化」されたわけではないから、この「肉体化」の広がりにはおのずから限界があったと言える。

禊についての記述がいささか長くなってしまったが、ここで指摘したいのは、この禊などの他の「体験」と比べると、「聖地」参拝の「体験」は参加へのハードルがはるかに低かったということである。あえて安直に言えば、前者はハードな「体験」、後者はソフトな「体験」とでも言えようか。伊勢神宮や明治神宮への参拝が旅行気分や「脱都市」の雰囲気を楽しみながら手軽に行うことができるようになったことについては、すでに第五章・第六章で明らかにした通りである。「体験」参加へのハードルが低く、また、その「体験」を言説化するハードルも低い。「聖地」参拝の「体験」は多くの国民の自発的な参加を容易に誘発しやすい性質をもっていたと言えよう。

このことをふまえて「聖地」参拝の「体験」言説をあらためて通観してみると、自らの「体験」の感想を述べるにとどまらずして、他者に向かって積極的に「体験」への参加を勧奨する傾向が見られることに気づく。禊の場合は他の多くの人々が近寄りがたい雰囲気を醸し出していたが、参加のハードルが低い「聖地」参拝の場合は、経験者が気軽に他者に参加を呼び掛けることができるのである。実際、前述した参宮旅行に参加した小学校教員も「江湖教育者諸彦に神地霊域の巡詣順拝を為さんことを慫慂せずんばあるべからざるなり」(44)と熱心に勧奨している。

このように「体験」を勧奨する言説には、〝体験すればわかる（わかった）〟という程度のニュアンスのものもあれば、さらに踏み込んで〝体験しなければわからない〟といった強めのニュアンスのものも多くみられる。たとえば昭和六(一九三一)年、永田秀次郎東京市長は、メキシコから来日した大学生に次のような話をしたと述べている。

真に日本を理解せんとせば、伊勢の大廟、明治神宮、桃山御陵などを参拝しなくてはならない。そして、参拝する時に、必ず不可解な――外国人に取つては解すべからざる一種の刺戟を味ふ事と思ふ。而してその刺戟に依つて日本の国民性の特長を解し得るであらうと思ふ。これは言葉を以つてしては、容易に言ひ現はし得ないものである。(45)

「外国人に取つては解すべからざる一種の刺戟」によって「日本の国民性の特長を解し得る」とは、なにやらよくわからない説明ではあるが、それはともかく、ここで見逃してはならないのは、我々はこれと同じ〝体験しなければわからない〟型の言葉を第五章ですでに目にしているということである。「「元日や神代のことも思はるゝ」といふのは正しく橿原神宮の延寿祭に参拝して、はじめて体験し得らるゝことである」という大軌の広告文句である。この文句は大軌が独自に捻り出したものではなく、大戦後に急速に広まりつつあった「体験」至上主義の一つのヴァリエイションだったのである。このような言説は容易に〝それゆえ現地に行くべし〟とパラフレイズすることができるため、交通・旅行業界にとってきわめて利用価値が高いものになる。実際、『旅』をはじめとする旅行関係雑誌にはしばしばこの種の言説が登場する。次の史料は、「実地」というお決まりのキーワードが使用されている点でも西行が引用されている点でもきわめて典型的な「体験」至上主義型の言説を、旅行業界が利用している例である。

百聞は一見に若かずといふ通り、旅をして実地に見て来るほど認識を深くするものはない。小学校や中学校で地理を教はつても、教場で地図の上で習ふのでは、中々しつくりと頭に入らぬものである。それが一度旅行して実地に見て来るといふと、一年分の授業なんか一週間ではつきりと覚え込んでしまふ。〔中略〕伊勢大廟に参拝しないでは、あの荘厳にして神聖な気分を知ることは出来ないのである。何事のおはしますかは知らねども、たゞ

図 7-1　大軌・参急広告（『大朝』昭和 13 年 1 月 29 日夕刊）

たふとさに涙こぼる、。実地を拝してあの厳粛さを呼吸して甫《はじ》めて味《あぢは》へる境地である。(46)

この史料（昭和一四〔一九三九〕年）も示すように、あからさまに娯楽を目的とした観光が制約されるようになった戦時体制下には、とくに教育の文脈における「体験」至上主義が交通・旅行業界にとってますます利用価値の高いものとなっていった(47)。戦時体制と「体験」至上主義に、さらに受験競争が絡み合えば、「入学試験は国史だけ！　最後の仕上げに現地教育」といった時局便乗広告も生まれることになる（図7-1）。

「聖地」参拝の「体験」は、禊などよりもはるかに敷居が低く、またその「体験」について語る言説には語り手の主体性を増幅させる内在的な魅力があったが、それだけではなく、「聖地」ツーリズムの活性化によって経済的利益を得ようとする鉄道もまたこの「体験」至上主義型の言説に利用価値を見出して、集客に活用していった。これらの言説に導かれ、さらに多くの人々が「体験」に吸い寄せられ、またまた金太郎飴のごとく似たり寄ったりの言説が飽きずに再生産されながら「体験」への勧誘がなされていく。「聖地」参拝の「体験」とそれをめぐる言説は、このようなプラスのループ構造によって、「上から」の動員に依らずとも社会のなかで自律的に浸透していくことになったのである。

(3)「気分」と「気の毒」

〝体験すればわかる〟〝体験しなければわからない〟という言説が飛び交うようになるなかで、明治神宮や伊勢神宮の初詣を「体験」するようになった人々には、どのような変化が生じたのであろうか。そして、その「体験」を至高視する人々からは、それに同化しようとしない他者に対していかなる言説が発せられるようになったのであろうか。

明治二五(一八九二)年に愛媛県に生まれ、東京帝国大学土木工学科を経て大正六(一九一七)年に内務省に奉職し、技術者として活躍した、宮本武之輔という人物がいる。この宮本の日記をみてみると、若いころには「新年になつても、自分には、何等の感じも起らぬ」[48]と正月に対してあえて素っ気なく気取っていた。この気取り方は、宮本に限らず明治から大正を通じて実に多くの知識人に共通して見られるものである。[49]ところが、宮本は満州事変後の正月からは明治神宮への初詣を毎年の恒例とするようになる。[50]五年目となった昭和一一(一九三六)年の日記をみてみよう。

夜半家を出で、敏と靖とを連れて明治神宮に参拝す。三十余ヶ所の篝火の焚かれたる神苑一入崇厳の気を覚え、夜をこめての参拝客織るが如し。神詣でを終りて家に帰れば二時。何とも言へず快し。[51]

おそらく、宮本が明治神宮への初詣を行うようになったのには、直接的には満州事変後のナショナリズム高揚、間接的には祭神である明治天皇に対する崇敬心といった背景があったと思われる。しかしながら、この明治神宮への初詣という慣習を毎年反復していくうちに、宮本は「崇厳の気を覚え」「何とも言へず快し」といったように理屈によるものではないある種の心地よさを体感するようになっていく。〝正しいことだから〟というよりもむしろ〝心地よいことだから〟という感覚でこの慣習に親しんでいったのである。

このように明治神宮や伊勢神宮といった「聖地」への参拝の「体験」の輪に加わった人々が体感した〝心地よさ〟を表すために頻用されるようになるのが、「清々しい(清々しさ)」「有難い(有難さ)」「荘厳(崇厳)」「神聖」といった「気分」を表す言葉である。「何となく」という修飾語をつけて、たとえば「大スピードの参拝ではあつたが何となくすが〳〵しい気分に浸りながら名古屋に向けて走る列車の人となつた」[52]のように表現されることも多い。このような「気分」を表す言葉は戦間期の「聖地」参拝の「体験」を記したエッセイの類に頻出するものであり、この特別な「気分」を味わうことが参拝の目的と言っても過言ではないほどになっていく[53]。

この「気分」から得る感慨は、「体験」をする瞬間だけでなく、雑誌などに掲載された体験記を読んだり、あるいは同じ「体験」をした者同士でそのときの「気分」を語り合うといった事後的な確認作業によってより強固なものとなっていくであろう。たとえば昭和一二（一九三七）年の『婦女新聞』に掲載された女性たちによる座談会では、「元日の朝早く、明治神宮へお詣りすると全く荘厳な気に打たれますね」という徳島県出身者の発言に長野県出身の別の出席者が「全く森厳そのものですね」と相槌を打っている。この座談会のタイトルは「故郷のお正月を語る座談会」となっているが、この二人のほかにも広島県出身者が「元日に学校の式がすんでから、桜〔列車名〕で伊勢へまいります。〔中略〕〔翌二日に〕内宮外宮へ参詣し、帰りに熱田神宮へ詣つて二日の夜帰京する事に毎年決めて居ります」と発言するなど、単に各々の故郷での正月の追憶を述べるだけではなく、地方出身の東京在住者として明治神宮や伊勢神宮といった国家的な「聖地」への参拝という共通の「体験」についても語り合っている[54]。「聖地」参拝の「体験」の輪が広がることによって、出身地が異なる者同士でもその「気分」を語り合って共感しあうことができるようになるのである。その共感の輪は座談会の読者にも広がっていくであろう。

さて、このように「体験」で感じた「気分」を喜びを交えながら述べる言説は、それだけであれば実に無邪気なもののように見える。ところが実は、筆者がこれまでみてきたなかで初詣をめぐる最も抑圧的な言説のパターンは、この「体験」にもとづく「気分」を語る言説のなかに見出されるのである。

そもそも、〝体験すれば「気分」が味わえる〟と説く「体験」至上主義言説の暗黙の前提となっているのは、〝まともな日本人であれば〟という条件である。裏返しに言えば、この言説をつきつめて行きつく先は〝この「気分」がわからない者はまともな日本人（あるいは人間）ではない〟という、理屈抜きの排除なのである。このことを示唆するのが、明治神宮初詣や関西圏の「聖地」参拝が盛んに行われるようになった大正後期以降、神社参拝の「体験」によって得られる「気分」を述べる言説のなかでにわかに頻用されるようになる、「気の毒」という言葉である。明治期には神社崇敬義務をもっぱら〝正しさ〟から説明しようとしていたのだが、大正期以降は、神社参拝の「体験」の「清々しさ」「有難さ」といった「気分」を述べたうえで、この「気分」がわからない者は「気の毒」であると理屈抜きで突き放す言説が出現するのである。一例として、第五章でもとりあげた加藤玄智の「神社初詣での気分」と題されたエッセイをみてみよう。

世の中には妙に偏した思想を持つてをつて、ともすると神社参拝を忌避する様な口吻を洩らして得々たる人もありますが、この初詣での荘厳な気分の味へない人は実に気の毒な人だと思ひます。(55)

このタイプの言説は、たとえばこの二年後に発行された『明治神宮に参拝して』なる書籍にも「神様にお参りする気持になれない人や、お参りしても謙遜な、清々しい、生々とした此気持になれない人は誠に気の毒な人です(56)」とまったく同様の表現があるように、ステレオタイプ化して繰り返されるようになる。

「気の毒」という言葉は、これだけをみれば、いちおうは抑制がきいた表現である。しかし、この表現から透けてみえるのは、神社参拝の「荘厳な気分」が理解できない人間を劣等視、非人間視して〝まともな日本人〟の共同体から排除しようとする姿勢である。これは筆者の深読みというわけではない。右の加藤玄智のエッセイは旅行雑誌『旅』に掲載されたいわば〝外向け〟の文章であるために抑制がきいているが、〝国家神道の内輪雑誌〟とも言える『皇国時報』をみてみると、加藤の率直な本音をみることができる。右のエッセイと同年同月に掲載された加藤の「今回朝鮮に起つた神社不参拝問題を耳にして」と題された文章は、「何時になれば斯ういふ論争が止むのであるか」と、繰り返される神社不参拝問題にしびれをきらした様子で、次のように言い放つのである。

神社に参拝をすることをやらない日本人があるとすれば、それは本当の日本人ではなく、壊れた日本人、精神的に片輪の日本人であると云ふ可きであります。(57)

「体験」至上主義による「気分」への理屈抜きの共感は、東京帝国大学哲学科出身のこの文学博士を、かくも露骨な他者の排除へと向かわせてしまう。そして、加藤のような言い方は少数派にとどまることはなかった。葦津耕次郎のように「どこまでも先方がわかるまで教へてやつたらよからう。同じく日本人である以上、譬へその宗旨がカトリツクであらうとなからうと軽々しく見棄てるわけにはゆかぬ筈である」(58)と神社参拝拒否者に対してあくまでも同じ日本人として「理」をもって説得を試みようという意見は、むしろ少数派となっていくのである。かくして、〝体験すれば「気分」を味わえる〟という言説が〝この「気分」がわからない者は日本人ではない〟という言説にすりかわることによって、「体験」至上主義は「体験」に共感できない者を理屈抜きで排除して「軽々しく見棄てる」方向へと突き進んでいくことになる。

実のところ、「体験」至上主義に潜在するこのような理屈抜きの排除の志向性は、大逆事件後に「聖地」参拝の「体験」を推奨する言説が登場した当初から姿を現していた。本節(1)において、教育における伊勢神宮参拝の「体験」の必要性を主張した大澤正巳という小学校長の論説を紹介したが、引用箇所の末尾にある「知らず或種の極端なる思想を懐くの徒、果して此の霊感の涙有りや否〔や〕」という言葉に続けて記されていたのは、次のような一文であった。

予は伊勢大廟を拝して敬虔の極涙を流さざる者は日本国民に非ずと断言するものである。

大逆事件の衝撃によって学問や理屈ではなく「聖地」参拝の「体験」によって国民の精神的統合を図ろうとする主張が出現したが、その当初からこの言説には「体験」によって得られる精神的な感化に同化できない者を理屈抜きで排除する志向性が内在していた。「どこまでも先方がわかるまで教へてや」るのではなく、「体験」をさせてみて、それでもわからない（あるいは「涙」を流さない）者は、もはや教化の対象ですらなくなってしまうのである。

鉄道による「聖地」ツーリズムの活性化（第五章）や東京の都市化（第六章）によって楽しみながら自発的に「聖地」参拝を「体験」する人々が増大し、それについて饒舌に語りながらその「体験」を他者に勧奨する言説が社会に流通していく。そして、その言説をすかさず集客に活用するようになった鉄道業界がさらに「体験」の輪を広げていく――。このような循環構造が機能するようになるのに比例して、「体験＋気分」を共有する共同体に馴染めない人が理屈抜きで排除される構造はより強固になっていくであろう。

〔補足〕この「体験」にもとづく「清々しさ」といった「気分」の共有と関連すると思われるのが、戦間期に見られるようになる、「危険思想」に対する「黴菌」「病気」の表象である。たとえば田中義能『神社本義』は「無政府主義」「共産主義」「社会主義」を指して「敬神崇祖即ち神社崇敬を国民全般に徹底せしめたならば、そんな黴菌は絶対に這入つて来ない」[59]と述べる。また、昭和三（一九二八）年の『神社協会雑誌』には、兵庫県神戸市神職会が「国民思想善導の標語を市〔内〕外県立中等学校の生徒から募集し」て審査の結果選ばれた標語が列挙されているが、そのなかには「黴菌」「病気」の表象を用いた句がいくつも見られる。

　人の病は口からはいる国家の病気は思想から
危い〳〵近寄な赤い病気は国死病
共産党は我国の根本を喰ふバチリス《ママ》だ
　心の色盲は日の丸が見えぬ

「危険思想」に対して通俗的衛生観念によるネガティブな言葉を投げつける。そして、ここで同じく優秀標語として選ばれているのが「洗ひ清めよ赤化思想を五十鈴の川に」という句である。言うまでもなく五十鈴川は伊勢神宮（内宮）の聖性の象徴である。「聖地」を訪れるという「体験」によって味わえる「清々しさ」とは、「思想善導」の必要が叫ばれていた当時においては、「危険思想」という「黴菌」「病気」と対極的なもの、あるいは、そのような「黴菌」「病気」に対する〝消毒液〟のごときものといったニュアンスが往々にしてこめられていたのである。ちなみに、この標語は「十万枚」のチラシに印刷されて、

飛行機で「散布」されることになったという。(60)

四　参拝者の「群衆」

第五章と第六章でみたように、大正期以降の伊勢神宮や明治神宮には、都市化や鉄道によるツーリズム活性化もあいまって、多数の参拝者の「群衆」がつめかけるようになった。もちろんこれは皇室ゆかりの「聖地」のみに限ったことではなく、成田山のような人気寺院でも同様だったのであるが(第六章)、前者の「群衆」に対しては従来にはみられなかったナショナリスティックな解釈がなされ、パターン化された言説としてメディア上に現れるようになる。以下、そのタイプの言説を二パターンに分けてとりあげることとしたい。

(1)「国体」の尊厳の証明

「聖地」への参拝が盛んになっていったとはいっても、鉄道によるきわめて娯楽色の強い集客戦略もあって、「聖地」参拝者たちの内面は娯楽・レクリエイションへの欲求とナショナリズムの意識とが入り混ざったものであったと思われる。なかには「敬神崇祖」などというのは単なる名目で、もっぱら娯楽本位で「聖地」を訪れる人もいたであろう。しかし、ここで問題にしたいのは、内実としては一様ではないはずの「聖地」参拝客の群衆が、ひとたび「伊勢神宮の参拝者」と一括りにされたとたんに、「国体」の尊さを象徴する証としてナショナリズムの文脈のなかに滑り込んでいったということである。

「国体問答」と題された昭和六(一九三一)年の文章をみてみよう。これは「国体」に関するある青年の質問に対して逐一答えるという形式のもので、なかには「万世一系の皇統がなぜ尊いのでせう。もし二千六百年も一系で続いてゐる皇統がどこの国にも無いからといふ理由であつたら、それは単なる骨董的価値と同じではありませんか」「建国の歴史といふものが、私等には荒唐無稽の童話としか考へられないので困ります」などといったかなり大胆な質問もある。ところが、はじめは「理論」を丁寧に講釈しておきながら、「伊勢神宮の参拝者が年々何百万人に上る理由も考へて見たまへ」と突然のように伊勢神宮参拝者の数の多さを持ち出す。そして、少なからず含まれているはずの娯楽気分は不可視化され、「天照大御神が、直接我々国民の守り神でもあるといふ信念が、いつ誰に教へられたといふわけでもないのに、頭の底に浸みこんでゐるからだ」と、「参拝者」の集合体は「国体」の文脈のなかで画一的に解釈されるのである。さらに、「天皇は「我が天皇」であるとの実感が、伊勢神宮明治神宮を通じて、否各自の家の神棚の前に、勃然として起つて来る。こゝになるともう理論じやない。信念だ。信仰だ」と、せっかく講釈したはずの「理論」をあっさりと吹き飛ばしてしまう。最後はおなじみの西行を引用した「体験すればわかる」型の説教でとどめをさす。

　君は伊勢神宮に参拝した事があるか。〔中略〕西行法師ならずとも、
　　何事のおはしますかは知らねども有りがたさにぞ涙こぼるゝ
　の実感に打たれるだらう。(61)

また、前節で引用した『明治神宮懺悔物語』でも、「玄海将軍」が「去七月卅日明治天皇の十年祭に〔明治〕神宮へ参拝したのぢや」と切り出したうえで、「我輩が早朝に参拝した時に、モウ参詣人が絡繹織るが如くであつたのに驚いた。翌朝新聞で見ると、少く〔と〕も八万人は参詣したろうと云ふことだつた。〔中略〕斯く多数に参詣《ママ》するとは、よく〳〵明治天皇の御盛徳を景慕するからである」と明治神宮参拝者の数の多さを持ち出している。(62) 明治神宮の境内で参拝した際に自分の目で群衆を実見したという「体験」のみならず、その後メディアで目にした「八万人」という数字をも根拠としたうえで、明治神宮において国民の皇室に対する尊崇心が発露しているとするのである。

戦間期において都市化や鉄道の集客戦略といった要因によって伊勢神宮や明治神宮といった皇室ゆかりの「聖地」に参拝する群衆は規模が大きくなっていったが、たとえその群衆の内実が娯楽気分を少なからず含んでいたとしても、右のように「国体」の象徴として一括りに解釈されることによって、「外来思想がどうのかうのと謂はれて居つても、次に示した表〔省略〕に見えるが如く、年々神宮参拝者の数は増加しまして、我が国民の心の底には、建国以来の大精神が碇《し》かと据つて居り、皇威と国光との益発揚すべきことを、如実に示して居るのは、同慶に堪へない次第ではありませんか[63]」「常にお祭のやうに多くの人が参拝するのかと思ふと僕は一人でうれしくなりました。なぜかと云へば、我が国の神国であることを大いに表してゐるからです[64]」という語りの中へと一様に吸い込まれ、ナショナリズムを支える直感的な根拠として機能していくことになったのである。

ここで、この「聖地」参拝の「群衆」の数の多さがこのように解釈されるようになったことについて、日露戦争後に「上から」の統制がなされていない「群衆」が政治思想的に解釈されるようになったということをふまえておきたい。このことについてはすでに指摘されてきたことであるが、先行諸研究では、日比谷焼打ち事件や米騒動といったように「上から」のコントロウルを逸脱した大群衆の騒擾から支配層が衝撃をうけ、その後の帝国の行く末への不安を募らせたというとりあげ方がなされてきた[65]。しかし、同時期に、天皇のもとでの国民統合を象徴していると見なされる「群衆」もまた出現していたことについては、これまで見落とされがちだったのではないか。そのタイプの「群衆」が主要新聞で一斉に報じられるというこの上なくセンセイショナルな形でメディア上に初めて出現したのが、明治天皇重態時の二重橋前平癒祈願の「大群集！」であった。日比谷焼打ち事件の記憶が生々しく残っていた当時において、「上から」の統制をうけない「大群集！」が熱烈に天皇の平癒のために祈願をするという光景がもたらしたセンセイションについては第三章で論じた通りである。もっとも、このときの「大群集！」は短期間に終わったが、その後、伊勢神宮や新たに創建された明治神宮という皇室ゆかりの「聖地」に参拝する人々の数が増加していくにつれて、その「群衆」は、しばしば二重橋前平癒祈願の記憶が呼び戻されながら、[66]天皇に対する「感情美」の現れとして、そして「国体」の尊厳の証左として、〝解釈〟されていった。次に引用するのはそのことを示す典型的な言説である。

国体観念や国家的精神が衰微してゆくことを憂ふる声は高いが、伊勢や明治神宮の元旦の混雑を見、且その参拝者の一人々々が、混雑の中にも礼儀を失はず敬虔の念を面に漲らして黙禱してゐる様子を実見すると、まだ〳〵我が国家も深く憂ふるに足らぬといふやうな心持になる。[67]

ロシア革命、米騒動、社会運動・労働運動の激化という変動期のなかで国家統合の先行きを不安視する人々は、日比谷焼打ち騒動や米騒動で出現した「群衆」とはまったく対極的に（彼らの目には）見える「聖地」参拝の「群衆」の数の多さを見て、しかも、その「群衆」の光景が一過性ではなく毎年正月の初詣として反復されるのを目の当たりにして、〝日本もまだまだ大丈夫だ〟と胸をなでおろした。このように、参拝の「群衆」の数の多さは、天皇のもとでの国家統合や「国体」の尊厳が盤石なものであることを示すものとして〝解釈〟されていったのである（もちろん、多かれ少なかれ不安の裏返しという面もあったであろう）。

歴史研究者は、年表に記されるような「変化」に注目して歴史過程を描きがちである。「この年も例年通り明治神宮の初詣が賑わった」という記述は年表には記されず、したがって、その参拝の「群衆」が同時代にもたらした心理的影響について歴史学が注目することはなかった。しかし、子供を連れて明治神宮で初詣を行うようになった上田貞次郎の日記に「神宮に参拝者の押かける事は今年も変りなかつた」[68]とわざわざ記されたことも示すように、「変化」が相次ぐ激動の時代だからこそ、「今年も変りなかつた」ということがまことに特別なこととして同時代の人々の目に映ったということを、見逃してはならないだろう。そして、大戦間期のモダニズムが「激変する社会状況への不安の反映」であったことをふまえれば、[69]毎年変わらず繰り返される伊勢神宮や明治神宮の初詣の「群衆」の光景のなかに「国体」の盤石さを読み込もうとする心性も、実は、モダニズムと根底で共鳴していたと言えよう。

(2) 「群衆」のなかへ

最後にとりあげたいのは、明治神宮創建後もそこでの初詣に参入せずに距離を置き続けていた知識人のなかから、遅ればせながら初詣の「群衆」のなかに分け入ることによって、自身（たち）とその「群衆」との隔絶に衝撃や戸惑いを感じ、さらには自身たち知識人層の存在基盤への懐疑を吐露するというタイプの言説が生じたということである。すでにみてきたように、明治期に庶民中心の正月の娯楽行事として成立した初詣は、明治神宮創建を明確な画期として知識人層へ波及する回路が開かれたが、その波及の過程にはいくつかの段階が見られ、上田貞次郎のように明治神宮創建直後から参入した者もいれば、満州事変後（前述の宮本武之輔）、あるいは日中戦争開戦後といったように、昭和戦前期のいくつかのナショナリズム高揚の節目を経てようやく参入した者もいた。

このいずれの段階で参入したとしても、大勢の群衆に混じって初詣を行うという行為を初めて体験した知識人たちは、慣れない雰囲気のなかで多かれ少なかれ戸惑いや驚きを感じたことであろう。たとえば賽銭を投げるという知識人にはおよそ共感しがたい迷信的行為に対して、天皇に対する「感情美」の発露として読み換えることによって寛容な態度をとることができるようになったことは、すでに第四章で述べた通りである。

ところが、日中戦争がはじまった後になってようやく明治神宮の初詣に参入した知識人からは、それ以前とはかなり異なるタイプの言説が生じた。すなわち、自分（たち）と大衆との隔絶を「反省」し、そこからさらに自らが属する知識人層（「知識階級」「インテリ階級」）の存在基盤そのものに疑問を投げかけるという言説である。たとえば「事変後」初めての正月をむかえた昭和一三（一九三八）年の『東朝』をみてみると、谷川徹三と萩原朔太郎がリレイ形式のごとくこのタイプのエッセイを掲載している。まずは一月七日の紙面に「年頭所感　明治神宮にて」と題して掲載された谷川の文章をみてみよう。

元日の午後私は子供を連れて明治神宮に参拝した。〔中略〕往き帰りに私が出会つた人は恐らく数万人を数へたであらう。それでゐて驚いたことには私はたつた一人の知り合ひにも会はなかつた。〔中略〕私はゆくりなくも自分達の住んでゐる世界を反省した。銀座を一度歩けば知つた顔にきつと一人ぐらゐは会ふ。然るにここではその数千倍の人波の中でただ一人の知つた顔に会はないのである。しかもここの人波こそ国民大衆の実体である。さういふ国民大衆と私たちは如何に離れて住んでゐることか。この反省を私はここ二三年来事あるごとにして来た。しかし今度のやうにまざまざと具体的に感じたことはない。(70)

この文章では谷川は「自分達」「私たち」が何者なのかは明示していないが、これは「知識層」のことである。というのも、谷川はこの体験がよほど印象深かったらしく、同年三月号の『改造』にもこれに言及したエッセイを寄せているのだが、そのタイトルは「知識層の文化的無地盤性について」となっているのである。

この『改造』所載のエッセイのなかで、谷川は明治期の知識人が「洋学に熱中した人達も子供の頃は漢学をたたき込まれてゐた。明治の末年頃まで、社会のあらゆる方面に活動した人たちはさういふ古風な教養を身につけてゐたものが多かつた」のに対して、「今日ではさういふ地盤が存在しない」「私たちの教養は日本と遠かつた」と述べる。後に唐木順三が、明治期までの知識人は生活のなかに漢学に基づく「型」を共有していたのに対して、大正期以降の「教養」においてはそのような「型」が失われたと論じたのを想起させるとらえ方である。(71) 続けて谷川は、明治神宮の初詣の体験について、節をあらためて次のように語り始める。

私はこの正月元旦子供を連れて明治神宮に参拝した。私は五年ぶりに東京で元日の日を送つたことであるし、少年の頃、元日の朝といふと極つて産土の社に参つたもので、今もそれを何かゆかしくなつかしく思ひ出すので、やつとさういふ場所に行くことのできるやうになつた子供を連れて行つたのであつた。私は明治天皇を崇拝してゐるし、あの神苑の雰囲気は以前から好きであつたが、特に元日に参拝したことは今までなかつた。自分のため

より子供のために行つたやうなものであつた。しかし行つてみて私は大きな感動を受けた。(72)

興味深いのは、谷川が、『東朝』ではまったく説明していなかったこのときの初詣の参加動機について、『改造』では相当くどくどしく説明しているということである。そこから読み取れるのは、純粋に自分自身の自発的動機によって参加したわけではなく、あくまでも「子供のために」行ったといういささか弁明的なニュアンスである。おそらくは、広く一般大衆も読者となっている『東朝』と「知識層」が読者として集う『改造』という媒体の性質の違いを意識したのであろう。第四章でみたように大正期以降に伊勢神宮や新しく創建された明治神宮への初詣が知識人層に波及し始めたが、その一方で、マルクス主義とも深く関わりながら「教養」の発信源として機能し続けた『改造』のような総合雑誌に集う知識人たちのなかには、神社参拝といういささかでも宗教的あるいは迷信的な匂いのする行為に対して相変わらず根強く潔癖症的に敬遠し続けた者が少なくなかったと考えられる。第一次世界大戦後に本格的に日本の知識人に影響を与えるようになったマルクス主義は、宗教を否定的にみるという点においては、それ以前の知識人の漢学や洋学にもとづく素養と直系で接続していたからである。(73) そのような読者が集う雑誌において、谷川は自身の初詣という行為が、現世利益祈願のような迷信的行為でも、あるいは大衆迎合でもなく、あくまでも「子供のために」行ったものだとわざわざアピールしたのである。さらに言えば、「私は明治天皇を崇拝してゐるし、あの神苑の雰囲気は以前から好きであつた」という説明も、「時局」の熱に浮かされたわけではなく、あくまでも平生からの皇室尊崇や神苑の雰囲気が間接的な動機であると暗に示そうとした意図が読み取れなくもない。後世の我々からみればただ単に明治神宮に初詣をしに行っただけにしかみえないことでも、当時の『改造』に集う知識人層のあいだでは、これだけくどくどしいエクスキュースが必要だったのである。(74)

そのようなエクスキュースを記したうえで、谷川は「しかし行つてみて私は大きな感動を受けた」と、ある種の「体験」言説を記していく。その「感動」とは、明治神宮の初詣に集う群衆を見て「ここにこそ国民大衆の実体がある」ことを発見し、その「国民大衆」と自分たち「知識層」が隔絶して生きているということをまざまざと見せつけられたことによる「感動」であった。これ自体は『東朝』のエッセイととくに変わるところはないが、興味深いのはそのあとに記された後日談である。谷川がこの「感動」を『東朝』に掲載したところ、次のような「思ひがけない反響を呼んだ」という。

私はしばらくの間会ふ人毎にその一文について誉められたり、訊されたり、皮肉を言はれたりした。中には、私がその一文で、私の知人たちのかういふ際に神宮へ参拝しないことを責めてでもゐるやうにとつて、私もちやんと朝早くお詣りしましたよ、と〔い〕ふ人さへあつた。私は面喰つた。〔中略〕私が一人の知人にも会はなかつたことは、私の知人たちの誰もが参拝しなかつたことでないのは分りきつてゐる。私はそんなことを問題にしたのではないので、私はただ往き帰りに出会つた恐らく何万といふ人の中で一人の知人にも出会はなかつたといふ一つの事実から、われわれが平生没交渉に暮してゐる人の如何に多いかに、ひいてわれわれと大衆との距離に、思ひ及んだのである。〔中略〕私はすでにここ数年来われわれ知識層と大衆との距離について反省をして来てゐる。〔中略〕それをひとつの深い意味をもつた象徴的な事実としてこの眼で見たのである。そこに私の感動はあつたのだ。(75)

この「思ひがけない反響」が示唆するのは何であろうか。

明治神宮の初詣の賑わいは、すでに創建直後の大正一〇(一九二一)年からメディアで毎年大々的に報じられており、谷川も含めてこれを知らない者はいなかった。つまり、明治神宮の初詣に年を追うごとに大勢の人々が集うようになっていく趨勢をはっきりと認識しながら、自らはあえて参加しないという選択を、谷川たちは毎年の正月にし続けていたと言える。たとえば、『改造』と同じく大戦後の新思潮の発信源として多くの知識人層の支持を集めた『中央公論』の編集長であった木佐木勝も、正月の日記に自身が社寺参詣とは「無縁」であることを記しながらも、明治神宮をはじめとする正月参詣の新聞報道を丁寧に書きとめていた。谷川は「少年の頃、元日の朝といふと極つて産土の社に参つたもので、今もそれを何かゆかしくなつかしく思ひ出す」「私は明治天皇を崇拝してゐるし、あの神苑の雰囲気は以前から好きであつた」と明治神宮の初詣に行った理由を説明するが、逆に言えば、それではなぜ、明治神宮の初詣に赴く理由がそれだけありながら、今の今まで行こうとしなかったのか、まったく説明できていない。結局のところは、「子供」が「やつとさういふ場所に行くことのできるやうになつた」「自分のためより子供のため」と、「子供」をエクスキュースにするのみなのである。

おそらくは、上田や宮本のように一足先に明治神宮の初詣に参入した知識人とは異なり、谷川のようにその群衆から距離を置き続けていた知識人たちは、メディアで明治神宮の初詣が年を追うごとに賑わいを増していく様子を見るたびに、自分たちが大衆から隔絶していることを、社会のなかにおける自分たちの孤立を、徐々に自覚するようになっていったのではないか。そして、日本に変革をもたらすものとして多くの知識人が期待を抱いていたマルクス主義が集団転向、滝川事件、天皇機関説事件、二・二六事件といった一連の出来事を経るなかで逼塞していき、日中戦争という「非常時」の到来とともに空前の大衆的なナショナリズム・ブームが社会を席巻するに至って、彼らの孤立感はいよいよ深刻なものとなったと思われる。そのようななかで、彼らが「すでにここ数年来われわれ知識層と大衆の距離について反省をして」いたところに、谷川が明治神宮に参拝して「国民大衆の実体」を発見したなどと新聞を通じて広く公にしたために、これを言わば〝出し抜け〟のごとくとらえて、「私もちゃんと朝早くお詣りしましたよ」とわざわざことわる知人が現れたのではないだろうか。あたかも「国民大衆」という名の電車に乗り遅れまいとするかのように。谷川はそのようなつもりはなかったと釈明するが、少なくとも谷川の文章が少なからぬ知識人たちにそのように受け取られるだけの雰囲気が社会を覆うようになっていたのはたしかであろう。

明治神宮の初詣で発見したこの「国民大衆」を根拠として、谷川は次のように結論を述べる。

> 今日の知識層の文化的無地盤性は、智《ママ》識層が伝統と民衆とを顧慮することによつて救はれる、と私は思つてゐる。〔中略〕伝統は民衆の中に生きてゐるものとして初めて真の力をもつし、民衆は伝統と結びつくことによつて堂々その姿を明かにする。その点で元日の明治神宮に於ける民衆は、民衆の本来の姿をもつとも鮮明に示したものであつた。〔中略〕
>
> 　この伝統と大衆との中に入り込みながら、伝統を一歩進めると共に、大衆を一段高める。われわれが今日の世界文化の中に日本文化の正当な場所を確保しようと思ふならば、このやうな伝統と大衆との地盤の上に立つた作業によらねばならない。[77]

　この一節からうかがえるのは、谷川が今更のごとく「国民大衆」として見出したこの明治神宮の参拝の群衆（「大衆」「民衆」）のなかで、実は自分たち「知識層」があとから遅れてやってきた〝新参者〟だということに気づいていないということである。否、もしかしたら気づいていたのかもしれないが、それを知ってか知らずか、「伝統を一歩進めると共に、大衆を一段高める」と、何やら指導者的な物言いをする。だが、毎年繰り返し明治神宮の初詣という「体験」をして理屈抜きの「気分」を共有するようになっていたこの「国民大衆」の共同体のなかで、〝新参者〟の「知識層」がいったいどのようにして「伝統を一歩進め」、「大衆を一段高め」ようというのだろうか。この理屈抜きの「気分」の共同体に、いったい何をもって割って入ろうというのだろうか。谷川は何の具体案も示すことはできていない。結局のところは、大衆が有している「地盤」が現在の「知識層」にはないということを吐露しているにすぎないのである。明治神宮の初詣において「国民大衆」を発見して「感動」したものの、実は自分たちはその「国民大衆」の共同体に同化できておらず、その「国民大衆」に今更ながら接近してみようとはするが、「大衆」に対して指導者的立場からでなければものが言えないこの知識人は、素直にこの「伝統」に同化しようとはせずに、「伝統を一歩進めると共に、大衆を一段高める」と〝新参者〟の掛け声を空回りさせるほかはなかったのだ。

そもそも、そこに「国民大衆の実体」があるなどと谷川が論じるとき、よくよくみてみれば、そこにはこれといった根拠があるわけではない。なぜその群衆が「国民大衆の実体」だと言えるのか、『東朝』の短文でも『改造』の長文でも、谷川はまったく説明できていない。参道を歩く人々を呼びとめて対話を試みるなどして「国民大衆」の内実を確認したわけでもなく、ただその参拝の群衆を眺めて〝これこそ「国民大衆」だ〟と一人で勝手に直感し、そこから自分たちの「無地盤性」についての議論を展開したにすぎない。そこには、ただ大勢の参拝者を目の当たりにしたという「体験」による理屈抜きの直感があるのみであった。その点では、明治神宮や伊勢神宮の参拝の群衆を理屈抜きに「国体」の尊厳の証左としてしまう言説と何ら異なるところはなかったと言える。

さて、谷川は、自分たち「知識層」が「国民大衆」から遠く隔たっているということについて、「無地盤性」という堅苦しい言葉を用いて表現したが、これに対して自らの戸惑いを「憂鬱」と率直に表現したのが、萩原朔太郎だった。谷川のエッセイをうけて、萩原は翌月の『東朝』に次のような短文を寄せている。

僕も谷川徹三氏と同じやうに、この正月明治神宮に参拝して、大衆と僕等インテリ階級との距離懸隔に驚いたが、その参拝者の大群衆が、いかにも明朗で無邪気な顔をしてゐるのを、今さらの如く意味深く観察した。

かうした大衆の大部分は、商人、職工、農民、芸者、及び普通の良家の子女で、たいていは小学校卒業程度の教養をレベルしてゐる人達だらうが、彼等は学校で教はつた国民道徳の指導精神を、子供の正直さで忠実に信奉して居り、国家の非常時を真剣に憂へてゐる。〔中略〕

古事記以来、日本歴史に見える大和民族の特色は実にこの無邪気さといふこと、子供らしき天真爛漫さといふ事の美点であつた。たゞ僕等文学者とインテリ階級だけが、この無邪気さを失ふやうに、誤つた文化教養によつて傷けられた。明治神宮参拝者の中で、僕等の一行だけが憂鬱の顔をしてる例外者であつた。そしてこれが、僕等を大衆から懸隔させる原因だつた。(78)

この短文のタイトルは「大衆の無邪気さ」となっている。「僕等文学者とインテリ階級」は、「誤つた文化教養」を吸収して自己形成したために、大衆が有しているような「無邪気さ」を失ってしまった。それゆえ、明治神宮の初詣で大衆の「無邪気さ」を目の当たりにした「僕等」は「憂鬱」な顔をする「例外者」として佇まざるをえなかった。あくまでも指導者的立場から「大衆を一段高める」と主張する谷川に対して、この萩原の文章にはそのような「上から」の指導への志向性はまったく読み取れない。そこにはただ「憂鬱」と表現される戸惑いがあるのみである。

実は、萩原のこのときの明治神宮の初詣の「体験」は、彼が有名な「日本への回帰」を発表した直後のことであった。

明治以来の日本は、殆んど超人的な努力を以て、死物狂ひに西欧文明を勉強した。〔中略〕それはペルリの黒船に脅かされ、西洋の武器と科学によつて、危ふく白人から侵害されようとした日本人が、東洋の一孤島を守る為に、止むなく自衛上からしたことだつた。〔中略〕

僕等は西洋的なる知性を経て、日本的なものの探求に帰つて来た。その巡歴の日は寒くして悲しかつた。なぜなら西洋的なるインテリジエンスは、大衆的にも、文壇的にも、この国の風土に根づくことがなかつたから。僕等は異端者として待遇され、エトランゼとして生活して来た。〔中略〕

西洋的なる知性は、遂にこの国に於て敗北せねばならないだらうか。遂にその最後の日に、僕等は「虚無」と衝突せねばならないだらうか。否々。僕等はあへてそのニヒルを蹂躙しよう。むしろ西洋的なる知性の故に、僕等は新日本を創設することの使命を感ずる。〔中略〕悩みつつ、嘆きつつ、悲しみつつ、そして尚、最も絶望的に失望しながら、しかも尚前進への意志を捨てないのだ。過去に僕等は、知性人である故に孤独であり、西洋的である故にエトランゼだつた。そして今日、祖国への批判と関心とを持つことから、一層また切実なヂレンマに逢着して、二重に救ひがたく悩んでゐるのだ。孤独と寂寥とは、この国に生れた知性人の、永遠に避けがたい運命なのだ。

日本的なものへの回帰！　それは僕等の詩人にとつて、よるべなき魂の悲しい漂泊者の歌を意味するのだ(79)。

このエッセイは日中戦争が勃発した年（昭和一二（一九三七）年）の一二月に雑誌に掲載された。西洋的な「知性」を身に付けたものの、その「知性」は大衆に根付くことはなく、気がつけば自分たち「知性人」は日本において「異端者」という「孤独」な存在になっていた。「むしろ西洋的なる知性の故に、僕等は新日本を創設することの使命を感ずる」と言ってはみるものの、谷川と同様にこれといった具体性もなく、「最も絶望的に失望しながら、しかも尚前進への意志を捨てないのだ」「孤独と寂寥とは、この国に生れた知性人の、永遠に避けがたい運命なのだ」などと、重苦しい悲愴感を漂わせながらも、かろうじて〝敗北宣言〟は回避している。

ところが、このエッセイが掲載された直後に萩原が目の当たりにしたのが、ほかでもない明治神宮の初詣の「大群衆」だった。「西洋的なるインテリジエンス」によって自己形成したがゆえに安易に日本の現状を追認することを潔しとせず、「祖国への批判と関心」をもつ「知性人」として「救ひがたく悩んで」いた萩原の眼前に現れたのは、「いかにも明朗で無邪気な顔」をした「参拝者の大群衆」であった。そして、谷川と同様に萩原もこの「大群衆」から直感的な衝撃をうけ、ついに「日本への回帰」ではかろうじて回避していた「知性人」としての実質的な〝敗北宣言〟に踏み込むに至る。すなわち、「日本への回帰」では明治期のひたすらな西洋文明の吸収は「止むなく自衛上からしたことだつた」と擁護していたが、『東朝』の短文では、「僕等文学者とインテリ階級だけが、この無邪気さを失ふやうに、誤つた文化教養によつて傷けられた」と、ついに自身の存在基盤たる「西洋的なるインテリジエンス」に対して明確に否定的評価を下したのである。前者ではたとえ強がりだとしても「前進への意志を捨てない」と記していたが、後者ではただ「憂鬱」という言葉を用いて呆然と佇むだけとなってしまった。そこにはもはや「前進への意志」は微塵も見えない。

この『東朝』の短文の掲載からまもない時期に、萩原は雑誌『新日本』で企画されたある座談会に出席した。テーマは「知識階級と大衆」だった。参加者は萩原のほかに浅野晃、倉田百三、佐藤春夫、中河與一、芳賀檀、保田與重郎。当時のそうそうたる著名な文学者たちだった。だが、座談会の内容は、一言で言えば彼らの迷走ぶりを示したものだった。「知識階級」「インテリ」の定義について議論するものの、これといって明確な像は浮かんでこず、中河に至っては「私は今までの知識階級といふ概念は打破せねばならぬと思ひます」「とにかく、今までの知識階級といふ概念は打破されねばならぬものです」と繰り返し主張しておきながら、「打破」したあとの将来像を明確に打ち出すわけでもない。彼に限らず、今後の知識人が進むべき方向性について、いっこうに要領を得ない議論が続く。しまいには「ともかく議論しても冷笑的で手応へがありませんね」（倉田）、「それだけ無力で、又それだけ危険性も少い訳ですね」（浅野）、「さういふものを撃滅してしまつたらいいんぢやありませんか」（芳賀）、「自然に消滅しますよ」（浅野）などと、結局「知識階級」などどうでもいいといった調子でお茶を濁して終わりとなっている。谷川や萩原のエッセイと同様に、「知識階級」が存在基盤を喪失している（あるいは、しつつある）ということを確認するだけで、何らの具体的な展望も開けていない。ただ、出席者のなかで萩原が二度も口にしたのが「生活」という言葉であったのは、もしかしたら明治神宮の初詣において「大衆」の「生活」の一端を目の当たりにした「体験」をふまえて、彼なりに知識人の今後の可能性を模索していた形跡なのかもしれない(80)。

かくして、明治神宮創建を契機として知識人層に波及し始めた初詣は、その後いくつかのナショナリズムの高揚の段階ごとにその波及の範囲を広げながら、ついに日中戦争開戦後に至って波及のピークをむかえた。谷川や萩原のようにこの段階になってようやくこの行事に参加した知識人は、「参拝の大群衆」に想像以上の衝撃をうけ、さしたる論理も理屈もなく自身たち「知識層」と大衆との懸隔について「反省」するという直感的な言説を発するに至った。ただし、彼らが今後の「知識層」のあるべき具体像を描けたわけでもなく、「憂鬱」な顔をしながら「大群衆」の前

図 7-2　阿部信行首相の初詣を報じる記事（『東朝』昭和 15 年 1 月 1 日）

に立ち尽くすのみであった。

その後、萩原の「憂鬱」をよそに、初詣をめぐるメディア報道でひたすら大々的に繰り返されるようになったのは、皇室ゆかりの神社に参拝する群衆のなかに国家エリートが分け入っていくという、「ヴ・ナロード」とも通底した「一君万民」のモチーフであった。とりわけ「皇紀二六〇〇年」をむかえた昭和一五（一九四〇）年の元日には、阿部信行首相が明治神宮で年越しの初詣を家族とともに行ったことを新聞各紙が一斉に写真つきで報じた（図7-2）。大雑沓のなかで複数の新聞社の記者たちがそろって〝偶然〟に阿部首相を発見するなどということはありえず、当局と報道各社が打ち合わせたうえでのことであろう。当然護衛担当者が同行したはずなのだが、記事では「雑沓を泳ぐ首相」「群衆の中を揉みくちゃになりながら一市民としての参拝」と、特権的な立場ではなく大勢の「群衆」のなかの単なる一参拝者であったことを強調している。[81] しかも、これらの記事のなかには「士官学校在学中の二男信弘君」が「一家を代表して白紙に包んだ賽銭を投げ」たと記されている。[82] ただ単に「群衆」に混じったのみならず、「賽銭」行為に至るまで庶民たちと同じ行動を、時の首相一家がとった。そして、それが新聞で大々的に報じられた。第四章で、明治神宮創建翌年（大正一〇（一九二一）年）から子供たちを連れてこの神社で初詣をするようになった上田貞次郎が、昭和二(一九二七)年の日記に「社会のあらゆる階級が同列になつて同じことをするという点において元旦の神宮参拝以上の例はないだらう」という感想を記したことをとりあげたが、「賽銭」を投げる行為まで首相と庶民とが「同列」になる時代が来るとはさすがに予想していなかったのではあるまいか。「上」が「下」を教化するのではなく、逆に「上」が「下」の習俗に（いささか過剰とも思えるほどに）同化していくことによって、初詣は「社会のあらゆる階級が同列になつて同じことをする」という形で「一君万民」が可視化された「国民」の行事として、一つの到達点をむかえたのである。

翌昭和一六(一九四一)年の明治神宮初詣は、記録の上では参拝者数が皇紀二六〇〇年よりも多少減じたものの（第四章図4-4）、それでも過去二番目の人出で、凄まじい混雑となった。その群衆のなかには、このとき初めて明治神宮の初詣に参加した真崎甚三郎（陸軍大将）もいた。真崎はこれ以前にも昭和一〇(一九三五)年の元日に明治神宮に初詣に赴こうとしたことがあったのだが、このときは「降雨甚ダシキ為遂ニ怠慢ニ陥」り、果たすことができなかった。遅ればせながら昭和一六年になってようやく真崎は子息とともに初めて明治神宮の初詣の「群衆」にくわわったのである。境内に入る前にすでに神宮橋の付近で「歩ヲ選ブノ余地ナキ」ほどの大混雑で、「辛フジテ門内ニ入」ったが、元日午前零時を期して「賛《ママ》銭霰ノ如ク降リ飛ビ、予モ頭部ヲ打タレタリ」。その後拝礼をすませて通用門にむかおうとするものの、群衆が「殺倒《ママ》」し、「危ク門扉ニ圧セラレントセシモ、幸男ノ助力ニテ負傷ヲ免」れ、「非常ニ非疲《ママ》ノ后」にようやく帰宅したという[83]。想像以上の大雑沓に辟易した様子がよくうかがえる日記史料であるが、しかし、この混雑ぶりは例年新聞で大きく報じられていたのであるから、真崎にも十分予測できたことであろう。それでもあえてこの「群衆」にくわわろうとしたのは、前年の阿部首相を意識したかどうかは不明としても、国家エリートの一人として、この明治神宮の「参拝の大群衆」に一度は混じって、自身と「国民大衆」との距離を縮めておきたいという意識があったのかもしれない。

図 7-3　東條英機首相の明治神宮初詣を報じる記事
（『朝日新聞』昭和 19 年 1 月 2 日）

このように知識人層への波及範囲を拡大させながら増幅を続けた初詣であったが、昭和一六（一九四一）年一二月に太平洋戦争が始まると、徐々に縮小に向かうことになる。開戦直後の昭和一七（一九四二）年の正月は真珠湾攻撃の成功もあって明治神宮や伊勢神宮をはじめとして全国各地の初詣が賑わったことが新聞各紙からうかがえる。翌一八（一九四三）年もたとえば大阪の住吉神社で「参拝者雑沓未曾有ノ混雑」(84)がみられるなどまだ賑わいが保たれたが、敗色が濃くなった昭和一九（一九四四）年になると初詣は明らかに縮小した。この年の一月二日、『朝日新聞』の東京版と大阪版には、まったく同じ写真と記事が掲載された。東條英機首相が初詣のために明治神宮に現れたことを伝えるものだった（図7-3）。

　午前十一時すぎ参内拝賀を終つた東條首相が国民服に儀礼章の姿で群衆に混つて参道を歩いてゐた。眼ざとく見つけた参拝者が「おめでたう、東條さん今年も頑張りませう」歓呼をあびせる。六つくらゐの男の子が一人チョコ〳〵と進み出て〝バンザイ〟と両手をあげた。ニツコリ微笑んだ東條さんはその手を執つて「ああおりこうさん、ヨイコにおなりなさいよ」二、三度軽く振つて群衆の中に消えて行つた。(85)

おそらく創作であろう。そもそも、「群衆に混つて」「群衆の中に消えて」と書いてはいるものの、写真を見るとおよそそのような状況には見えず、記事本文と写真のギャップが明らかである。ただ、それはともかく、戦中期において事実上最後となったこのときの初詣の新聞報道でも、首相も「国民」の一人として「群衆に混つて」参拝するという「一君万民」のモチーフがあらためて示されたのだった。

おわりに

以上、初詣が知識人層に「下から」波及していくなかで、ナショナリズムの文脈で初詣を解釈するいくつかのパターン化された言説が知識人によって生み出されるという「上から」のとらえ返しが生じ、その言説が社会に流布していったことを明らかにしてきた。以上の検討内容をふまえて、まとめとして以下四点の考察を行い、本章の締括りとしたい。

まず第一に、明治から大正への一連の代替りの過程、とりわけ明治神宮創建を画期として初詣を「神社＋ナショナリズム」という厳粛なイメージを前面に出して語る言説が発生したが、それのみに単色化されたわけではなく、「社寺＋娯楽」というタイプの言説も増幅し続けた。もともと明治期の都市部において「社寺＋娯楽」の枠組みのなかで生まれた初詣は、大正期以降の行楽の大衆化のなかで鉄道をはじめとする交通・旅行業界の集客戦略と密接に結びつきながら増幅を続けていったので、明治神宮創建後しばらくして後づけで「神社＋ナショナリズム」の文脈に初詣を閉じ込めようとする言説が現れたからといってその言説で単色化することはなかったのである。神社界の人間が「物見遊山の行楽だと思つたら大間違ひである」などと説教臭く主張し続けたのに対して、交通・旅行業界は「社寺＋娯楽」の枠組みをベイスに集客戦略を展開しながら、新しく発生した「皇室＝初詣」というナショナリスティックな初詣の語り方すらすかさず「皇室ブランド」として宣伝に活用してしまうというしたたかさを見せた。このように、初詣がナショナリズム一色で塗りつぶされることなく、一貫して娯楽とナショナリズムの両方が言説資源として機能し続けたことが、初詣が戦時体制下でも、また戦後になっても、強固に持続することを可能にした一因であろう。

第二に、右のこととも関わるが、本章では言説の発生過程と中身の分析だけではなく、その増幅と流通のメカニズムに注目してみた。というのも、教育の普及や参政権の拡大によって一定の〝民主化〟が進行し、国家や社会を動かす原動力としての「大衆」が台頭する戦間期という時代を考えるとき[86]、知識人の言説に内在する「論理」をトレイスするという思想史研究のオーソドックスな研究手法だけでは、この時代の特質をとらえるには十分ではないと思われるからである。有馬学は、第一次世界大戦の意義と普通選挙の実行の必要性を結びつけて論じたある知識人（植原悦二郎）の言説が、「論理の上より考えても」と言いながら、実のところほとんど論理になっていないことを指摘したうえで、「雰囲気は漠然としているが、繰り返し語られることによって形式を与えられる。成立した形式は力となるのである」と述べている[87]。これをふまえれば、この時代にある言説が社会に広く影響を与えていく過程について考える際には、言説の中身そのものよりも、むしろ（往々にしてかわり映えのしない）同じ言説が何度も反復されながら影響力を広げていくという「反復がもたらす力」に着目することが有効なのではないかと考えられる。

その意味において、本章の検討からまず指摘できるのは、初詣をめぐる言説の流通に最も深く関わったのが、鉄道を主とする交通・旅行業界であったということである。第一点での指摘の繰り返しになるが、この業界は、明治神宮創建以降に生成した、初詣を皇室の四方拝と結びつけて語る言説を「皇室ブランド」として取り込み、ガイドブックなどの宣伝媒体で流通させていった。また、第三節でとりあげた「聖地」参拝をめぐる「体験」至上主義言説についても、その発生自体は大逆事件の衝撃に対する支配層からのリアクションという政治思想的な文脈によるものであったが、これもまたやはり〝体験しなければわからない→現地に行くべし〟というパラフレイズによって旅行マーケティングに活用され、とりわけ旅行の自粛が求められた戦時下において教育の文脈と結びついてその活用は極大化されることとなった。このように、ひとたび発生した紋切型の言説をすかさずマーケット拡大のために活用する（しかも、強制・動員ではなく、娯楽性を織り交ぜた勧誘という形で）という資本の強力な利益志向性によって、その言説は政府や神社界の押しつけがましい教化言説がもちえなかった浸透力をもって社会に流通していくことになるのである。

もう一つ確認しておきたいのは、「体験」への参加の容易さ、それを言説化する容易さ、さらには、その言説を語ることによる主体性の増幅という魅力、という一連のセットが、大衆社会化状況のなかで言説が増幅・流通していく際にきわめて重要な要因となるということである。真冬の海で禊をするといったハードな「体験」ではなく、旅行気分で汽車に乗って「聖地」に行って参拝するというソフトな「体験」であれば、参加のすそ野は広がりやすい（というより、広がるように交通・旅行業界が集客戦略を展開した）。そして、西行の歌の引用や「清々しい」といった常套句を組み合わせさえすれば、高い学歴や神道の専門知識をもった者でなくとも容易に「体験」を言説化できる。「国民」という主体になれたという実感を満喫できる。万が一反論されても、〝体験してみればわかる〟と跳ね返せばよい。明治末期までに義務教育が国民の大多数に普及するに至り、また、戦間期にかつてない規模で旅行の大衆化が進行したという、いわば教育と旅行（移動）の〝民主化〟が前提となって、「聖地」参拝をめぐる「体験」言説が「上から」の教化を待たずとも社会のなかで増幅・流通していきやすい状況が生まれたと考えられる。

第三に、右のことと関連することであるが、本章では、この「体験」至上主義言説が、「体験」によって得られる精神的感化（「涙」や「気分」）を理解できない者を排除する志向性を大逆事件後の発生当初から有しており、それゆえこの言説が増幅・流通していけばいくほど、往々にして意図せざる無邪気な排除の構造が醸成されていくということを指摘した。換言すれば、移動と言論の〝民主化〟が、理屈抜きの他者の排除へと向かってしまうという構造である。

第三章をふりかえってみると、明治天皇死去後に、新聞投書欄という「上から」の動員を伴わない〝民主的〟な言論空間において、二重橋前平癒祈願で発露した天皇に対する「感情美」が明治神宮創建を求めるそれと同一視されることによって理屈抜きの他者の排除が表出したことを明らかにした。この「感情美」にもとづく他者排除と、本章でみた「聖地」参拝の「体験」にもとづく「気分」を共有することで生じるそれは、いずれも移動と言論の〝民主化〟を前提に成立するものであるという点で、(88)きわめて類似した構造をなしていたと言える。「二重橋前＋明治神宮＋伊勢神宮」をセットにして関連づける言説や体験が戦間期に広まっていったこともあわせて考えると、(89)この二つの排除の構造の一方がもう片方のそれとシンクロしやすい状況が、大正期から昭和戦前期にかけて形成されていったと考えられる。

第四に、本章では参拝の「群衆」を解釈する言説について、二つに分けて考えた。一つは、ロシア革命・米騒動といった変動によって天皇のもとでの国民統合の先行きを不安視する傾向が強まっていったなかで、そのような時代の流れとはおよそ対極的に見える「聖地」参拝の「敬虔」な「群衆」を目にして、その数の多さを「国体」がまだまだ盤石なものであることを示す根拠として解釈する言説。もう一つは、そのような「群衆」が年々増加していくにもかかわらずあえてそこからは距離を置き続けていた知識人のなかから、日中戦争開戦後になって初めて明治神宮の初詣に参加して、そこで目の当たりにした「群衆」から衝撃をうけ、その「群衆」を「国民大衆の実体」とみなして、自分たち「知識層」の孤立を「反省」するという、自己批判ともいえる言説。第三章・第四章をふまえてみると、この両者いずれの言説にしても、明治四五(一九一二)年の夏、二重橋前に突発的に出現した平癒祈願の「群衆」に衝撃をうけた知識人がそこから天皇に対する「感情美」を読み取ったのと相似する構図を有していたと言える。二重橋前平癒祈願の「群衆」において多種多様な土俗的祈願が繰り広げられ、明治神宮の初詣の「群衆」において典型的な迷信行為とみなされていた「賽銭」を投げる人々が多数いたように、これらの「群衆」は、知識人たちが有していた漢学的・洋学的あるいはマルクス主義的な素養からは容易には肯定しがたい要素を有していた。しかしながら、知識人たちは、この「群衆」のなかにこそ、天皇を思う真正の気持ち、すなわち「感情美」があると〝解釈〟し、そして、いくつかの段階を経ながら、あたかも「ヴ・ナロード」のモチーフを「一君万民」として変奏するかのごとく、その「群衆」のなかへと分け入っていったのである。

（1）白幡洋三郎『旅行ノススメ』（中公新書、一九九六年）、『美しき日本　大正昭和の旅展』（展示図録）（江戸東京博物館、二〇〇五年）、『旅　江戸の旅から鉄道旅行へ』（展示図録）（国立歴史民俗博物館、二〇〇八年）など。
（2）賀茂百樹「四方拝と初詣」（『日本魂』一九―一、昭和九年）五五頁。
（3）矢部善三『年中事物考』（素人社書屋、昭和四年）一六頁。
（4）高木博志『近代天皇制の文化史的研究』（校倉書房、一九九七年）二四一頁。
（5）高橋梵仙『新撰日本年中行事講話』（大東出版社、昭和九年）一七頁。
（6）『読売』昭和一三年一月一日「解説　時のコトバ」。
（7）このことについては、第一章注(25)を参照。
（8）安西計太郎『初詣でところ〴〵』（『民衆文庫』九五、社会教育協会、昭和一〇年）。
（9）国鉄のPR雑誌の性格が強い『旅と伝説』という雑誌にも執筆している（安西計太郎「初詣では何処へ」『旅と伝説』三―一、昭和五年、九四―九六頁）。
（10）以上、前掲安西『初詣でところ〴〵』一―四頁。
（11）潮田秀二「江戸東京年中行事の近代化の諸相――百人一首と雛を中心に」（『日本民俗学』一九二、一九九二年）九五―一〇一頁。
（12）古川隆久『皇紀・万博・オリンピック　皇室ブランドと経済発展』（中公新書、一九九八年）。
（13）前掲潮田「江戸東京年中行事の近代化の諸相」九八頁。
（14）初詣を皇室と結びつける言説に対してはとくに疑義が投げかけられることはなかったが、雛祭については、『日本雛祭考』などの著作がある有坂與太郎が「ひな祭を皇室の範例に結びつける事は大きな疑義があります」と指摘している（『東朝』昭和七年二月二四日「おひな様　その正しい飾り方」)。なお、この新聞記事の見出しには「正しい飾り方」とあり、「家庭」欄に掲載されていることもふまえると、おそらく編集側としては、雛祭をどのような作法で行えばよいかわからない都市新中間層向けに専門家から「正しい飾り方」についてアドヴァイスをしてもらおうという意図であったと思われる。ところが有坂は、「ひな人形が五段飾りの決定的のものになつたのは近年の事で、飾り方に「正しい」といふ事を意識するやうになつたのも又、決して古い傾向ではありません」「厳密な解釈から「正しい」といふ事は出来得ないのであります」と、「正しい飾り方」なるものが近代の「創られた伝統」であることを端的に指摘している。

(15) 加藤玄智「元日の神詣」(『旅』一二—一、昭和一〇年)一一頁。

(16) 『東朝』昭和一〇年一月三日。

(17) 「三都中心　初まうで」(『旅』一五—一、昭和一三年)八六—八七頁。

(18) 『旅』一五—一(昭和一三年)五頁。集合・出発地点が大阪駅となっているので、関西方面の読者向けのプランであるとわかる。ただし、ナショナリズムを前面に出したものとはいえ、「翌日は自由行動、御親戚のお宅へお立寄りなさるなり百貨店で買物なさるなり各自のプランを遂行なさつて、夜行で下阪しようとするのです」と、旅行気分を楽しむ時間がしっかりと確保されている。

(19) 前掲安西『初詣でところ〴〵』八頁。

(20) 同右、七頁。

(21) 安西は昭和五(一九三〇)年にも初詣旅行ガイドを執筆しているが(前掲安西「初詣では何処へ」)、これも冒頭では「神にぬかづいて一年の幸福を祈ることは、国民的年中行事の一つである」(九四頁)と書いておきながら、実際には成田山や柴又帝釈天を含む「社寺」の初詣ガイドとなっている。なお、この文章にも「初詣でと云ふことは可成昔から初まつた事であらう」(同)と初詣の古さを強調するくだりがある。

(22) 『東朝』昭和一四年一二月二九日「けふは神棚の清掃　元旦には一家挙つて拝礼　迎春の用意」。

(23) 茅野雅子「女の立場から　神まうで」(『読売』昭和一一年一月四日)。

(24) 札幌神社宮司宮澤春文が「建国の大本を闡明し国民思想を善導する方法」を問うアンケートに対して回答したもの(『北海タイムス』大正一〇年一月一日「社会問題と諸名士」)。

(25) 以上、回顧録からの再引用も含めて、橋川文三『昭和維新試論』(講談社学術文庫、二〇一三年。原著一九八四年)所収の

「平沼騏一郎と国本社」による。
(26) 有泉貞夫「明治国家と民衆統合」(『岩波講座日本歴史17　近代4』岩波書店、一九七六年)二三一―二三二頁。
(27) 『読売』明治四四年七月三〇日「小学児童の伊勢参宮」。
(28) 唐木順三「現代史への試み」(同『現代史への試み　喪失の時代』唐木順三ライブラリーI、中央公論新社、二〇一三年。初出は一九四九年)一一二―一一四頁、有馬学『「国際化」の中の帝国日本』(中央公論新社、一九九九年)一四二―一五五頁など。
(29) 以上、『都市教育』一七九(大正八年八月)一頁、四―五頁、八―九頁、一三頁、二〇頁。本号はこの伊勢神宮参拝旅行の特集号である。
(30) 河井酔茗『東京近郊めぐり』(博文館、大正一一年、復刻『文学地誌「東京」叢書』九、大空社、一九九二年)一二四頁。
(31) 佐藤鋼次郎『明治神宮懺悔物語』(雑誌『男』出版部、大正一二年)。第六章で明治神宮境内の「脱都市」的な印象を述べる言説を紹介したが、この書籍にも「環境は如何にも静かで、是が大東京の中に在るとはどうしても思はれない」(二九七頁)との記述がある。
(32) 同右、二九七―二九八頁。
(33) 長島生「大祓復興運動参加の記」(『皇国』三四三、昭和二年)。
(34) 佐藤瑞枝「第二回皇国禊会大会の記」(『神社協会雑誌』三〇―三、昭和六年)三一頁。
(35) 赤澤史朗『近代日本の思想動員と宗教統制』(校倉書房、一九八五年)九九頁。
(36) 永井荷風『摘録　断腸亭日乗(下)』(岩波文庫、一九八七年)一六二―一六三頁(昭和一七年一月六日条)。
(37) たとえば、「禊」と同時期に一定の流行をみせた反モダニズム的な「体験」の一つに四国遍路がある。昭和四(一九二九)年に東京に本部を置く「遍路同行会」なる団体が結成されたが、同会では毎月の会合で実際に四国遍路を行った者がその「体験」談を披露した。また、同会が昭和六(一九三一)年から毎年開催した「大師降誕会遍路行列」は、菅笠、杖、白装束を身にまとった数百人(昭和一二(一九三七)年からは千〜二千人規模)が東京市内を練り歩くというデモンストレイション的な性格が強い行事であったが、その参加者は同会の機関誌にて「モダン・スタイルの男女が帝都の街頭を横行してゐる時、敬虔なる「杖と笠」の遍路姿の行進は如何に対照の妙を極むることであらう」と、先に引用した「禊」の体験者とまったく同様にギャラリーを意識した感想を述べている(森正人『四国遍路の近現代』創元社、二〇〇五年、一一七―一一七頁)。

(38)　松波仁一郎「神前拍手の為否」(『神社協会雑誌』三三―八、昭和九年)一頁。
(39)　同右、一二頁。
(40)　同右、一―二頁。
(41)　同右、一八頁。
(42)　前掲赤澤『近代日本の思想動員と宗教統制』二一四頁。
(43)　同右、九六頁。
(44)　前掲『都市教育』一七九、二頁。
(45)　『婦女新聞』昭和六年二月八日「建国祭と家庭――特に家庭の主婦に望む」。
(46)　河田嗣郎「時局と旅の心構」(『旅』一六―一二、昭和一四年)三頁。
(47)　昭和戦時期以降現在に至るまで、戦争・大災害あるいは天皇の重態・死去による「自粛」ムードで観光・旅行が縮小を余儀なくされた際に、教育を名目とした旅行であれば例外的に許容されるという傾向が一貫して強く見られる。たとえば、対英米開戦後で不要不急の旅行の「自粛」が強く求められるようになった状況下ですら「伊勢参宮」「聖地巡拝」を名目とした修学旅行は昭和一八(一九四三)年まで存続した(前掲白幡『旅行ノススメ』一二七―一二九頁)。また、東日本大震災後の「自粛」ムードによって被災地のみならず全国的に観光・旅行が萎縮したのは記憶に新しいが、そのような状況のなかでも修学旅行を中止した学校は被災地も含めごく少数で、実施率(中学校)は九四・四%を数えた(『データブック二〇一二　教育旅行年報』日本修学旅行協会、二〇一二年、一四頁)。
(48)　『宮本武之輔日記』(電気通信協会東海支部、一九七一年)明治四三年一月一日条。
(49)　新聞・雑誌記者が「正月」「新年」をテーマに諸名士にアンケートを行い、その回答を新年号に掲載するというのは大正期になって毎年恒例となる。たとえばその典型例である大正一四(一九二五)年の「我が家の三ケ日」と題されたアンケート回答記事を見てみると、「三ケ日は特筆する程のことは御座いますまい」(石井柏亭)、「ドウモしません」(内田魯庵)、「特別にどうするといふ事はありません」(加藤武雄)、「別段変つた事はないと思ひます」(堺利彦)、「特に新年だからどうかうしようなど〔と〕いふつまらぬ企てはいたしません」(山田耕筰)、「別にふだんと大してかわりは御座いませぬ」(柳原燁子)等々、多くの回答者が異口同音に〝正月だからといって特別なことはない〟といった内容を答えている。庶民たちが浮き足だつ正月に、あえて素っ気なく気取るという知識人らしい矜持のあらわれであると言えよう。ただし、合計四三名の回答者のなかで、一人だけではあるが日本画家の池上秀畝が「第一日屠蘇に新年を祝いて明治神宮に家族同伴参拝〔中略〕第三日十年一日の如く旅行伊勢大廟参拝直に帰京」と「明治神宮＋伊勢神宮」のセットで初詣をすると述べている（以上、「我が家の三ケ日」『アサヒグラフ』四―一、大正一四年、三―一二頁）。

(50) 単身ではなく、必ず家族連れで参拝している（第四章第三節(5)(c)参照）。

(51) 前掲『宮本武之輔日記』昭和一一年一月一日条。

(52) 高橋一作「初旅―伊勢詣で」（『旅』八―三、昭和六年）一〇七頁。家族連れで東京駅から鳥羽行の臨時直通列車に乗って伊勢神宮の初詣に赴いた「体験」をつづったエッセイである。

(53) したがって、参拝者が「聖地」参拝の現状に満足せず、この「気分」をよりいっそう高めるために神社側に要求をする場合すら生じることになる。次の史料を参照。「神宮では、大正十四年以来内外両宮神楽殿及び宮域外別宮〔中略〕の各宿衛屋に於いて、それぞれ各宮参拝証印の押捺に応じ、その希望者は逐年増加しつゝあるが、近時参拝者の多くは、単に参拝を記念する意味だけのものでなく一段と神聖な感じの出た証印を希望するやうになつて来たので、今回参拝証印を改正した」（「参拝証印の改正」『瑞垣』一九、昭和一一年一一月、五三頁）。

(54) 「故郷のお正月を語る座談会（下）」（『婦女新聞』昭和一二年一月一〇日）四四頁。

(55) 加藤玄智「神社初詣での気分」（『旅』一三―一、昭和一一年）二頁。

(56) 相原熊太郎『明治神宮に参拝して』（母子の友社、昭和一三年）六頁。

(57) 加藤玄智「今回朝鮮に起つた神社不参拝問題を耳にして」（『皇国時報』五八六、昭和一一年一月）一〇頁。

(58) 葦津耕次郎「神職側の反省」（「カトリック学校生徒の神社参拝拒否問題（続）」『國學院雑誌』三八―一一、昭和七年、六六頁）。

(59) 田中義能『神社本義』（日本学術研究会、大正一五年）三四七―三四九頁。田中義能については磯前順一「近代神道学の成立――田中義能論」（同『近代日本の宗教言説とその系譜』岩波書店、二〇〇三年）が詳しい。しかし、磯前の議論も含めて言説のなかの「論理」をトレイスする従来の思想史研究では、「黴菌」のようなあまりにも低劣な言説（？）は単なる〝ノイズ〟として捨象されてきた。だが、室外の〝ノイズ〟にすぎないように見えたものが、気がつけば室内の〝メロディー〟として喧しく合唱されるようになったのが、戦間期から昭和戦時期に至る歴史過程ではなかっただろうか。

(60) 以上、『神社協会雑誌』二七―八（昭和三年）七四―七八頁。

(61) 以上、福島春浦「国体問答」(『婦女新聞』昭和六年二月八日)。
(62) 前掲佐藤『明治神宮懺悔物語』二九九―三〇一頁。
(63) 「神宮参拝」(『瑞垣』九、昭和九年三月)二五頁。
(64) 「参宮感想文」(島根県の尋常高等小学校高等科卒業生のもの)(『瑞垣』二二、昭和一二年九月)一八頁。この卒業生は、内宮に参拝した感慨を「尊さ、有難さ、筆舌でつくすことが出来ない気持がしました」と記している(一七頁)。また、この後に掲載された別の卒業生も、定番通り西行の歌を引用したうえで「数百年の星霜を隔てた今、西行法師と同じ境地に立ち得た」と述べている(一九頁)。前節でみた「聖地」参拝をめぐるパターン化された「体験」言説が教育界で浸透していく趨勢がよく表れている事例である。
(65) 前掲有泉「明治国家と民衆統合」二二五頁、前掲有馬『「国際化」の中の帝国日本』一五〇頁など。
(66) 第四章第三節。
(67) 福島〔春浦〕「回転椅子」(『婦女新聞』大正一五年一月一〇日)。
(68) 第四章第三節(4)。
(69) 山野晴雄・成田龍一「民衆文化とナショナリズム」(歴史学研究会・日本史研究会編『講座日本歴史9　近代3』東京大学出版会、一九八五年)二七三頁。
(70) 谷川徹三「年頭所感　明治神宮にて」(『東朝』昭和一三年一月七日)。
(71) 前掲唐木「現代史への試み」。
(72) 以上、谷川徹三「知識層の文化的無地盤性について」(『改造』二〇―三、昭和一三年)七〇―七四頁。
(73) 山口輝臣「国体の時代」(小倉慈司・山口輝臣『天皇と宗教』(天皇の歴史09)講談社、二〇一一年)三〇三頁。
(74) これほど明示的に「子供」をエクスキュースに使う言説はこの時期になってようやく見られるようになるが、明治神宮の初詣が創始された当初から知識人層の参拝は子供連れの事例が大変多かったこと(第四章)からもわかるように、戦前を通じて男性知識人のあいだで単独で神社仏閣に参拝するという行為に多かれ少なかれ抵抗が感じられ続けたのはたしかである。ちなみに「子供」がいない独身者の場合に社寺参詣のエクスキュースとして用いられたのが「母」である。たとえば、明治四〇(一九〇七)年に生まれ、一高から東京帝大(昭和五(一九三〇)年卒業)を経て左翼運動に傾斜し、昭和八(一九三三)年に検挙されて「転向」した高見順の日記に、次のような興味深い記述がある。高見は検挙翌年の正月元日に母親とともに

「大師恵方参り」に行くことにした。高見は「これも親孝行のひとつなり」と記しており、検挙などの一連の出来事で母親に心配をかけたことを申し訳なく思い、せめてもの「親孝行」として、信心深い母親に仕方なくついていくことにしたものと思われる。そして母とともに川崎大師に行ってみると、彼は思わぬ形で知人に遭遇した。「大師の階段で、梅津君に会い、おひとりときく。止むを得ざる参詣であろうとおもったのだが、彼はひとりできていたのだ。〔梅津君は〕新人を以って任じている自分が、大師へお参りにきたのを、恥ずる態で、家へ遊びにこいと言い紛らす」。川崎大師の参拝の群衆のなかで偶然知人を見つけ、彼も自分と同じく母親への「親孝行」のための「止むを得ざる参詣」であろうと思ったところが、実はこの知人は「おひとり」で来ていた。母親と一緒であろうが単独であろうが参拝に来ているのに変わりはないはずなのだが、知人が「恥ずる態」を見せたということからもわかるように、「新人」を気取る彼らのあいだでは両者には相当大きな違いがあるととらえられていたのである（以上、『続 高見順日記』八、勁草書房、一九七七年、三二一頁、昭和九年一月一日条）。

(75) 前掲谷川「知識層の文化的無地盤性について」七四―七五頁。

(76) 第六章注(2)参照。

(77) 前掲谷川「知識層の文化的無地盤性について」七五―七六頁。

(78) 萩原朔太郎「大衆の無邪気さ」（『東朝』昭和一三年二月二日）。

(79) 萩原朔太郎「日本への回帰」（『いのち』五―一二、昭和一二年）、復刻『萩原朔太郎全集』一〇（筑摩書房、一九七五年）四八六―四八九頁。

(80) 以上、「知識階級と大衆」（座談会記録、『新日本』一―五、昭和一三年）、復刻『萩原朔太郎全集』補巻（筑摩書房、一九八九年）四五八―四七一頁。「生活」を含む萩原の発言は以下の通りである。「インテリには実生活がないのですよ」（四六四頁）、「大衆と同じ生活を本質に持つてをつてしかも指導力を有つた、両方持たなければいけない訳ですね」（四六五頁）。

(81) 以上、『東朝』「雑沓を泳ぐ首相　一家で未明の初詣り」、『東日』「阿部首相初詣」、『読売』「参道霜おく暇なし　明治神宮暁かけて雑沓　阿部さんも敬虔な姿」（いずれも昭和一五年一月一日）。なお、『東朝』『東日』『読売』をみる限りでは、初詣を報じる記事で現役首相が登場したのは阿部以前は齋藤實のみである（『読売』昭和八年一月三日「ざつと六十万　明治神宮は自動車の洪水」）。ただし、この記事は齋藤が明治神宮で初詣をしたことを簡単に述べたのみで、写真もついていない。したがって、現役首相の初詣が大きく報じられたのは昭和一五年が初めてということになる。

(82) 前掲『東日』「阿部首相初詣」。
(83) 以上、伊藤隆ほか編『真崎甚三郎日記　昭和七・八・九年一月〜昭和十年二月』(近代日本史料選書1―1、山川出版社、一九八一年)三八七頁、昭和九年一二月三一日条、同編『同　昭和十六年一月〜昭和十八年四月』(同1―5、同、一九八六年)四頁、昭和一六年一月一日条。
(84) 住吉大社所蔵『社務日誌』昭和一八年一月一日条。
(85) 図7-3の記事。
(86) 前掲有馬『「国際化」の中の帝国日本』二七二―二七五頁。
(87) 同右、一三八―一三九頁。
(88) 第三章でみたように、「言論」の自由のみならず、様々な場所に居住している大勢の人々(そのなかには東京の市街地から遠く離れた山のなかで滝に打たれて汽車で上京してきた行者もいた)が一つの場所に「集会」することができるという「移動」の自由も二重橋前平癒祈願の重要な前提条件となった。
(89) 言説としては次の例を参照。「明治神宮がやがて造営し了る。こゝに額づく時、われ等は二重橋頭の砂利の上に額づける心が湧かねば嘘である。伊勢大廟に於ても其の心であり度い」(『読売』大正八年一月一八日「伊勢路の旅(二)大廟参拝(下)」)。体験、すなわち「二重橋前(宮城)+明治神宮+伊勢神宮」をあたかも「巡礼」のごとくセットで訪れる事例は、大正一三(一九二四)年の正月元日に二重橋と明治神宮、翌二日から「伊勢参拝の旅」へと出かけた例(田沢義鋪「甲子の新春」『田沢義鋪選集』田沢義鋪記念会、一九六七年、七九五頁)、あるいは、元旦に伊勢神宮に初詣、その日の夜行列車で翌二日に東京駅に到着して宮城と明治神宮を拝した事例(第四章注(90))など枚挙に遑がない。

終章　鉄道が生み出した娯楽行事とナショナリズムの接合

一　まとめと考察

以上、七章にわたって初詣の成立と展開の過程をおおむね時代順に論じてきた。以下では、序章で提示した基本視角にたちかえって、近代都市の鉄道によって生み出された娯楽行事が「意図せざる結果」としてナショナリズムと接合していくという全体像を念頭に置きながら、本論の検討から得られた知見を整理し、考察を行いたい。なお、基本視角のうち、(5)(「社寺」と「社」)については、(2)と(4)のなかに組み込んで説明してある。

(1)「鉄道＋郊外」がもたらした〝自由〟

初詣は、社寺参詣という形態をとっているために〝伝統〟的なもののように思われがちである。しかし、本書が明らかにしたように、実際には、初詣は明治期の成立以来今日に至るまで一貫して「鉄道＋郊外」という近代都市の基本要素と密接に関わりながら成立・展開してきた、すぐれて近代的な産物であった。近世以来の寺社参詣は、近代に入って一様に衰微したわけではなく、「鉄道＋郊外」によって近代都市に合致した形へと再編されていったのである。

このように近代都市の形成によって誕生した初詣が、実は、「上から」の教化・動員を伴うことなく、「意図せざる結果」として、ナショナリズムと接合しやすい性質を内在させていたということをここで確認しておきたい。

まず、「鉄道＋郊外」がもたらした変化を考えるべく、近世以来の寺社参詣と初詣を比較してみよう。その違いは、簡単に言えば、前者には方角や日取りに関する縁起があり、これにもとづいて参詣することで攘災招福が叶うと信じられていたのに対して、初詣の場合はそのような細かい縁起が規定されておらず、ただ単に「正月にどこかの社寺に参詣する」という程度の中身しかない、ということになる。ありていに言えば、初詣は具体的な中身がほとんどないのである。これをポジティブに表現すれば、「鉄道＋郊外」というセットは、近世以来の寺社参詣にまとわりついていた規範から人々を〝自由〟にする機能をもった、とひとまずは考えられる。鉄道を利用して郊外へ初詣に行くことによって、人々は、都会の喧騒から自由になるとともに、近世以来の細々とした伝統からも自由になれたのである。

ところが問題は、この中身のなさが大正期以降にいかなる機能を果たしたのかということである。大正期に「国民」の神社として誕生した明治神宮は、恵方詣とは接合しなかったのに対して、初詣とはスムーズに接合し、創建直後から初詣が例祭に劣らぬ賑わいを見せるようになった。さらに、明治神宮初詣の賑わいが一過性に終わらず毎年恒例のものとして定着していくと、初詣を宮中の四方拝と結びつけて解釈する言説が登場した。本書が明らかにした初詣の成立過程をふまえればこれは甚だしい錯誤なのであるが、これを単なる錯誤として片付けるのではなく、庶民の娯楽として誕生したはずの初詣がこのようにあっさりとナショナリズムの文脈におさまってしまったことの意味を考えてみるとすれば、「鉄道＋郊外」によって近世以来の伝統が脱色されて成立した初詣は、その中身のなさゆえに、容易にナショナリズムと接合していくことができたと言えよう。

敷衍して言えば、「鉄道＋郊外」によってもたらされた〝自由〟は、その延長上に、ナショナリズムとの親和性が待ち受けていた。「〇〇からの自由」が「△△への従属」へと転じていくというパラドクスである。

(2) 「下→上→下」という回路による国民の均質化

ナショナリスティックな事物が、直線的にナショナリズムの文脈で「上から」生み出されるとは限らない。本書は、ナショナリズムがそれのみで自己完結するのではなく、都市化や交通・旅行業界の娯楽戦略といったものとも密接に関わっていく、という視角から初詣の成立と展開を検討することによって、「下→上→下」という回路による「国民」の均質化の過程が存在したことを明らかにした。以下、まとめなおしてみよう。

初詣は、もともとはナショナリズムとは別の文脈で庶民の娯楽行事として生まれたものであったが、明治から大正への代替りを契機として知識人へも波及していく。つまり、知識人がモデルを創出し、人々がそれに従うことによって「国民」化したのではなかった。天皇の代替りを契機として、もともと庶民中心で行われていた行事に後から知識人が参入することによって、初めて「社会のあらゆる階級が同列になつて同じことをする」行事へと変容したのだった。

とくに、東京では明治神宮創建が明確な転換点となった。もっとも、「同じことをする」というのは神社に参拝をするという大枠について言っているのであり、細かくみれば参拝の有様は一様ではなかった。しかし、二重橋前平癒祈願の記憶が再生される場となった明治神宮では、従来は「迷信」とされてきた行為でも天皇を思う国民の「感情美」というフィルターを通して好意的に解釈されたため、もはや知識人を遠ざける心理的障壁にはならなくなった。このように内部の差違をのりこえて大枠のプラクティスを共有できる場が誕生したことが、初詣の「国民」化の過程においてまずは重要な転機となった。さらに、明治神宮における初詣が定着してまもなく、「皇室＝明治神宮＝初詣」を三段論法的に飛躍させて、国民が宮中の四方拝に倣って古くから行ってきたものとして初詣を語る言説が生み出されることになった。つまり、初詣は、知識人によってナショナリズムの文脈でとらえ返されるようになることによって（「上から」のとらえ返し）、「国民」の行事となっていった。

もっとも、ナショナリズムで解釈されるようになったからといって、「寺」の初詣が衰滅したわけではなく、都市化とともに郊外鉄道沿線の有名寺院（成田山・川崎大師など）はむしろ空前の賑わいをみせるようになっていく。したがって、明治神宮創建後の東京の初詣は、実態としては「社寺」の初詣だったのだが、そのような実態とは別に、言説上では「伊勢神宮＋明治神宮」といったように国家的に重要な「社」のみを取り出して語る国家神道の語り方と、「社寺」の語り方とが併存するようになる。後者は交通・旅行業界で強固に維持された。そして、このようにして生まれた初詣をめぐる言説は、様々なメディアを〝伝言ゲーム〟のように流通し、あるいは、交通・旅行業界の集客に活用されながら、社会へと還流していった。

このように、初詣の近代史をみていくことによって、我々は、「下→（プラクティス）→上（とらえ返し）→（言説）→下」という回路による「国民」の均質化の過程を見出すことができるのである。(1)

(3)　天皇に対する国民の「感情美」

本書の第二部以降では、明治天皇重態時の二重橋前平癒祈願のエスカレイションのなかから見出された天皇に対する国民の「感情美」を基本視角の一つにすえた。この「感情美」なるものに注目したのは、初詣への知識人の参入、初詣のナショナリズムとの接合という変化を理解するために、序章で提示した次の二つの問題を明らかにする必要があったからである。

①庶民と隔絶した生活空間に生きていた知識人が、庶民とともに群衆に混じって参拝するようになるという変化は、いかにして可能になったのか。

②「皇室＝神社」という結びつきはいかにして自明化されたのか。

以下、本書で明らかにした天皇への「感情美」がたどったプロセスをまとめなおして、この疑問に答えることとしたい。

二重橋前平癒祈願時に深い感激をもって発見された「感情美」とは、土下座する老婦人や一見すると異様な祈禱者たちといった、〝模範的〟な国民像からかけ離れた庶民が、かえって熱烈に天皇のために祈願するという光景を目の当たりにした知識人が、表面上の違いこそあれ、実は自分たちと彼らが共通の心情を有している（形は様々／心は一つ）ということを発見し、それに感激していっせいに語り始めたものであった。「感情美」の発露の場には「アーメン」の叫び声さえ混じっており、この時点では神社との独占的な結びつきはまったくなかった。

ところが、その直後に起こった明治神宮創建の可否をめぐる論争のなかで、推進派と反対派の意図せざる共同作業によって、「感情美」は独占的に神社と結びつけられたものへと変質していく。「皇室に対して心は一つ」であったはずの「感情美」は、「皇室＝神社に対して心は一つ」という中身に変わってしまったのである。

そして、実際に創建された明治神宮が「感情美」の記憶の再生装置として機能するようになり、知識人から庶民まで（あくまでも神社に違和感をもち続ける一部の人々を除いて）多種多様な人々が自発的に参拝に集うという「国民」の初詣が誕生した。ここでは、従来「迷信」の象徴として知識人に蔑視されてきた「賽銭」すら「感情美」で読み替えられることにより、従来の社寺参詣に対して知識人が有していた心理的障壁は緩和・解消される。かくして、階層間の隔たりをのりこえたプラクティスの共有が可能となった。

以上が序章で提示した二つの疑問への応答である。

このような天皇に対する「感情美」への注目は、本書の直接の問題関心である初詣の歴史にとどまらない意味をもつのではないだろうか。以下さしあたり二点、展望として述べてみたい。

まず第一点は、「天皇崇敬」と「国民統合」の関係のとらえなおしである。従来、「天皇崇敬」の高まりと「国民統合」は暗黙のうちに同一視されてこなかっただろうか。つまり、〝天皇崇敬が強まれば、自動的に国民統合が進む〟といったとらえ方である。だが、国民各層・各集団・各個人の天皇崇敬が必ずしもヨコの連帯感を強化させるばかりとは限らず、両者を予定調和の関係にあるものと無前提に決めつけるわけにはいかない(2)。たとえば、天皇崇敬が特定の階層・組織のエリート意識や特権的待遇と結びつけば、その集団と他の国民とのあいだに心理的な隔たりを生じさせ、「国民」としての一体感に亀裂を生じさせることも十分ありうる(3)。

だが、社会の雰囲気を一変させるほどの何らかのきわめて重大な危機の発生によって、あたかもショック療法を施されたかのごとく、国民各層のあいだを隔てていた障壁が瞬間的に消えさったとき、どのようなことが起こるか。そのとき、人々は自分と異質であると思っていた他者が、実は自分と共通する心情を共有していることを〝発見〟し、一時的に、理屈ではなく感情をベイスとした強烈なヨコの連帯意識が生じる。本書でとりあげた危機は、明治国家を体現してきたカリスマ天皇の危篤であったが、対外戦争であったり、関東大震災や今次の東日本大震災のような未曾有の大災害の場合も、類似した状況が生じるであろう(4)。そしてそれは、ふだん地縁的共同体に属さずに生活している者が多数集中している大都市において、殊に顕著となるはずである(5)。おそらく、二重橋前平癒祈願のエスカレイションの際に生じたのは、そのような事態であった。それまでは国民各層で別個に有されていた天皇への崇敬心が、この未曾有の危機のなかで、一つの「感情美」として共有されていると〝発見〟されたのである。

そして、この「感情美」が一過性のものとして忘れ去られてしまうのではなく、何らかの回路（本書では明治神宮〈の初詣〉に注目した(6)）でその記憶が再生・反復されるということになれば、後世に与える影響は決して無視できないはずである。「国民」のヨコの連帯意識が強烈に刻印された「感情美」のストーリーは、「天皇崇敬」と「国民統合」が結合する方向へと向かう際に、少なからぬ役割を果たしていくと思われるからである。本書がとりあげた明治神宮〈の初詣〉は、そのような回路の一つとして機能するようになったと考えられる。

第二点は、政府の公式見解が一貫して神社非宗教論であったにもかかわらず、神社が「宗教」であろうがなかろうがとにかく神社に参拝するのは当然のことであるという感覚が社会的に広がり、参拝に抵抗を示す者が抑圧されるようになるというその後の歴史的過程の一つの伏線が、「感情美」に注目することで見えてくるのではないか、ということである。天皇に対する「感情美」が明治神宮という大勢の参拝者を集める神社と結びつけられたことによって、「皇室＝神社」という結びつきが自明のものであるという感覚が社会に広まり、いわば〝神社による感覚的ナショナルアイデンティティの独占〟とも言える状況が生じる。その結果として、神社抜きでの天皇崇敬の可能性を想定せず、神社参拝を拒否する者を即座に排除・抑圧しようとする昭和期に顕在化する状況へとつながっていったのではないかと考えられる。(7)

そして、もしそうだとすれば、見逃してはならないのは、このような「感情美」の伏線が、二重橋前での平癒祈願、新聞の投書欄での議論、家族連れの初詣といった、「上から」の教化・動員を必ずしも伴わない、一般国民の〝民主的〟な営みのなかで進行していったということである。言論の自由（もちろん一定の制限枠つきではあるが）、デモクラシー、都市モダニズムの隆盛といった社会状況は、実は「皇室＝神社」をめぐる後の時代の抑圧状況を用意する側面を潜ませていたと言えるのではないだろうか。

(4)　娯楽とナショナリズム

代替りを契機としてナショナリズムと結びついた初詣が、現在にまで至る強固な持続性を有することができたのは、この行事がナショナリズムと接合したために娯楽性を減じるということがなく、むしろ娯楽とナショナリズムが相乗効果の関係になる行事として展開していったからであった。

この流れを強力に推し進めたのが鉄道を主とする交通・旅行業界であった。戦間期は大都市圏の主要私鉄が現在の路線網の原型を確立させていく時期であったが、私鉄資本は、郊外住宅地や百貨店といったモダニズムの象徴とされる装置だけではなく、ナショナリズムも集客資源として積極的に活用した。とくに関西圏では、明治から大正への代替りによって皇室ゆかりの「聖地」がもつナショナリズムの観光資源の可能性が浮上し、満州事変以降の「時局」に便乗するどころかむしろ先駆的に大正期から「聖地」への集客を推進した。都市モダニズムを牽引した関西私鉄資本の娯楽戦略は、ナショナリズムともきわめて親和的なものだったのである。ただし、だからといって「関西私鉄＝ナショナリズム教化装置」などと一面的な評価を下すべきではない。「Aも！　Bも！　Cも！」と多角的に旅客需要資源を開発・活用していくのが私鉄の基本戦略であり、「聖地」もその一環として活用されたのである。

なお、本論ではとりあげなかったが、関東私鉄の場合、大正期までは郊外鉄道沿線に天皇陵も国家的神社も不在であったためナショナリズムを織り交ぜた観光戦略は目立たないが、昭和に入ると大正天皇を葬った多摩御陵が誕生し、国鉄と京王電車が多摩地域の「聖蹟」ハイキングなどと織り交ぜて集客を図るようになっていく(8)。沿線に「聖地」「聖蹟」があれば（誕生すれば）娯楽とナショナリズムを織り交ぜて集客を図るという点では関西私鉄と何ら異なるところはない。

一方、国鉄も「聖地」への初詣を促進したが、それは「官」ゆえにナショナリズム教化組織としての性格を強めたからではなく、増収のために多角的娯楽集客戦略を展開するという国鉄の姿勢によるものであった。これまでは「国鉄＝ナショナリズム装置／関西私鉄＝モダニズム装置」という図式が暗黙のうちに前提とされてきたが、本書の内容をふまえれば、国鉄と私鉄が、競争／協同の関係となって、モダニズムとナショナリズム双方を増幅させていった、ととらえるほうが適切であると考えられよう。

このように鉄道を主とする交通・旅行業界の主導によって娯楽とナショナリズムを織り交ぜた形で初詣が活性化していったという事実は、戦間期都市における娯楽を回路とした国家神道と国民の関わりという、従来の国家神道研究に欠落していた視角を示すことにもなる。国家神道をめぐる研究が基本的前提としてきた「氏神＝地域社会」という国民統合回路は、都市化が加速して住民の多様化・流動化が顕著となっていく戦間期都市においてはその影響力は限定的とならざるをえない。ところが、これに対して内務省神社行政官僚や神社界といった勢力は、有効な対策を打ち出すどころか、神社は宗教か非宗教かといった理論レベルで戦前を通じて延々と紛糾していた。このようななか、都市部において国家神道の浸透を実質的に担ったのは、内務省神社局や神社界よりもむしろ交通・旅行業界であった。

神社界と交通・旅行業界の関係は、国家神道をめぐる〝同床異夢〟であった。多くの人々が「聖地」参拝をすることが望ましいという点については両者は協調関係にあった。しかし、これに娯楽・観光気分が絡むと両者の亀裂が表面化する。これを否定して厳粛さを要求する神道学者の主張は、乗客増加による増収を目的とする交通・旅行業界にとっては、阻害要因となる。また、後者にとっては、神社だけが独占的に重要なのではなく、寺院を含むあらゆる娯楽・観光資源が有用であった。それゆえ、満州事変以降ナショナリズムが高揚し、国家神道が君臨したようにイメージされがちな時期にあっても、交通・旅行業界は「社寺」の枠組みでの集客を強固に維持し続けたのである。

かくして、交通・旅行業界勢力は、時折神社界との不協和音を生じはしたものの、とくにそれに頓着することもなく、娯楽とナショナリズムを織り交ぜた巧みな宣伝・集客戦略によって大勢の人々を「聖地」参拝という「体験」へ誘い出し、これに反応した人々が〝自発的に〟楽しみながら「聖地」参拝を「体験」し、「清々しい」「荘厳」といった「気分」を共有するようになっていったのである。しかも、その「体験」がたとえ娯楽を含むものであっても、「体験」者の集合体は言説上では国家神道を支えるものとして機能していく。国家神道を、そのイデオロギーの中身そのものではなく、国民への浸透過程という点から考えるためには、本書で試みたようなアプローチは少なからず有効となるのではないだろうか。

二　エピローグ――戦前から戦後へ

さて、本書では戦前を検討対象として初詣の成立と展開の過程を論じてきた。戦後の初詣にも興味深い事象はいくつもあるのだが、本書にそれを論じる紙幅はもはやない。以下では、「上から」の動員・教化によらず自発的に楽しみながら初詣というプラクティスを毎年のように実践することによって人々が身に付けた「気分」が敗戦によっても消えることはなかったということ、および、明治神宮や伊勢神宮という皇室ゆかりの神社（戦前の「聖地」）につめかける初詣の「群衆」の数の多さに対して、肯定的にとらえるかそれとも否定的にとらえるかという点では対照的でありながら、これを一括りにして天皇崇敬の現れととらえるという点では戦前とまったく同じ解釈がなされるようになったということを、いくつかのエピソードによって素描して、本書を締め括ることとしたい。

すっかり戦前の賑わいを取り戻した昭和二九（一九五四）年の正月の様子を報じる新聞記事をみてみよう。

正月を時評せよといわれて、戦後はじめて、元日の街へでた。〔中略〕タクシーをつかまえて、東京の正月気分はどこへいったらわかるかね、ときいてみた。明治神宮、二重橋、浅草、三度のりかえたタクシーの運転手の答えはぜんぶ、おなじであった。神社、天皇、庶民の娯楽街、戦後十年にならないうちに、正月の心はどうも、むかしのままが、力づよくよみがえりつつあるらしい。「やっぱりここへこないとお正月にならないわね」明治神宮の雑踏する参道で耳にした中年近い婦人の言葉である。(9)

このように明治神宮の初詣によって「正月気分」を満喫する者がいた一方で、この参拝の「群衆」の数の多さをラジオで知って義憤の涙を流していた者がいた。戦後に天皇制否定論者になった妹尾義郎である。

ラヂオの放送によると、元旦宮城参拝の群衆は十万以上で、押しかけた騒ぎに死傷者が出たと報じた。明治神宮の参拝者は戦前の好景気以上で、何十万の参拝者が歌う君が代や万歳の声が電波で報ぜられた。丁度仏前でお祈りをしている時だったが、知らず知らず泪がこぼれた。それはよろこびの泪ではなく、悲しみの泪、憤りの泪だ。反動、逆コース！　またまた祖国は非民主的な軍国調へと誘導されてゆく、わだつみの声は何のための声なのだ。再び地獄に堕ちてゆく運命も考えないで、ただ万歳を叫ぶ無自覚な民衆こそ悲しい極みだ。(10)

この妹尾の批判は、おそらく、前掲の新聞記事の「中年近い婦人」も含めて、明治神宮につめかける人々にとっては的外れなものにしか思えなかったにちがいない。妹尾は「軍国調」と言うが、たしかに戦時中についてはその通りであったとしても、戦後の明治神宮はそれが払拭され、むしろ戦前以上に「親しい気持」「清々しい気持」を起こさせる神社になったとすら思う人もいた。

いかめしかつた以前の拝殿にくらべて、今のこの清楚な拝殿は、かえつて私たちには親しい気持を起させます。出征祈願の兵士の姿も見えず、ほんとうに素朴な気持で伏し拝む田舎の観光団のお婆さんの姿は、あたり〔の〕神苑のしたゝるばかりの緑とともに、とても清々しい気持を起させます。〔中略〕ほんとうに国民の至情で、明治神宮の再建が成つたときには、いつまでも、私たちの庶民的な、気軽にお参りできる神宮であつてほしいものです。(11)

また、妹尾は「非民主的」と言うが、総力戦体制下で青年団やら町内会やらの号令で半強制的に参拝させられた神社と異なり、明治神宮には多くの人々がもともと自発的に参拝して、参拝するたびになんとなく「清々しい」といった「気分」を味わっていた。誰からも強制された覚えはない。だからこそ、多くの人々が戦後になっても参拝し続け、「やっぱりここへこないとお正月にならないわね」と口にした。だからこそ、この神社を「国民の至情」によって再建することを彼らは願った。この神社は彼らにとってみれば、「非民主的」どころかまったく「民主的」な神社なのであった。

妹尾は明治神宮の初詣につめかける人々の行為を「反動、逆コース！」と批判し、彼らに「無自覚な民衆」とレッテルを貼る。だが、明治神宮の初詣客たちが戦後になっても感じ続けたこの「気分」と、妹尾が天皇制否定主義者かつ共産党員になってもなお捨て去ることのできなかった一一月三日に対する懐かしさとのあいだに、はたしてどれほどの隔たりがあったのだろうか。毎年恒例の行事を自発的に楽しみながら反復することによって育まれる安定感、心地よさ、懐かしさといった「気分」の根強さが、いかなる理論・理屈をもってしても突き崩すことのできないほどの強固な持続力をもちうるということに対して、実は妹尾こそ「無自覚」だったのではないか。

最後に、この五年後の天皇誕生日に妹尾が記した日記を引用しておきたい。筆者には、この記述が、大正元（一九一二）年夏の明治神宮創建論争において神宮創建反対派が見せた「理性＝知性」に対するオプティミスティックな信頼感と、どこか通ずるものがあるように思われてならない。理性（理論）・知性がもつ力への絶対的な自信とは裏腹に、その後いつまでたっても国民の大多数からの支持を得ることはなかったという結末も含めて――。

> 天皇など今の社会に無用の長物だ。〔中略〕この排除も闘争のよき題目だ。無自覚な民衆は勿論反対するであろうが、闘いぬく決心があれば、理論はこちらのものだから最後は主権在民の憲法が生きてものをいう。(12)

(1)　ただし、本書では都市部を中心として初詣の近代史を検討したため、全国各地方への初詣の波及については十分解明できてはいない。ここで試みに『上毛新聞』（群馬）の戦前の年頭の記事を総覧してみると、昭和五（一九三〇）年以前は「初詣」という用語がまったく見られないが、昭和六年に突然三か所も「はつ詣」「初詣」という言葉が紙面に出現する（『上毛新聞』昭和六年一月三日「はつ詣思ひもかけぬ雪にして」、同日「県社八幡宮　新年神事」、五日「大師初詣での賑ひ」）。ただし、その中身をみると、元日あるいは三が日にどこかの社寺に参詣するという大都市型の初詣とは異なり、各社寺の神事・縁日あるいは恵方にもとづいた参詣である。また、長野県下伊那郡河野村で暮らしていた明治三八年生まれの胡桃澤盛の日記（大正一二年以降が翻刻されている）をみていくと、大正一二、一三、昭和五、七、八年の正月元日に「村社」に参詣した記述があるが、続く昭和九年になって初めてこの参詣行為を「村社の初参り」と記している（「胡桃澤盛日記」刊行会編・

刊『胡桃澤盛日記』一―三、二〇一一―二〇一二年、各年元日条)。ここでもやはり、「初参り」という言葉を用いながらも、その中身は旧来型の正月の氏神参詣である。第一部で論じたように、「初詣」は恵方などの近世以来の縁起を相対化した中身の曖昧な言葉として成立したが、逆に言えば、近世以来の参詣に対して用いても違和感は生じない。おそらくは、実態としては近世以来の参詣が残存している地方にも、メディアを通じて東京や大阪から発信される「初詣」という呼称が覆いかぶさっていくという変化が生じ(それを決定的にしたのは戦後の年越しテレビ番組「ゆく年くる年」ではないだろうか)、やがて実態としても大都市型の初詣に近づいていくという過程を経ていったのではないかという見通しを現時点ではたてている。詳細は今後の課題としたい。

(2) この視点は苅部直『光の領国　和辻哲郎』(岩波現代文庫、二〇一〇年)三七頁を参考にした。

(3) たとえば、広田照幸は、陸軍幼年学校生徒の日記や回想を活用して「天皇への距離」の近さへの感激による強烈なエリート意識を克明に描いている(広田照幸『陸軍将校の教育社会史』世織書房、一九九七年、第Ⅱ部第三章)。周知の通り広範な範囲で国民の天皇崇敬が浸透する明確な画期となったのは日清・日露戦争であるが、すでに日清戦争後の時点(明治三三年)で、「天門に朝参」できるのは華族・官吏などごく一部の特権者たちだけであることに対して「国民」が不満を抱いているので、慶事の際には宮城に「無位無冠の一平民も自由に朝参拝賀」できるようにすべきであるという主張がなされていた(牧原憲夫「明治後期の民衆と天皇(その1)」『人文自然科学論集』(東京経済大学)一一一、二〇〇一年、七三頁)。

(4) その心理について、生方敏郎『明治大正見聞史』(初版は関東大震災後の大正一五(一九二六)年刊行)は日露戦争当時のことをふりかえった個所で「戦争の時には妙なもので、ちょうど大地震の時のように誰を見ても日本人でさえあれば、皆兄弟のように思われた」と端的に記している(生方敏郎『明治大正見聞史』中公文庫、二〇〇五年、一七二頁)。

(5) 苅部直は、和辻哲郎が関東大震災で「目に入る限りの人間がすべてその心持ち(苦しみをわかちあう心持ち)を共にしているように思われた」「塩町で初めて見知らぬ人と口をきいた時、なぜとも知らず涙がこみ上げて来た」といった体験をして、これが彼の思想に重大な変化をもたらしたと指摘している(前掲苅部『光の領国　和辻哲郎』一五九―一六三頁)。

(6) 本書では初詣の場としての明治神宮に注目したが、「感情美」の記憶の再生という点では、第三章で簡単に触れた明治聖徳記念絵画館の絵画(とくに二重橋前平癒祈願を描いた田辺至の「不豫」)がもたらした効果も小さくなかったと思われる。

(7) 第四章第一節において、明治期の時点では、「日本人以外には当てはまらない所の神道」はむしろ日本の将来の「帝国的膨張」にとって阻害要因になるであろうという上田貞次郎のような見方もはっきりと存在したことを指摘した。このような予測は、その後の帝国日本の植民地支配がたどった道をみると、正鵠を射たものであったと言える。植民地期朝鮮についてはすでによく知られているところであるが、たとえば京城神社の運営経費を日本人だけでなく朝鮮人も負担することについて尹致昊が日記に記した次の言葉は、上田の懸念が的中したことを端的に示している。「神道は日本的色合いがあまりにも強くて日本人でなければさほど意味をもちえないものである。朝鮮人たちに何等興味もない宗教のために金を出せと強要すれば、良心の自由が保障されているとはいえないだろう」（『尹致昊日記』一九一九年一二月一七日条。金大鎬「一九一〇年代〜一九三〇年代初における京城神社と地域社会の関係——京城神社運営および朝鮮人との関係を中心に」〔李昇一ほか『日本の朝鮮植民地支配と植民地的近代』明石書店、二〇一二年〕九一頁より再引用）。また、あまり知られていない事例で言えば、第二次世界大戦末期に日本統治下のハルビンにいた亡命ロシア人たちは、天皇や満州国皇帝への表敬である「宮城遥拝」「帝宮遥拝」についてはは受忍したものの、天照大神を祀る建国神廟遥拝についてはロシア正教徒として決して実行することはできない旨の嘆願書を出し、日本の敗色が濃くなりつつあったこともあって当局はこれを受け入れざるをえなかった（生田美智子「多文化空間における亡命ロシア人の民族・文化的アイデンティティ——ハルビンの場合」『セーヴェル』二五、ハルビン・ウラジオストクを語る会、二〇〇九年、五一頁）。

（8）「「史蹟めぐり」の興隆——歴史の顕彰と観光化」（『郊外行楽地の誕生——ハイキングと史蹟めぐりの社会史』パルテノン多摩歴史ミュージアム特別展図録、パルテノン多摩、二〇〇二年）。

（9）『朝日新聞』一九五四年一月七日「正月を見てあるく」。

（10）『妹尾義郎日記』七（国書刊行会、一九七五年）三頁、一九五四年一月二日条。

（11）「新東京便り（田舎の母への手紙）明治神宮の巻」（『主婦之友』三八—一一、一九五四年）六三—六四頁。なお、明治神宮の「清々し」さには、同時期に風紀の乱れが問題となっていた皇居前（二重橋前）広場との対照の意味もこめられていた。「緑の木立に囲まれた内苑は、また最近、都の人たちの心を鎮めて落着ける場所となつているようです。〔中略〕こゝには、問題になつた皇居前広場のようなこともないようです。みんな健康な人たちです」（六四頁）。大正一二（一九二三）年の正月と同様に戦後にも、皇居が望ましい中心点として機能できないときの代替としての役割をこの神社が果たす局面があったのである。なお、この時期の皇居前広場の状況については原武史『皇居前広場』（光文社新書、二〇〇三年）二一三—二一六頁を参照。

（12）前掲『妹尾義郎日記』七、三五〇頁、一九五九年四月二九日条。

初出一覧

序章　新稿
第一章「明治期東京における「初詣」の形成過程」（『日本歴史』六九一、二〇〇五年）
第一章補論　新稿
第二章「明治・大正期東京・大阪の社寺参詣における恵方の変容」（『交通史研究』六一、二〇〇六年）
第三章「二重橋前平癒祈願と明治神宮創建論争――天皇に対する〈感情美〉の変質」（『メディア史研究』三四、二〇一三年）
第四章　新稿
第四章補論　新稿
第五章「関西私鉄・国鉄と「聖地」参拝――娯楽とナショナリズムの交錯」（『歴史地理学』五七―一、二〇一五年）
第六章　新稿
第七章「初詣をめぐる言説の生成と流通」（『商経論叢』〔九州産業大学商学部〕五六―一、二〇一五年）
終章　新稿

あとがき

本書は〝裏口入学〟の産物である。大学に入学した頃の私は、まさか自分が日本近代史の研究者を目指すことになろうとは、まったく考えていなかった。もともと私は、二代続けて警察に奉職した祖父と母の影響で、法学部へ進んで警察官僚になるという目標をもって大学に入学した。しかし、その後の私の人生はまったく異なる方向へ進んでいくことになった。

最初の転機となったのは、入学直後に同じ寮に住む三重野清顕という鬼才と出会ったことだった。クラリネットを吹く私は三重野氏に誘われて東大室内楽の会に入ることにしたのだが、私はメンバーたちの演奏の卓越した水準の高さだけでなく部室で渦巻く会話のレベルの高さにも圧倒された。なにしろ、「エントロピーが増大する」などと聞いたこともない言葉が飛び交い、理科三類に入学して医者を目指しているチェロ弾きが網野善彦について語るといったように、摩訶不思議な知的魅力に溢れた空間だった。その空気を吸っているうちに、私はいつしか「学問」というものに憧れるようになっていったように思う。

では、なぜ日本史研究の道に進むことになったのか。その事情はまことに情けないものである。なんとなく教養学部の地域文化研究科に進んだ私は、三重野氏の影響で（わかりもしないのに）カントやヘーゲルの原典を読んでみたいと思い、学科の授業そっちのけでドイツ語学習に励んだ。だが、私が進学したのはドイツ科ではなくアジア科なのだった。同じ学科の仲間たちは中国語などアジア言語の習得に励んでいたのだが、卒業論文に取り組まねばならない時期になって、私は自分にできるアジア言語が日本語しかないことに気づいた。そこで私は〝仕方なく〟日本を対象に卒論を書くことにしたのである。動機不純もいいところである。

このような「偶然」があった一方で、後付けではあるが、何かに導かれて現在までの道を歩んできたような気もする。とくに、私の「歴史（学）」との関わりを考えると、三人の「ヒロシ」先生の存在が大きい。

まず高校（青雲高校）で世界史を教えてくださった郷野博先生。歴史の奥深さを熱心に語ってくださるその授業は、いつも楽しみで仕方がなかった。素晴らしい授業のみならず様々な本も紹介してくださったことが、その後の私にとってかけがえのない財産となっている。

二人目は、高木博志先生。先に述べた事情で日本をフィールドに卒論を書かねばならなくなったとき、私は民俗学の岩本通弥先生のゼミで読んだ高木先生の「初詣の成立」を出発点にしようと考えた。初詣という身近な生活行事のなかから近代天皇制の水脈を掘り起こすという手法に強く惹かれたからである。ちなみに、私は岩本ゼミの初回授業を欠席してしまい、テキストに指定された高木先生の『近代天皇制の文化史的研究』を購入して翌週のゼミに参加したが、実は、ゼミで読む箇所はコピーで配布されていた。そのときは一万円という痛い出費に泣きそうになったが、今思えばその一万円は、私のその後の研究の出発点となる貴重な投資になったわけである。

その後、東京における初詣の近代史をテーマにして卒論を書きあげた私は、そのコピーを携えて、三鷹の自宅から自転車をこいでパルテノン多摩まで高木先生の講演会を聞きにでかけた。講演終了後に何の面識もない学生からいきなり「読んでください」と卒論を手渡されたにもかかわらず、高木先生は嫌な顔ひとつせずに応対してくださり、しかも、後日詳細なコメントを送ってくださった。その後も私が論文をお送りするたびに、先生は必ずコメントと激励の言葉を送ってくださった。研究者として自信を喪失しそうになるたびに、高木先生からいただいたお手紙が心の支えとなった。

そして三人目は、学部生時代から今に至るまで言葉では表せないほどお世話になってしまっている三谷博先生である。

今だからこそ言うが、私は最初に出会った頃は三谷先生が大嫌いだった。当時の先生は本当に恐ろしい存在で、ゼミで私が発言すると両手を振り下ろしながら「全然ちがう！　君はまったくわかっていない！」と全否定されてばかりであった。私も若さゆえか、少ない知識と経験を無理やり捻り出して先生に反論ばかりしていた。今思えば赤面のほかはない。

その後、私は、卒論の中間発表でも例の通り「全然ダメッ！」と全否定されてしまったのだが、先生に「ろくに史料も見ずに何を言うか！」と叱られて発奮した私は、明治から平成までの年末年始の新聞記事を必死で調べて卒論にまとめた。提出後しばらくして、三谷先生から研究室に呼び出された。恐る恐る行ってみると、先生は開口一番、「君の卒論は面白い！　大学院に入って僕のゼミに来なさい」とおっしゃった。何が何だかわからなかったが、三谷先生から予想外のお褒めの言葉をいただいたことが嬉しくてたまらず、「この先生についていこう」と決意した。それにしても、三谷先生はなんとも不思議な人である。自分の無知も顧みない小生意気で頑固な学生を、「卒論が面白い」という理由だけで自分のゼミに誘うものであろうか。私は、幕末や明治を生きた「豪傑」「奇人」の生き様を活写した文献を読んでいると、三谷先生の前世が垣間見えるような気がすることがある。

そして飛び込んだ三谷ゼミは、これがまた楽しくてたまらない空間であった。とくに、私が入った頃の三谷ゼミは議論の白熱ぶりが半端ではなく、ただでさえ延長が当たり前のゼミの時間でも足りず、毎回必ず「別席」に移って（「とある液体」を摂取しながら）第二ラウンドが延々と行われるというもので、その面白さに私はすっかりとりつかれてしまった。後になって、色々な人から「それは三谷ゼミだからだよ。どこのゼミでも同じではないよ」と言われて、自分がいかに幸運だったかを思い知った。

この三谷ゼミで得た「仲間」の素晴らしさは、筆舌に尽くし難い。ゼミ生たちの研究テーマは様々で、ゼミというよりは「異種格闘技」の様相を呈していたと思うが、あのような刺激に満ちたゼミがよくも実現しえたものである。師匠が「変人」なら弟子たちも相当な「変人」（もちろん尊称である）であったということなのだろう。孫国鳳、張景子、朴薫、李元雨、朴智泳、李ソラ、上田純子、塩出浩之、坂田美奈子、山内恵太、池田勇太、劉揚帆、與那覇潤、三牧聖子、福岡万里子、中野弘喜、清水光明、三ツ松誠、李セボン、金ヨンスの諸氏とこのゼミで出会い、濃密な時間を共有できたことは、何物にもかえがたい財産である。とりわけ塩出さんには、常日頃から「第二の指導教員」とも言えるほど面倒をみていただいた（しばしば「とある液体」を摂取しながら）。

塩出さんに導かれて、本郷の文学部日本史学研究室の皆さんと交流させていただいたのも有難かった。鈴木淳先生と野島陽子先生のゼミでは、両先生から多くを学ばせていただくとともに、そこに集う学生の皆さんからもいつも刺激を受けた。とりわけ（ほぼ）同年代の大江洋代さん、若月剛史さん、満薗勇さんの、常に目標を見失うことなく研究に邁進する姿勢はとても眩しく、翻って自分の不甲斐なさに恥じ入ることも多かった。

学会や研究会でも様々な方々にお世話になってきた。鉄道史学会では宇田正先生、老川慶喜先生、中村尚史先生、高嶋修一さん、鈴木勇一郎さん、交通史学会（旧交通史研究会）では山本光正先生、原淳一郎さん、メディア史研究会では有山輝雄先生、飯塚浩一先生をはじめとする多くの皆様にお世話になった。とりわけ老川先生は、なかなか大学に就職できない私をことあるごとに気遣ってくださった。また、高嶋さんがユーモアあふれる会話のなかにさりげなく激励の言葉を織り交ぜてくれたことにも、何度となく励まされた。

史料収集でも多くの方々にお世話になった。なかでも新聞史料を多用する私の研究において、東京大学本郷キャンパスの社会情報研究資料センター（旧新聞研）と明治新聞雑誌文庫の存在は大きかった。とくに前者は、私が修士課程の院生の頃は用紙を持ちこめば無料でマイクロフィルムからプリントアウトできるという今では信じられないありがたい制度で、貧乏学生だった私はどれほど助けられたことだろうか。また、貴重な『社務日誌』の閲覧を許してくださった西宮神社の吉井貞俊氏（故人）と吉井良英氏をはじめとする皆様にも心からお礼を申し上げたい。この魅力的な史料を社務所の一室で閲覧させていただく合間に気分転換で境内を散歩したときの「清々しさ」は、忘れがたい。

さて、恥ずかしいことに、これほど素晴らしい出会いや環境に恵まれていながら、私は研究者として何度も自信を失いかけ、逃げ出しそうになった時期があった。

理由の一つは、研究面で壁にぶつかったことである。修士課程までは本書第一部のように「娯楽」を前面に出した無邪気な研究内容だったのだが、博士課程進学後、大正期以降の初詣の動向を考えるにあたって、ナショナリズムとの関わりが避けて通れないことがわかってきた。だが、ドイツ哲学に憧れながら結局その入口のはるか手前で挫折した経験から、私は「思想」に関わる領域に斬り込むことに尻込みした。そして、ちょっと足を踏み入れてみると、案の定五里霧中の状態になってしまった。今思い出しても、博士課程進学後のゼミでの私の研究発表は「迷走」そのものだったと思う。

そしてもう一つ、経済的な事情があった。いつまでも母の仕送りに頼るわけにはいかないと思い、博士課程進学後は生活費と研究費を稼ぐために駿台で英語の講師をするようになった。努力不足と「迷走」ゆえに学振に何度申請しても採用されず、学問の世界で自分は必要とされていないのではないかと不安が募っていったまさにその時期に、予備校の仕事はどんどん順調になっていった。しかも、ある日授業を終えて校舎を出てみれば〝同業他社〟のスタッフからスカウトされるという出来事まで重なった。もういっそのこと研究者の道をあきらめて、予備校講師として身を立てていこうかと本気で悩んだ。もっとも、このようなディレンマを抱えつつも、駿台での授業は本当に楽しかった。私の生活の糧となっただけでなく、私の英語の授業を（日本史の余談が入るにもかかわらず）熱心に、楽しそうに聞いてくれる生徒たちは私の心の糧となった。そして、講師室での〝カリスマ〟級の先生方（とくに大島保彦先生、勝田耕史先生、田上芳彦先生、森下寛之先生）との知的刺激に満ちた「雑談」も得難い経験となった。駿台でお世話になった先生方、スタッフの皆さん、そして生徒諸君、ありがとうございました。駿台で仕事ができて本当に幸せでした。

一方で、予備校の仕事が増えた時期に、三谷先生には私の研究者としての将来についてずいぶんご心配をおかけしてしまった。しかし、先生は「君の研究は面白い。必ずものになる」と辛抱強く激励し続けてくださった。そのおかげで、私は二〇一一年にようやく博論を書き上げ、博士号の学位をいただくことができた。学位授与が決定した日、先生からはっきりと「君には本当に心配させられた。でも、終わりよければすべてよし」と言われ、私は恥じ入るばかりだった。本書が、これまで散々ご心配をおかけした三谷先生へのせめてもの「詫び状」になればと思う。

この博士論文の審査では、主査の三谷先生のほか、副査として老川慶喜、島薗進、苅部直、桜井英治、外村大の諸先生方に審査していただいた。ある後輩から「審査員は超一流ですね」と言われたが、その通りである。拙い博士論文に丁寧にコメントをしてくださった先生方に、心からお礼を申し上げたい。とりわけ、私がずっと苦手意識を抱いていた思想史の専門家である苅部先生から「面白い」と言っていただいたときは、心の重荷が一つとれたような気がした。

苅部先生に「早く本にしてね」と言っていただいてからあっという間に四年がたってしまったが、三谷先生の御紹介で東京大学出版会から本書を刊行させていただくことになった。色々とご迷惑をおかけしてばかりの私を温かく導いてくださった編集者の山本徹さんには心からお礼を申し上げたい。なお、本書は同出版会の学術書刊行基金の助成を受けている。関係各位にお礼を申し上げたい。

このほかにも、いつものびのびと仕事をさせてもらっている九州産業大学商学部の皆さん、いつも心の支えになってくれた大切な音楽仲間たちなど、御礼を申し上げたい方々がたくさんいるのだが、それはまた直接皆さんとお会いした際にということで、ご容赦願いたい。

最後に、家族へ。

父との離婚後、慰謝料も養育費も受け取らずに女手一つで私と弟を育ててくれた母へ。心から尊敬しています。ありがとう。

大学のオペラサークルでつきあい初めて以来、いたらないところだらけの私を見捨てずにいつも温かく支えてくれている妻の晶子へ。今の私があるのは君のおかげです。いつも迷惑ばかりかけてごめんなさい。そして、ありがとう。

娘の史香《あやか》へ。歴史ある香椎の街で君が産まれたのと同じ年にこの本が出ました。もし将来、君がこの本を手にとってくれたなら、とても嬉しいです。やりたいことを思いっきりやる人生を歩んでくださいね。

二〇一五年一一月

平山　昇

索　引

（頻出語は該当章の頁全体を掲げた）

さ 行

た　行

な　行

は　行

ま 行

や 行

ら 行

わ 行

著者略歴
1977年　長崎県生まれ
2001年　東京大学教養学部卒業
2010年　東京大学大学院総合文化研究科博士課程単位取得満期退学
駿台予備学校講師，立教大学兼任講師，九州産業大学准教授などをへて
現　在　神奈川大学国際日本学部国際文化交流学科准教授

主要著書・論文
『鉄道が変えた社寺参詣』（交通新聞社新書，2012年）
「メディア史に鉄道は入っているか？——近代の都市における社寺参詣を事例に」『メディア史研究』46，2019年）
「明治の終わりと宗教——「皇室＋神社」が当たり前になるまで」（島薗進・末木文美士・大谷栄一・西村明編『近代日本宗教史 第2巻 国家と信仰』春秋社，2021年）

初詣の社会史——鉄道が生んだ娯楽とナショナリズム

2015年12月24日　初　版
2021年 9 月 1 日　第3刷

［検印廃止］

著　者　平山《ひらやま》　昇《のぼる》

発行所　一般財団法人　東京大学出版会
代表者　吉見俊哉
153-0041 東京都目黒区駒場 4-5-29
http://www.utp.or.jp/
電話 03-6407-1069　FAX 03-6407-1991
振替 00160-6-59964

印刷所　株式会社暁印刷
製本所　牧製本印刷株式会社

ISBN 978-4-13-026241-5　Printed in Japan